BRAZIL

作者团队
北京大学翟崑团队 王丽娜 赵懿先
田野 袁梦洁 孙立冬 侯路

总编辑 | 马宏彬
主编 | 刘震
执行主编 | 韩行

编委会
蔡雄山 徐康楠 程稷 徐智威 杜铮
赵欣 曾言 赵伊 张雪竹 陈斌
马达 陈彬 王路 尹露 郑翔宇

作者简介

翟崑，北京大学国际关系学院教授、区域与国别研究院副院长。主要从事区域国别、中国国际战略、"一带一路"建设、国际传播、全球数字治理等领域的研究和实践。翟崑教授团队撰写本书关于中国-巴西合作等内容，团队成员包括北京大学全球互联互通研究中心助理研究员韩卓希，中国政法大学硕士研究生张依桐、江应飘，北京外国语大学本科生林思远、邹海玥、谭佳琳。

王丽娜，外交学院外交学与外事管理系讲师，北京大学区域与国别研究院博雅博士后。于2020年7月博士毕业于北京大学国际关系学院，获法学博士学位。长期从事东南亚地区研究和国际基础设施合作研究，目前在《当代亚太》《现代国际关系》《东南亚研究》《云南师范大学学报（哲学社会科学版）》等刊物上发表与课题研究主题相关的学术论文多篇，曾参与多项国家社科、省部级课题。负责本书的架构建设与文本编辑工作。
联系方式：wlina@cfau.edu.cn

赵懿先，法学博士、副研究员、硕士生导师，华东政法大学国家安全研究院海外利益保护中心主任，金砖国家法律研究院巴西及葡语国家项目主管，北京大学国际关系学院访问学者，曾任北京市中伦（上海）律师事务所兼职律师，挂职上海市人大常委会城建环保委办公室副主任等。长期从事区域国别法律、海外利益安全研究，走出去企业海外利益风险防控、合规、涉外法治等实务。主持多项国家社科、省部级课题，多项海外利益保护智库成果获得中央、最高人民法院及省部级批示采纳。在本书中负责撰写关于巴西生意经、营商环境与法律、走出去企业经验、电商沃土等内容。
联系方式：2650@ecupl.edu.cn

田野，毕业于北京外国语大学西班牙语系，后就职于中国国际广播电台拉美部，曾担任中央电视台与凤凰卫视联合拍摄、穿越南北美洲的《两极之旅》主持人，现从事写作和纪录片导演工作。在本书中和孙立冬、侯路一同完成了对巴西各地各界数十位人物的采访，并完成关于巴西人的一章的写作。

作者简介

袁梦洁，编辑，文学硕士，毕业于北京大学世界文学研究所巴西研究中心，研究方向为巴西现当代诗歌。在本书中主要负责撰写关于巴西人文艺术、历史、教育、产业变迁等内容。

孙立冬，毕业于北京外国语大学葡萄牙语言与文学专业，自2014年初移居巴西圣保罗以来，一直从事中葡语高级政治、商务口笔译工作。自2021年起担任"汉语桥"俱乐部圣保罗站文化项目主管一职，与团队策划实施了多个大型文化活动。2014年至2020年，在《孔子学院》中葡双语刊物担任中文编辑、审校。此前还曾参与过圣保罗中国电影展和中国巴西电影节的组织工作。在本书中参与对巴西采访对象的访谈工作。

侯路，毕业于北京外国语大学葡萄牙语言与文学专业，旅居巴西20年，曾就职于中国驻巴西大使馆文化处、宝钢集团巴西代表处，活跃在中巴两国政治、外交、文化和商业领域；自2018年起投身巴西互联网行业，担任字节跳动、BIGO LIVE、希音等科技巨头巴西市场的主要负责人。热爱旅行，走遍了南美洲所有国家，继续对世界充满好奇。在本书中负责对30余名巴西本地老铁进行一对一的深度访谈。
联系方式：houlu.brasil@gmail.com

序言
PROLOGUE

近年来，随着通信和信息技术的快速发展，世界经历了一场前所未有的数字变革。在此背景下，巴西和中国在互联网市场的合作成为具有重要意义的战略合作，促进着这两个经济强劲、人口众多的国家的经济社会发展。

巴西人口超过2亿，是拉丁美洲最大的经济体，也是世界主要新兴市场之一。巴西互联网用户数量增长迅速，已有超过70%的人口接入网络。同时，巴西电子商务呈指数级增长，智能手机的广泛使用和宽带网络的拓展也促进了巴西快速的数字化转型。

2022年，巴西银行将巴西评为西方国家数字政府领域排名第二的国家。巴西通过创建"gov.br"数字平台，在数字公共服务方面表现出色。在巴西，80%的18岁以上人口均已接入该平台，使用平台中的上千种数字服务，从而公民能够更容易获取信息并与政府建立联系。

中国拥有超过14亿人口，是世界上最大的互联网市场。中国企业在电子商务、社交网络和搜索软件等领域处于全球领先地位。中国在信息技术基础设施和技术创新方面进行广泛投资。

巴西与中国在互联网市场的合作，将为两国带来从知识交流到拓展市场等方面的广泛互利成果。

两国合作的主要优势之一正是知识交流。中国在尖端技术的开发和应用方面经验丰富，可与巴西分享相关经验和先进技术，包括人工智能、大数据、云计算和物联网等领域。中国企业可与巴西初创企业进行合作，以开发适合巴西本地需求的创新解决方案。

与此同时，巴西也可以分享其在农业技术和可再生能源等领域的专业知识。巴西是世界上最大的粮食生产国之一，在生物燃料领域在全球处于领先地位，拥有先进的农业产业，通过使用数字技术提高农业产业效率和可持续性。两国通过合作可以开发出使两国均受益的新兴技术解决方案。

互联网市场的合作也为两国的企业提供了重要的市场拓展机会。巴西企业可以进入巨大的中国市场，中国企业也可以开发巴西市场。例如巴西企业可以通过中国电商平台在中国进行产品推广和销售，反之中国企业也可以与巴西零售商建立合作关系，拓展巴西市场。同样，巴西科技公司也可以利用中国先进的数字基础设施寻找中国市场的机会。

两国合作的另一重要益处是加强数字基础设施建设，例如改善巴西光纤网络和 5G 网络，提升巴西农村地区和偏远地区的网络连接。

巴西和中国在互联网市场的合作还能够激励初创企业的发

展并推动创新,包括孵化项目合作以及技术专业人员和企业家之间的交流。

此外,两国合作还可延伸到可持续发展和数字包容领域,鼓励开发有助于加强环境保护、提升能源效率和将边缘社区纳入数字经济的技术解决方案。

尽管巴西和中国在互联网市场的合作能够带来诸多益处,但同时也存在一些挑战。两国语言、文化和监管方面的差异可能会给合作带来障碍。不过,我们可以通过有效的沟通、文化交流计划和相互理解来克服这些挑战。

值得一提的是,社交媒体在连接人与文化方面发挥了重要作用,这一点在巴中关系中显而易见。中国主要的短视频社交网络平台之一快手等平台正为我们的交流做出贡献。巴西人和中国人可以通过平台分享各自的文化、传统和生活方式,以此增进两国相互之间的认识、理解和欣赏。这一点尤为重要,尤其是在两国目前对彼此的社会还知之甚少的情况下。

在一个相互联系日益紧密的世界里,互联网市场的国际合作对于全球应对挑战并抓住数字经济机遇至关重要。巴中战略伙伴关系升级为全面战略伙伴关系能够促使两国受益并开创更加繁荣包容的数字化未来的范例。

巴西和中国通过合作将在技术和经济发展方面达到新的高度,促进可持续的活力增长。

高望

巴西驻华大使

目 录
CONTENTS

| 第一章 | **初识巴西——跨越文化与宗教的神奇之地** | **1** |

葡萄牙人与巴西红木　　　　　　　　　　5

混血巴西，打翻了上帝的调色盘吧　　　　8

善于制造快乐的民族　　　　　　　　　　24

自然有灵：巴西人的本土信仰　　　　　　43

困扰与希望　　　　　　　　　　　　　　51

小故事：一个原住民的自述　　　　　　　64

| 第二章 | **飞跃巴西——雨林与大海之间** | **69** |

北方七州，得划船上学吧　　　　　　　　73

来萨尔瓦多，这里有世界最好的派对　　　82

"小镇做题家"的梦想之地　　　　　　　　90

"南边的大河"与高乔人　　　　　　　　102

上帝之城　　　　　　　　　　　　　　110

小故事：最巴西　　　　　　　　　　　122

第三章　俯瞰巴西——产业与互联网　127

"咖啡王国"的工业化梦想　130
巴西青年与互联网的一天　139
欣欣向荣的电商沃土　152
物流难题怎么解？　159
小故事：一个巴西网红的成名之路　166

第四章　探秘巴西——五条靠谱的生意经　175

巴西不是"新手村"！　177
巴西经营中的"拦路虎"　197
强大的劳动者保护机制　206
拒绝PUA，尊重地方性知识　214
全球资源、本地交付　222
小故事：以"老铁"之名扎根巴西　234

第五章　牵手巴西——从站稳脚跟到美美与共　243

那么远，这么近　245
大道之行也，天下为公　260
同舟共济"难不难"？　277
我们的未来　289

结　语　301
后　记　304

01
第一章

初识巴西
——跨越文化与宗教的神奇之地

在谈到巴西时，人们会想起什么？

《巴西：未来之国》的作者斯蒂芬·茨威格称巴西是一片宁静祥和的乐土："我的眼睛不知疲倦，无论朝哪儿看去，都会感到快乐。醉人的美景与幸福笼罩着我，调动起我的感官，刺激着我的神经，扩张着我的心脏；我越看下去，便越割舍不掉。"

美国诗人伊丽莎白·毕晓普将巴西视作无尽的诗歌想象力的源泉，是编织她细密的诗歌之网的博物学词典，也是她一生挚爱的第二故乡。在这里，她与一位巴西女性建筑家萝塔陷入爱河，二人在此度过了生命中最难忘的十余年。萝塔为她炸平山头，建造别墅供她阅读、写诗；毕晓普为她驻留巴西，写下一篇篇含蓄优美的情诗。

而对于那些看过电影《上帝之城》的观众，巴西却是一片贫穷、暴力、腐败交织的法外之地，是动荡不安的贫民窟。上帝把世界上美丽的阳光、海滩、魅力无穷的女性给了巴西，但同时也赋予了这个国家不对等的暴力、混乱和肮脏。

一千个人眼中有一千个不同的巴西。

巴西是狂欢之国，巴西人是善于制造快乐的民族。狂欢节、足球、音乐、舞蹈，一切好玩和欢乐的事情，都是巴西人所擅长的。家住圣保罗的日裔巴西人沃尔特·仁山是一位年轻的玄幻小说作者。在他的理解中，巴西人对快乐的追求永无止境。

我们对所有人都很热情，喜欢美食，对聚会、足球和电视剧都有着非同寻常的狂热。即使在最困难的情况下，巴西人也能保持乐观。

当然，与追求快乐相生相伴的往往还有其他刻板印象，比如任何热带民族都难以逃脱的标签：懒散、缺乏纪律和不善于长期计划。但32岁的安德烈对此并不认同。他生活在巴西利亚，身兼演员、导演、编剧、策划、出品人、项目运营人员。

我必须承认这种成见的存在，我很遗憾。但就我个人的经历而言，我不相信这种刻板印象。我认识许多艺术家，他们同时也是非常有能力的管理者，非常自律。他们往往能以难以置信的高效率工作。但我无法否认的是，这些品质在巴西社会中往往很少得到欣赏。

来自南方的米莱勒曾经是巴西第一届大码选美小姐的亚军。出于健康原因，她不得不减重将近一百公斤。现在，她成为身材管理视频主播，分享她自律的生活方式。她对所谓巴西人的懒散有着独特的认识，甚至还有几分欣赏和留恋。

我认为巴西人是情感和文化、原料和香料的混合。我们无法仅从一件事上对巴西形成刻板印象，因为巴西是多种事物、多种文化的混合体。巴西人的贫困与自满自足有关。我认为很多巴西人特别知足。如果他们赚到的钱够支付账单，哪怕只是最低工资，那么一切就很好，不必追求更多了。我真的很怀念这种感觉，尤其是在中下阶层当中。他们只追求最基本的生活，快乐就够了。

27岁的雅戈在南方城市库里蒂巴一所大学的历史系当助教。他这样评价自己的同胞。

我们狂欢，我们也工作。我们的每一天也是从拥挤的地铁、火车和公交车开始的。我们每天勤奋工作，让生活继续，让社会运转。我们是坚强的人，也是爱笑的人。我们在工作一天之后，会回家喝喝啤酒、打打台球。

巴西人在遇到东西坏了的时候，通常会试着让它重新运转。我们有这种灵光一闪的创造能力。但如果没弄好，那就算了。我们会转身离开。巴西人对待生活也是这样，努力，但是不纠结。

视角不同，风景各异。了解巴西，需要走进巴西，揭秘你印象中的巴西。

葡萄牙人与巴西红木

> 葡萄牙人在这里没有找到梦想中的香料或黄金,但发现海岸边生长着许多高大的巴西红木(Pau-Brasil)。
>
> ——莉利亚·莫里茨·施瓦茨、埃洛伊萨·穆尔热尔·斯塔林,《巴西:一部传记》

国家命名的方式千姿百态。有的以国内的主体民族命名,如越南、泰国等;有的以地理方位命名,如中国、日本等;有的以历史名人命名,如菲律宾;还有的国名则来源于本国的著名物产,正如巴西。巴西红木(学名:Caesalpinia echinata),又称巴西苏木,是一种高约15米、树干粗大结实、木质坚硬的豆目豆科苏木属物种,既可以用于制造小提琴琴弓和优质家具,又能从树干中提取红色树脂用于染布。15世纪,试图前往巴西淘金的葡萄牙人从巴西红木中发现了商机,便大举开采,运回欧洲。于是,人们逐渐将这片出产巴西红木的地方称为"巴西"。

巴西的发现始于大航海时代。1453年，奥斯曼土耳其攻占君士坦丁堡之后，东西方的海路及陆路贸易通道均被其控制。当时，桂皮、胡椒等香料和丝绸、瓷器等物品几乎风靡整个欧洲，需求量非常大。西方人急需找到一条通往东方的新商路。15世纪后期，随着航海术与造船术的进步，远洋探险成为可能。为了破除土耳其的商业及军事制约，恢复东西方香料、象牙等贵重物品的贸易，也为了向东方传播基督教，海军力量强大的西班牙和葡萄牙投入大量人力物力开拓海上航线，不断派出探险船队，探索未知海域。

1488年，葡萄牙航海家巴尔托洛梅乌·迪亚士成功带领船队航行至非洲大陆最南端，发现好望角，打通了连接大西洋和印度洋的重要航线，为葡萄牙开辟通往印度的新航线奠定了基础。1498年，瓦斯科·达伽马探索出了环游非洲大陆前往印度的海路，东西方贸易通道再次恢复，达伽马船队带回的香料等物品为葡萄牙带来了巨额利润。于是，葡萄牙王室决定继续派遣探险队前往东方进行贸易。

在前往印度的航程中，葡萄牙人偶然"发现"了一片新的大陆，这就是后来的巴西。1500年4月22日，葡萄牙年轻贵族佩德罗·阿尔瓦雷斯·卡布拉尔率领该国史上最大的探险船队前往东印度群岛，途中，这支船队被大风吹至一片未知大陆。登陆后，葡萄牙人发现这里气候温暖、阳光充沛、林木茂盛，还有许多皮肤为棕褐色、赤身裸体的土著人。

卡布拉尔船队成员撰写的日记记载下了葡萄牙人与巴西土

著人见面的场景:"他们的皮肤为棕褐色,面色微红,脸庞英俊,鼻形俊美。他们赤身裸体,不着衣物。他们感觉自己不需要遮住自己的私处,他们露出私处就像他们露出面部一样轻易自然。在这一点上,他们非常单纯。"

根据西班牙和葡萄牙签订的《托尔德西里亚斯条约》,这片土地划归葡萄牙,于是他们在这里立了一块牌子,将新大陆命名为"真十字架之地"(Terra de Vera Cruz)。彼时,这片大陆上约有2 000个部落,生活着上百万名原住民。

考察一段时间后,葡萄牙人在这里没有找到梦想中的香料或黄金,但发现海岸边生长着许多高大的巴西红木。这种红木高约15米,树干粗大结实,木质坚硬,既可以用于制造小提琴琴弓和优质家具,又能从树干中提取红色树脂用于染布。葡萄牙人立刻从中嗅到了商机。

由于巴西红木颇长高大,砍伐开采具有一定难度,因此葡萄牙人决定通过以物易物的方式,利用巴西原住民的力量进行开采。他们用带来的小刀、布匹等在原住民部落中十分稀缺的物品,让巴西原住民砍伐巴西红木并将其运送到停留在海岸边的葡萄牙船只上。就这样,巴西红木被大肆砍伐、运回欧洲。在利益的驱使下,巴西红木的盗采、走私现象日益严重,约七千万株巴西红木在葡萄牙人抵达的几年内被砍伐殆尽,濒临绝迹。人们逐渐将这片出产巴西红木的地方称为"巴西"。1516年左右,这片葡属美洲殖民地在国际场合正式有了通用的名字——"巴西"。

混血巴西，打翻了上帝的调色盘吧

> 巴西，像是上帝的调色盘。在这里，你能够见到人类所有的肤色——黑、白、黄、红，以及它们相互融合之后产生的所有可能的肤色——深棕、赭石、古铜、浅墨……
>
> ——巴伊亚联邦大学旅游学教授阿拉奥尔

2016年里约热内卢（简称里约）奥运会开幕式上，巴西国宝级模特吉赛尔·邦辰（Gisele Bündchen）身着流光溢彩的金色星河裹身连衣裙，顶着万众瞩目的聚光灯，从体育场馆的一角向舞台款款走来，吸引了全世界观众的目光。每一步，都展现着优雅、时尚与世界顶级超模的风采，也呈现出混血美人的独有魅力。

在五百余年的历史流变中，巴西或主动引进或被动接纳了来自世界各国的移民。或许，从它被世界所认知的那天起，它就欢迎着全世界不同肤色、不同种族、不同文化背景的人来此探险，并吞食了所有差异，使之反刍为所谓的"巴西性"，以这种"食人主义"精神建构了巴西现代性及民族文化身份中关键的一环，从而成为一个混血大国。

混血巴西的形成

葡萄牙人发现巴西时,巴西大陆以原住民为主。当前,巴西几乎一半人口都是混血儿。贩奴船、淘金热将一批又一批的黑人、白人、黄种人送往巴西,他们通婚日趋频繁,种族界限愈加模糊,混血巴西在融合中诞生。

甘蔗产业与黑人

葡萄牙国土面积狭小,人口规模有限,王室并不打算派出大量本国居民去占领这一片遥远又陌生的土地。当时停留在巴西拓殖的,主要是葡萄牙下层民众、水手、被判流放的罪犯等欧洲白人社会的底层人。1534年,葡萄牙国王若昂三世将巴西殖民地的海岸线划分为15个区域,并将这些地区分派给12个葡萄牙小贵族担任都督,分别管理。葡萄牙王室决定在巴西实行与葡属非洲及亚洲殖民地相同的策略:在探索开发殖民地贵金属资源的同时,尝试在殖民地大规模生产一些可在欧洲各国流通贸易的畅销产品。

当时,非洲北部和地中海的许多岛屿上都种植了大量甘蔗,葡萄牙在下辖的马德拉岛、亚速尔群岛、葡属殖民地佛得角和圣多美也开辟了大量甘蔗种植园,加之宗教改革后,欧洲各国对糖的消费量明显增加,因此,作为白糖提取来源的甘蔗,成为各国在殖民地种植作物的第一选择。

从甘蔗的种植、收割、榨汁到蔗糖的提纯、分级，每一个流程都负荷繁重，每一个甘蔗种植园和蔗糖工厂都需要大量能够长期稳定工作的劳动力。彼时，巴西大陆上遍布的原住民便成了殖民者的主要目标。一些圣保罗人成立了班代兰猎奴队（Bandeiras），深入巴西内陆抓捕印第安人到甘蔗种植园充当奴隶劳工。

然而，仅依靠巴西原住民奴隶劳工无法实现蔗糖的稳定产出。当时在巴西传教的耶稣会士，出于向印第安人传教、道德因素以及教会本身的经济利益考虑，明确反对殖民者奴役、残杀原住民，他们不断给欧洲教会写信，报告葡萄牙殖民者如何残忍对待手无寸铁的巴西原住民，给殖民者和种植园主造成了很大的道德负担和舆论压力。此外，原住民本身很难被驯服、服从性差、劳动稳定性低，总是试图寻找机会逃回森林、重获自由。而且原住民由于与外界接触少，缺乏一些疾病抗体，很容易被葡萄牙人带来的天花、流感等疾病传染致死。

相较之，非洲北部的黑奴贸易体系已经相对成熟，且部分黑奴已经熟练掌握了蔗糖提取技术，直接进口非洲黑奴的成本更低、所耗费的时间更短、更有利于快速生产。为了确保蔗糖工厂的长期稳定生产，巴西殖民者开始购买非洲黑奴作为甘蔗种植园的劳动力。就这样，非洲黑奴开始源源不断地进入巴西，且主要分布在东北部的甘蔗园。当时非洲奴隶的进口总成本约占一个蔗糖工厂总成本的四分之一。

随着巴西东北部蔗糖产业的蓬勃发展，巴西的非洲黑奴数量不久后便超过了原住民数量。1550—1560 年间,巴西甘蔗种植园的劳动力主要还是原住民。1574 年,非洲黑奴仅占奴隶劳工总量的 7％,1591 年这一比例上升至 37％。到 1638 年,非洲黑奴与非裔巴西人(非洲黑奴的混血后代)几乎构成了巴西甘蔗种植园的全部劳动力。① 16 世纪以来,有超过 400 万名非洲黑奴被贩卖到巴西。

淘金与移民潮

16 世纪上半叶,西班牙人在美洲殖民地发现了数量惊人的黄金和白银,这让欧洲君主们羡慕不已。葡萄牙人前往内陆拓殖掘金的欲望更加强烈。当时,寻金的主要力量是班代兰猎奴队,这些人以巴西东南部的圣保罗州为据点,以军事化狩猎远征的方式逐渐从沿海往内陆拓展。最终,他们在巴西的多西河与圣弗朗西斯科河盆地之间发现了一大片黄金和部分钻石矿床,这片地区就是今天的米纳斯吉拉斯州。由出产黄金而发展起来的市镇被人们称为欧鲁普雷图,即"黑金城"。

尽管葡萄牙王室严格封锁了发现金矿的消息,但生活在圣保罗、里约热内卢、萨尔瓦多的人们还是设法告诉了他们在葡萄牙的亲戚,不断呼朋引伴前来掘金。为此,葡萄牙本土第一次形成了自发前往巴西的移民大潮,许多人抛妻弃子、冒着巨大的风险来此淘金,以至于葡萄牙王室决定采取措施限制移

---

① [巴西]莉利亚·莫里茨·施瓦茨,埃洛伊萨·穆尔热尔·斯塔林. 巴西:一部传记. 熊芳华,译,北京:社会科学文献出版社,2023:96.

民。这一次移民潮大概发生在 17 世纪 90 年代。为了有充足的劳动力负担淘洗沙金和开采矿床过程中的基础劳动，大量非洲黑奴被带到了米纳斯吉拉斯州。涌入该地区的人流又催生了农业和畜牧业的巨大需求。时值东北部蔗糖产业进入衰落期，巴西东北部及沿海地区的许多人也开始向内陆迁移，定居在米纳斯吉拉斯州一带从事农业和畜牧业。时至如今，米纳斯吉拉斯州仍然是巴西主要的牛奶及牛肉产区。

1807 年拿破仑占领葡萄牙后，在英国海军的保护下，葡萄牙王室带领大批社会精英逃往巴西，并迁都里约热内卢，形成了第二次移民潮。君主国统治阶层的到来，为巴西增加了大量政府工作岗位，也带动了服务业和制造业的发展。葡萄牙王室还完善了城市基础设施建设，成立了巴西银行，设立了高等教育机构，聘请了大量欧洲科学家和技术人员到巴西担任顾问。在此期间，巴西事实上摆脱了殖民地待遇，获得了与葡萄牙本土同等的地位。因此，当 1821 年拿破仑逝世，葡萄牙国王携政府官员返回葡萄牙，并试图重新将巴西降格为殖民地时，巴西人民奋起反抗、要求独立的呼声越来越大。1822 年 9 月 7 日，留在巴西摄政的葡萄牙王子佩德罗宣布巴西独立，巴西由此进入帝国时期。1889 年，巴西结束帝制，成立共和国。

跨种族通婚与混血巴西

与某些国家不同，巴西并没有明令实施过种族隔离制度，种族间通婚也未被禁止，还鼓励黑人与白人之间通婚，以此稀释黑人的血统，达到"种族美白"的效果。不同肤色、不同族群之间通婚产生的后代，也有不同的称呼。穆拉托人（Mulattos）是欧洲白人与非洲黑人的黑皮肤后代，在殖民时期，相对于被迫从事底层繁重体力劳动的非洲黑奴，穆拉托人可以在种植园中从事相对轻松的工作，比如担任林队长等。梅斯蒂索人（Mestiços）指欧洲白人与原住民的后代。黑人奴隶逃离种植园后，加入原住民部落以躲避殖民机构的追捕，其与美洲原住民的后代则被称为桑博人（Cafuzos）。

自19世纪中期起，欧洲及美洲掀起了浩浩荡荡的废奴主义运动。1888年，在废奴主义者的努力下，巴西才终于宣布废除奴隶制。此时，咖啡出口已经取代了蔗糖和贵金属矿产，成为巴西最重要的经济来源。以圣保罗州为代表的巴西东南部咖啡产业蓬勃发展，咖啡种植园大量缺工。于是，巴西政府开始计划大量引进各国移民，作为劳动力的补充。

为了与阿根廷、墨西哥和美国等国家吸引移民的政策相抗衡，巴西政府打出了"人间天堂"的宣传口号，并承诺为移民提供资助，以其热带地区的阳光海滩和丰饶物产，吸引了大量欧洲穷人和被压迫者如潮水般涌来。一大批波兰人、德国人、西班牙人、意大利人和葡萄牙人来到巴西，定居在东南部及南部的城镇地区，充当农场劳工、鞋匠、面包师、建筑工等城镇建设服务人员。

19世纪末，巴西曾派人来到中国，希望引进中国移民，但被清政府拒绝。于是巴西转而引入日本移民。彼时，日本正处于明治维新时期，对外持开放政策，遂与巴西签订了《日巴友好通商航海条约》，并派了数万名无地的日本平民前往巴西。自1908年起，巴西陆续迎来了三波日本移民，他们主要定居在圣保罗州和巴拉那州，为巴西增添了文化多样性。

自20世纪30年代起，包括美国在内的许多国家开始限制移民。1930年底，巴西总统热图利奥·瓦加斯也决定开始限制移民，以缓解巴西失业危机。二战期间，希特勒对犹太人进行种族灭绝，一些侥幸逃脱的犹太人移民巴西。二战结束后，因巴西军方高层在二战期间的亲法西斯态度，一些德国人、西班牙人、意大利人为避免清算而移民巴西。此后，巴西大规模的移民潮基本停止。

如今，巴西已经成为世界上混血人种最多的国家。黑皮肤、白皮肤、棕皮肤、黄皮肤、红皮肤，不同肤色的人们生活在一起，为这片"上帝钟爱的土地"带来了更包容、更丰富的可能性。

"大熔炉"——族群融合的天堂

提到"大熔炉"（melting pot），人们往往会首先想到美国。这一概念源于1908年在美国纽约上演的一部戏剧《大熔炉》，该剧描述了来自不同国家和文化背景的美国移民通过族际婚姻最后组成相处融洽的多文化、多宗教的家庭。熔炉论还发展成为美国的民族理论，强调在美国占支配地位的盎格鲁-撒克逊文化可以同化其他亚文化，并产生具有美国核心文化特质的美国人。只不过,美国的"熔炉效应"似乎正在失灵,文化差异、族群矛盾日益尖锐和突出。

相较之,巴西也许才是真正的大熔炉。在巴西,官方族群统计数据直接用棕、黑、白、黄等肤色及原住民进行族群分类,而且种族申报也是自愿填写,你认为自己是哪个族裔就可以填哪个。巴西政府支持族际通婚,着力推进种族融合,建构"巴西人"的共同身份。原住民印第安人、欧洲来的高加索人、非洲来的西非人、亚洲来的东亚人和少量闪米特人……他们在保持各自族裔特色的同时又相互融合。当然,族群矛盾不可避免,种族歧视依然存在,但绝不像美洲的另一个移民大国那样激化。不同族群、不同文化相互碰撞、交融,形成了如金刚鹦鹉的羽翼一样绚烂的巴西文化。

混血族裔

在今天的巴西人中,有 45.4% 的人自认为是混血族裔。因为他们的肤色介于黑白之间,习惯上用原意是"深棕色"的 pardo 这个词来代指。黛拉 27 岁,生活在巴西中西部城市戈亚尼亚,是一名肖像画家。作为混血族裔,她认为自己的外貌最能代表巴西。

> 如果哪天要画一幅巴西人的肖像,我会画上我自己。当然,她会是棕色的,会有原住民的外貌特征,也会有非洲人的特征。她的头发梳得整齐的时候,看起来应该是直发,但凌乱的时候,你会看到它们是卷曲的。

黛拉的家族史几乎就是巴西各色人种的混血史，非常典型。

我的曾祖父是黑人，曾经是一个庄园奴隶。他出生在20世纪20年代，是在废奴的《黄金法令》签署后出生的。我的外祖父也是黑人。我的曾祖母是原住民，外祖母的父亲或者母亲是葡萄牙人。所以，我是标准的混血人，身兼黑人、白人和原住民的血脉。

我有浅色皮肤，但是鼻子大而平，还有一张宽大的嘴巴。在巴西的某些地方，我被视为白人。在另一些地方，我就算不上那么白了。我在米纳斯吉拉斯州的贝洛奥里藏特亲身感受过这种差别。那里的白人非常白，而我不是那么白，以至于商场里的保安经常有意无意地围着我转。我更多地认为自己是巴西人，因为我恰恰反映了种族的大融合。

白人与黑人

巴西白人的数量与混血族裔非常接近，占总人口的43.5%，分别是早期葡萄牙殖民者和晚期欧洲移民的后代。巴西的黑人占10.2%，他们的祖先都是来自西部非洲的奴隶。前奴隶主和前奴隶的后代们，似乎天然形成了不可调解的对立面。由于历史原因，白人占有了更多的社会资源，教育程度、社会层级和收入水平都远高于各族裔的平均值。而黑人的情况正好相反，他们人口虽然占比不大，但在贫困率、失学率、失业率和犯罪率等方面"遥遥领先"。在历史上被侮辱和受伤害的群体，如今却依然无法摆脱被污名化的现实。

安德烈是白人，是巴西利亚的一名戏剧演员兼导演。在谈到种族问题时，大多数白人会表示对黑人和原住民等弱势群体的支持，但不会谈及巴西白人的优势地位。然而，安德烈却直言不讳。

> 巴西的精英阶层是白人。我们是一个黑人和棕色人种占多数的国家。说白人是精英阶层绝对是政治不正确的，但也绝对是真实的。我没有相关数据可以证明这一点，但所有人都知道这是真的，只不过大家都不愿意戳破罢了。这样白人可以继续无声地保持优势，而黑人也能说服自己依然是这个国家的主人。

46岁的克莱伯是巴伊亚州萨尔瓦多的一名黑人狱警。他对犯罪率和族裔之间的关系有着非常清醒的认识。

> 监狱人口一直以来都是黑人居多。首先，因为在我所在的城市80%～90%的居民都是黑人。其次，直到一个多世纪前，我们在巴西还是奴隶，所以巴西大部分穷人都是黑人。因此，我们在罪犯中也占了多数。这就是为什么监狱里大多数人都是黑人。我已经在监狱工作超过22年，比例还是一样。监狱里肤色较浅的人大约占百分之十几，最多百分之二十。
>
> 如果我说种族偏见不存在，那是在撒谎，偏见依

然存在。你必须承认，我们不是生活在完美的世界里。我反思了一下，这其实与肤色无关，而与贫穷有关。当你进入一个被毒贩占据的贫民区的时候，那里的居民以黑人为主，你自然会担心被攻击，担心自己的生命安全。但当你去一个较富裕的社区时，那里白人更多，你知道你的生命不会受到威胁，就会放松很多。不幸的是，大多数黑人世世代代都是穷人。

经济条件决定了受教育程度。在众多受访者当中，对黑人历史和种族歧视谈得最透彻的，竟然是一位居住在北方帕拉州的25岁白人青年。他叫马尔克·维尼修斯，名字和长相都像是古罗马元老院的年轻贵族，却将早期的黑人奴隶称作"我们的祖先"。

巴西是继非洲之后黑人最多的国家。南美洲也是继非洲大陆之后拥有最多黑人的大陆。因为在400年或300年前，白人殖民者需要劳动力来为他们种甘蔗、挖矿，于是我们的祖先——非洲黑人——被贩卖到巴西。他们本来有自己的生活、自己的文化习俗、自己的社会组织，就像其他国家和其他民族一样。他们还有自己的信仰、自己的领袖，但这一切都被从他们的故土连根拔起，随着他们一起被带到了巴西。虽然是作为奴隶来到巴西，但他们并没有放弃自己的文化身份和传统。而后，非洲黑人变成了巴西黑人，他们的文化也变成了我们的文化。

我们有一种倾向，认为黑人是受苦受难的民族，而狂欢节和桑巴舞是黑人的，这是他们的历史。如果不谈非洲文化，就谈不上狂欢节、桑巴舞和巴西。所以，我认为巴西文化的内核是黑人的，是苦难和忧伤的。

我们现在对黑人文化和历史的反思远远不够。你知道帕尔马雷斯的尊比（Zumbi dos Palmares）吗？他是创建逃奴堡（Quilombo）的黑人先驱之一。逃奴堡就是因为有了他才存在的。巴西是一个为了各种事情都过节放假的国家，但对这个曾经革命性地改变了巴西的族群史、给予那么多黑人奴隶生命和自由、最后却被残忍杀害的人，我们却没有一个节日来纪念他。很多时候，我们甚至不明白其中的原因。

朱莉娅娜是混血族裔，在巴西利亚的一所学校当老师。她认为虽然巴西已经在立法层面做了很多，但在社会层面对种族歧视的关注依然不够。

种族主义是一个触及情感的话题。今天，我们在巴西庆祝黑人意识日。但如果我们揭开种族主义的情感创伤，会看到黑人儿童饱受折磨。我受过苦。而那些比我更黑、肤色更深的人受苦更多。直到21世纪初都还有相关的法律规定，有色人种不能上学，不能拥有财产。对我们来说，只有通过配额制度才能进入大学。这种情况已经持续了30年。

今天，我们有了一项已经颁布20年的法律，规定必须在课程中加入黑人和原住民文化及多样性方面的内容。然而，时至今日，可能每七所学校中，只有一所学校的墙上画着黑人儿童。你同样看不到残疾儿童或者原住民儿童。种族主义在学校里依然阴魂不散。

亚 裔

巴西的黄种人就是东亚人，族源主要是日本和中国，只占总人口的0.4%。在巴西生活的华裔并不少。国画大师张大千就曾经在巴西定居多年，还修建了中国式的山水庭院八德园，可惜该庭院因为修建水库而被淹没了。更早时候，戊戌变法之后的康有为也曾来过巴西，并认为这里是中国移民的极佳去处。不过，当时巴西政府选择接纳的是日本移民。这就导致当你走在巴西街头，会经常被问是不是日本人，因为日裔巴西人社区在巴西的时间更久。26岁的沃尔特·仁山居住在圣保罗，最近失业在家，正在努力写他的第三部玄幻小说，同时备考公务员。

我觉得自己更像巴西人而不是日本人。我们在家里只讲葡萄牙语。在我很小的时候，我妈妈试图教我

第一章 初识巴西——跨越文化与宗教的神奇之地

日语,但我没有太大兴趣。他们还让我尝试学习绘画和武术,也没成功。有时我们出于习惯说几句日语。比如,到家进门了,我会用日语说我到家了,但真的只是非常特定的词汇。家里有很多东西来自日本文化,比如,龙的雕像,七福神的玩偶。我们家还有hotokesama,是供奉祖先的神龛。再有,我们平时也是吃白米饭,配白味噌酱。我们去佛教寺庙为去世的人做弥撒。

在我母亲这边,我知道她的祖父母在日本北海道拥有工厂。大概是20世纪二三十年代,工厂被一场大火烧毁了。有人对他们说,在巴西你很容易致富,然后就可以拿着钱回到日本重新开始。这就是他们来巴西的原因。父亲很少提起日本的事情。我只知道他的母亲在日据期间出生在中国台湾,其他就没有太多信息了。

当年,有很多日本家庭来巴西之前被许诺了土地,到达之后却被遗弃在丛林中。他们被告知:这就是答应给他们的土地,他们必须砍伐树木建造他们的房子,建造他们的农场。许多人甚至没有过在农场工作的经验。日本移民来巴西的最初想法都是拼命工作五到十年,然后衣锦还乡,带着钱回到日本,但他们却最终留在了这里。

虽然沃尔特·仁山对日语和日本文化不够了解,但作为日裔巴西人，他对当年日本移民的境况做过不少研究。

在巴西，也有很多来自冲绳的移民。冲绳原本是一个独立国家。后来，它被并入日本。冲绳移民遭受了很多苦难和偏见，甚至被其他日本移民歧视。当时巴西的黑人奴隶制被废除了，为了得到合格且廉价的劳动力，巴西先是引入了欧洲移民，如德国人、意大利人。这迎合了当时巴西上层"把巴西变白"的想法。但是，许多欧洲移民被庄园主像奴隶一样对待，以至于引起了与欧洲国家的外交冲突。然后，日本人就来了。在种族方面，他们不是白人，因而有很多农场主以奴隶般的方式对待这些日本移民。于是很多日本移民因感到不满而逃亡了，其中大部分是冲绳人。因此，冲绳移民招致了其他日本移民的针对。

在二战期间，日本移民和巴西社会产生了碰撞。很多日本人决定效忠母国，而巴西在二战期间禁止日语学校、日语广播和日语媒体的政策也加剧了冲突。当时的日本人对实际发生的事情非常盲目，以至于战争结束之后，有些日裔巴西人甚至不相信日本已经输掉了战争。

我计划今年去一次日本，这将是我的第一次。我很兴奋。小时候我对这些东西没有多大兴趣，但现在我开始感兴趣了。

第一章 初识巴西——跨越文化与宗教的神奇之地

巴西的种族融合还在继续。越来越多的巴西人以自己不同种族、不同文化背景的祖先为豪，也以巴西这个对所有族裔张开双臂的国家为豪。约翰·卡斯特就是其中之一，他是来自里约州的一位黑人萨满（即巫师）。

> 我妈妈是黑白混血，来自米纳斯吉拉斯州一个叫迪亚曼蒂纳的小镇，那里出产矿石和钻石，还有很多地质学院。我妈妈曾在那里的一家酒吧工作，和一个叫约翰的德国留学生发生了一段恋情。我妈妈非常喜欢这个名字，她说如果她有个儿子，就会叫他约翰。
>
> 卡斯特来自我父亲的家族，原本应该是 Castorino，指的是一种硬木树。我的父系祖先曾经是奴隶，在进行身份登记的时候，文件被烧毁了一部分，只剩下 Cast 这几个字母，于是卡斯特就成了我们家的姓氏。我父亲有黑人和印第安人血统，因为他的祖母是印第安人。所以，我其实有三个种族的血统，但更喜欢称自己是非洲裔印第安人。
>
> 在萨尔瓦多附近，有一个叫费拉·德·桑塔纳的地方，在那里你会看到许多像我这种黑人、印第安人和少许白人的混血人。你会看到他们的嘴唇非常宽，直鼻，而眼睛比较细。从某种意义上说，这就是巴西人的混血基因，这就是真正的巴西。

善于制造快乐的民族

> 巴西的国名 Brasil，来自同名的巴西红木，它的拉丁文词根是 brasa，意思是像木炭一样火红炽热。
>
> ——维基百科

巴西人大概是全世界最善于追逐快乐和创造快乐的民族。34 岁的莫拉是圣保罗一个外贸公司的职员。他的英语虽有口音，但可以碾压绝大部分巴西人。由于职业需要，他经常要和世界各国的客户沟通，非常了解外部世界对巴西的固有印象和各种成见标签。不过，他依然认为最老生常谈的印象通常是有它存在的道理的。

> 我们真的非常热情，没有距离感，很容易接纳别人。可以这么说，巴西人有一颗温暖的心。即便是陌生人，我们也会拥抱你，会给你爱。我们会毫无保留地表现出来，即便对方有点不适应，或者被吓到。我们是一个温暖的民族，就像我们头顶的太阳。

巴西人的热情和毫无距离感有时确实会让外国人受宠若

第一章 初识巴西——跨越文化与宗教的神奇之地

惊,以至于战战兢兢。玛嘉莉是秘鲁人,结婚之后和她的巴西丈夫在里约热内卢定居了十几年。但她依然对巴西人自来熟的热乎劲儿有点儿不知所措。

> 这是我特别喜欢巴西人的一点,但有时候真的消受不起。作为巴西人的邻居,我们这些说西班牙语的南美人已经算是很外向和热情了,但真的没法儿和巴西人比。我碰到过好几次,明明是第一次见面,没聊几分钟他们就能和你开很猛的玩笑,都把我听傻了。不过,我后来和这几位都成了非常好的朋友。

59岁的阿明多是左翼知识分子,生活在里约热内卢,是一位业余作家,正准备出版他的第三部作品。他探究了巴西人这种火热性格的根源。

> 巴西人,所有的巴西人,无论是来自里约热内卢州、来自东北各州、来自圣保罗州、来自米纳斯吉拉斯州、来自南里奥格兰德州、来自亚马孙州还是戈亚斯州,他们都有能力以伟大的方式去热爱,所以他们经常拥抱别人。并不是说巴西人喜欢拥抱别人,而是巴西人习惯以强烈的方式来表现自己。就像他们爱得非常浓烈一样,他们恨得也非常浓烈。因为他们本质上是一群受苦受难的人,巴西人民来自被奴役的人。这是事实。我们是被奴役者和被殖民者的混合体。事实上,爱与恨是反抗压迫的两种选择,而巴西人民选择去爱。

桑巴与狂欢节

桑巴是音乐，是舞蹈，也是一种打破极限的精神，源于巴西巴伊亚州。它最早是由黑人奴隶带到巴西的，有极强的非洲风格，后来与当地其他文化融合，并在里约发扬光大，变得世界闻名。上文提到的阿明多正在写一本关于这个城市从20世纪20年代到80年代历史的小说。他在里约资料馆里查阅了大量资料，试图再现那个年代的无情与繁华。

第一张桑巴唱片是1917年由一位名叫巴亚诺的歌手录制的。他来自里约热内卢，但他的名字叫巴亚诺，意思是巴伊亚人。1917年，东加（Donga）创作了第一首桑巴舞曲。最早的演唱者和舞者都是黑人，有些甚至是前奴隶。可问题在于，从未得到过自由的人在被释放之后，不知道如何使用他的自由，所以他们尽其所能地用桑巴填充了它。

最早的桑巴歌手时常要躲避警察的骚扰，因为当时桑巴舞是被法律禁止的。有一位警察局长特别喜欢追捕桑巴歌手，认为他们都是流浪汉，而流浪汉就是罪犯。他能想象到的最接近亡命之徒的，就是这些漫无目的、成群结队地走在街上的人。这在当时是被视为不正常的。警察会打开他们裤子的拉链，扔进去一个柠檬。如果柠檬没有穿过裤腿，他们就会被认为穿了紧身裤因而不正经。警察就会用剪刀剪破他们的裤子。这就是警察的迫害方式。如果有人在街上带着手鼓，也会被捕。那时候，桑巴歌手被视为骗子，因为他们是黑人。而桑巴狂欢节是 50 年代才出现的东西。

狂欢节本来是基督教四旬节大斋之前饮宴和狂欢的节日。但在巴西，狂欢与桑巴融为一体，重新阐释了人们对狂欢节的想象。每逢狂欢节，巴西就有三个城市会成为桑巴巡游的中心。在桑巴的故乡萨尔瓦多，巡游花车由著名歌手担纲，周围是伴舞和买票跟随的粉丝，在城市的街道上形成了一个个移动的现场演唱会，桑巴音乐成了主角。在桑巴和狂欢节的圣地里约热内卢，美轮美奂的花车置景、服装和舞者闪亮登场，桑巴舞蹈夺人心魄。而在巴西最大的城市、商业之都圣保罗，严密、有序的组织和竞赛机制逼迫着桑巴学校一次次打破自身的极限。

卡琳和丈夫一起在圣保罗的布拉斯区运营着一家桑巴学校。桑巴学校其实并不是真的学校，更像是桑巴俱乐部，成员一般都是附近社区的居民。只有桑巴学校才有资格设计和组织花车参加狂欢节的桑巴游行。

> 我丈夫的祖母是学校的创始人之一。我丈夫九岁开始加入，就像呼吸一样自然而然。他呼吸着这所学校的气息，他生活在狂欢节中，然后感染了我。这是一种瘾，参加过一次游行的人都想再来几次，这是对狂欢节和桑巴舞的无尽热爱。

我们现在有一千多名追随者，年龄主要是22岁到40岁。我们现在是入门组，不收费，但推出了组合套餐，比如，买一件50雷亚尔的主题T恤送游行服装。学校的钱主要来自市议会目前提供的资金。要拿出更漂亮的服装、更好的饰面，为员工提供体面的薪水，这就有点入不敷出了。所以，最大的挑战是钱，是财务问题。我丈夫在电视台工作以维持生计，当桑巴学校校长仅仅是他的爱好，不从中获利。

人们总是对狂欢节充满幻想，认为那是互相结识的机会，会有接吻、约会甚至会生很多狂欢节宝宝。对观众而言或许如此，但桑巴学校的每个成员都必须一丝不苟，连酒都不敢喝，因为还要参加桑巴舞曲的合唱，一旦喝醉了，学校就会被狂欢节评委扣分。而对于狂欢节桑巴花车的组织者来说，这是件让人心力交瘁的工作，时间跨度长，而且牵扯到太多的细节。

提前一个月，那些准备参加狂欢节演出的人，就开始没日没夜工作了。我们大概有7个人专门制作服装，在做花车的棚子里，大概有30个人。有专职策划负责写花车故事，有制作人负责开发主题。然后，他们把提案提交给董事会看是否可行、是否批准。他们通常会准备好几个故事方案。董事会从成本的角度考虑哪个方案对学校最可行。比如，如果以国王和王后为主题，服装成本就会很高。

第一章 初识巴西——跨越文化与宗教的神奇之地

选好故事之后,制作人会写一个大纲并在社交媒体和学校网页上公布。在规定日期内,所有希望为学校创作桑巴舞曲的作曲家都会带来他们的作品。今年,我们学校收到了 11 首桑巴舞曲。然后由董事会与制作人、策划和乐队总监一起投票,选出参加游行演出的曲子。

在巡游中,评委们的评判标准非常严格。从服装、各部的演唱、队形变化、编排的翅膀舞蹈,到花车的设计、装饰,一切都不能有任何失误,必须完美完成。比如,从缝纫到装饰,再到黏合,什么东西都不能掉下来,无论是石头还是羽毛。所有东西都必须一致。如果我在同一侧翼的五六十人中的一人身上放了块绿色石头,那块石头就必须一直在那里。我们会事先给评委们寄带妆的照片,这样他们就能在游行当天合议。他们要看到的东西必须保持在原来的位置。他们还会评判节目的完成度。如果头饰有破损、有接缝、裤子破了,或者有人忘了带袖口腕饰,或者头上的羽毛断了,这些都要扣分,都是扣 0.1 分。

虽然压力巨大,但卡琳夫妇还是一次又一次地投身于狂欢节。他们认为,狂欢节是巴西的安全阀,平时大家够辛苦了,在狂欢节要尽情欢乐。

每次狂欢节结束之后,所有人都筋疲力尽。然后你会说,不,我不想再参加了。可是两个月后,你又开始问，下一次什么时候开始？还有多久开始？这真的有点疯狂！

足 球

在 2022 年卡塔尔世界杯上，"五星"巴西爆冷输给克罗地亚，遗憾止步八强。尽管近年来在世界杯赛场上表现不佳，但巴西仍然是世界杯夺冠次数最多的国家，且次次冲入八强。

足球是在什么时候传入巴西的？巴西又是如何一步步成为公认的足球王国的？为何巴西人民对足球如此狂热？足球与巴西人的身份认同有何关联？

19 世纪末，足球从英国传入巴西，起初是一种精英阶层的社交活动。里约热内卢和圣保罗的体育俱乐部是上流社会年轻人聚会的场所，足球传入之后迅速取代赛艇成为最受欢迎的运动项目。这些俱乐部之间会组织友谊比赛，由于足球运动极高的观赏性和刺激性，比赛观众逐渐跨越了俱乐部会员的社会阶层。而足球相对于其他运动的最大优势就在于其天生的人民性和无与伦比的参与度，一个皮球、四块石头、一片空地就能让鞋都穿不起的穷小子们血脉偾张。

20 世纪 20 年代，足球比赛已经在巴西的工厂、学校、贫民窟和大街小巷流行起来。与此同时，俱乐部比赛的观赏价值和商业价值开始超过其社交价值，某些俱乐部为了夺取比赛的胜利、增加球迷数量，开始吸收下层阶级出身的优秀球员。

1923年，原本由葡萄牙裔移民构成的瓦斯科·达伽马俱乐部，通过使用黑人和工人阶级出身的球员，意外夺取了里约热内卢联赛冠军。这标志着巴西足球联赛开始由业余向职业转型。此后，巴西足球代表队多次与欧洲球队交手并取得了良好的成绩，进一步点燃了巴西人民的热情。

20世纪30年代瓦加斯总统上台后，巴西开启了工业化进程，民族主义逐渐成为主流意识形态，改变了巴西处处追捧和模仿欧洲文化的社会风尚。如何塑造巴西人的身份认同和民族自豪感成为政治家和知识分子的首要关切，他们不仅要强调巴西人不是欧洲人，而且要证明巴西人拥有一些比欧洲人更为优秀的品质。

彼时，恰好足球运动的职业化和商业化产生了报道比赛、评论球星的强大需求，报纸的评球专栏和体育记者随之兴起。这些足球评论员很多本就是巴西著名的公共知识分子。他们被许多黑人和黑白混血（穆拉托人）球星高超的足球技巧所折服，试图从民族特质的角度对其加以解释，并以此为灵感建构巴西足球相对于欧洲足球的独特之美。

这些足球评论员将黑人和穆拉托球员控球过程中的身体晃动称为ginga，这是巴西战舞卡波耶拉（capoeira）中的基本步法，通过不断的左右摇摆来躲避攻击、迷惑对手。同时，这类肢体动作也常被比作桑巴舞蹈。卡波耶拉和桑巴都是巴西黑人奴隶创造的文化，并有其非洲起源。因此，足球评论员们认为巴西球员身体晃动的协调性和节奏感是非洲血统所独有的，欧洲球员永远无法企及。

巴西著名文化人类学家吉尔伯托·弗雷雷认为非洲血统和混血属性赋予了巴西足球一种狂欢的、忘我的酒神精神，足球对巴西人来说首先是一种像音乐和舞蹈一样的艺术和享受，这与欧洲足球的阿波罗精神截然不同。这一观念雅俗共赏，不仅在民间深入人心，还深得执政当局的青睐，因为它参与构建的"种族和谐、文化融合"的国家神话有利于缓和社会矛盾、提升民族自信。

不过，足球毕竟是竞技体育，对艺术性和观赏性的赞美终究无法脱离竞技成绩。很长时间以来，巴西国家队在世界杯上的成绩并不理想，被邻居乌拉圭和阿根廷压制，这让巴西民众对"穆拉托足球"产生了怀疑。特别是1950年世界杯，巴西作为东道主建造了世界最大的马拉卡纳球场，随着球队一路杀到决赛，全国上下对冠军已是志在必得，但最终巴西人在决赛中不敌乌拉圭，20万球迷亲眼见证了这场民族记忆中的灾难。

非理性的舆论将失望发泄在了球员特别是黑人球员身上，很多人相信巴西球员虽然个人技术华丽，但过于散漫，缺少团队合作精神，尤其缺少顽强的意志品质，这被种族主义思维归咎为非洲血统的天然缺陷。这种将体育运动、民族认同和种族刻板印象绑定在一起的做法始终是一把双刃剑。

但谁也想不到，仅仅八年之后，以贝利、加林查、瓦瓦为代表的巴西足球"黄金一代"横空出世，将足球运动的观赏性和实用性前所未有地熔于一炉，梦想最终变为了现实。从1958年到1970年，巴西夺得三次世界杯冠军，获得永久保存雷米特金杯的至高荣誉，成为举世公认的"足球王国"。而巴西头号球星贝利年仅17岁就在世界杯决赛梅开二度，除了之后他被暴力铲伤的比赛外从无败绩，最终在1970年世界杯通过首次全球电视直播完成了史上首位"球王"的加冕典礼。

在巴西军政府的全力支持下，贝利和"黄金一代"成为巴西的民族英雄和"种族民主"的象征，这一时期也恰好见证了巴西的"经济奇迹"和对现代化的乐观态度，尽管这种成就的另一面是不断加深的社会矛盾。

"黄金一代"让巴西人对艺术足球的执念达到了前所未有的深度，此后的每届世界杯，只要是不能夺冠的比赛都被视为彻底的失败，而仅仅赢球也是不够的，还必须赢得漂亮，必须踢出纯正的桑巴味道，必须用不间断的攻势和炫技给国人和世界呈现一场场视觉盛宴。

尽管1994年和2002年的两度碰杯成就了让其他国家一时望尘莫及的"五星巴西"和罗纳尔多等全球偶像级别的桑巴巨星，但在更多的时候，巴西人面对夺冠失利时，不断在两种立场中摇摆——到底是虚心学习欧洲足球的实用战术，还是坚持自己的桑巴特色？这至今仍是一个争论不休的话题。

客观来说，巴西并不是对足球最狂热的国家，默认巴西人都看球是完全错误的，更不要说都会踢球了。2014年再次作为东道主的巴西甚至出现了"抵制世界杯"的大规模抗议活动，参与者认为世界杯转移了政府对国内社会问题的关注，本该用来改善社会福利和教育医疗水平的资金被用来建设超出巴西社会发展水平的大型体育场馆，国际足联也被视为压榨主办国的腐败机构。正是在这届世界杯上，巴西以 1∶7 惨败于德国队，创下了世界杯东道主以最大分差输球的耻辱纪录。

不过，这场"米内罗惨案"带给巴西人的伤痛并不能和当年的"马拉卡纳惨案"相提并论，因为一个更加成熟的民族不会再无限夸大竞技体育的意义。正如一位知识分子在赛后所说，巴西人一定要摆脱这样一种自我麻痹的心理，即虽然我们干别的不行，但踢足球还是世界第一。真正的民族自信是大方地接受自己足球不一定总比别人踢得好，同时绝不相信自己干别的就注定总比别人差。

如果不是 18 岁时的一次前十字韧带撕裂，29 岁的佩德罗现在或许正在某个职业俱乐部队踢球，也可能被外国俱乐部选走或者进入巴西国家队，谁能知道呢？伤愈之后，他获得了一份半额奖学金，在美国的一所大学踢球和学习。然而，几个月后，父亲病重，命运又把他带回了家乡，塞阿拉州的福塔莱萨。2019 年，他被当地一家足球俱乐部签下，开始参加五人制职业联赛，并闯入巴西杯决赛，获得了亚军。然而，2020 年疫情来了，一切都停滞了。

> 踢足球是我从小就喜欢做的事情。有时候我常想……我不会说我后悔，但我会说我本可以走得更远，我本可以的。在巴西，如果你没有一个对足球很了解的叔叔或者特别执拗的父亲，恐怕很多人都会半途放弃。我虽然遇到了一些让职业旅程变得艰难的挫折，

第一章 初识巴西——跨越文化与宗教的神奇之地

但我没放弃足球。我并不后悔,因为我现在仍在参加比赛,在踢五人制足球和七人制足球。

我有几个朋友在国外踢球。有一个在沙特阿拉伯踢常规足球。踢五人制足球的朋友更多,在西班牙、俄罗斯、土耳其都有。他们当年在青训营踢得不错,但在巴西没法取得成功。这里天才太多了。经纪人选择把他们送到西班牙、意大利、德国的丙级联赛踢球,他们在那里开始自己的职业生涯。感谢上帝,有很多朋友表现出色,他们真正靠足球谋生,真正积累了很多东西。

我认为巴西与其他国家在足球方面的主要区别在于,我们拥有最好的原材料,每个街角都有10个"贝利"。当欧洲俱乐部去寻找球员时,他们不会去非洲,有时也不会去欧洲,而是去哪里呢?南美。我们没有最坚定的人、最强壮的人,但我们有最好的原材料。换句话说,如果你知道如何打磨这种原材料,那么它就会为你结出累累硕果。

但在巴西能够真正靠踢球维生的人我觉得是1%。那些青训基地的球员,17岁以下的,20岁以下的,甚至是来自大俱乐部的青训球员,比方说福塔莱萨、弗拉门戈、科林蒂安,我会告诉你,其中只有1%的人会成功。为什么呢?人们总说足球运动员能挣很多钱,他们确实赚了很多钱,但如果你把他们放到全巴西的足球人口中去比较,也就是1%的人赚了很多钱。据调查，巴西足球运动员的月均收入是3 000雷亚尔。一个足球运动员每月只挣3 000雷亚尔！这是什么概念？在巴西养家糊口每月至少需要3 000到4 000雷亚尔。我说的1%指的是月收入几十万雷亚尔的球员，也只有1%。

巴西人坚持认为近年来最好的一次世界杯就是巴西世界杯。要说它唯一不完美的地方，就是巴西队提前被淘汰，无望夺冠。每一届世界杯期间，巴西整个国家几乎处于停摆状态。很难见到巴西人如此认真地不工作。在有巴西队比赛的日子，基本上全国都会放假。

你知道为什么放假吗？因为如果继续上班，没人能正常工作，大家的心思都会放在比赛上。足球会让人们感到快乐。更重要的是，它是一项民主的运动，是一项很多人都可以参与、享受和玩乐的运动。这是一种文化。有时候，当你支持一支球队的时候，你会想去看那支球队的每一场比赛，这有点莫名其妙，有些人会为自己的球队疯狂，比如，卖掉车去看球队的决赛。

巴西是一个正在经历重重困难的国家。与一些国家不同的是……比如说，瑞典，那里几乎没有社会不平等。但当你来到巴西时，你会看到一些人是亿万富翁，而另一些人则非常悲惨，处于极端贫困之中。而足球可以暂时消除一些不平等。在体育场里，你可能是个百万富翁，你旁边的人可能是个露宿街头的流浪汉，但每个人都因足球而聚在一起。

如果你想在巴西交朋友，还可以聊点什么？

当人们谈起巴西时，脑海中最先浮现出的词语往往是"桑巴"和"足球"。当你想和一个巴西人搭讪闲聊时，桑巴和足球当然是最容易开启话题的方式。但是，如果你想给巴西人留下深刻的印象，了解一些关于巴西诗歌、文学、音乐、建筑、电影等方面的知识，无疑有助于你与巴西人开展更深入的交流。

在 2016 年里约奥运会开幕式上，彼时 73 岁的巴西国宝级歌手保利尼奥·达维奥拉（Paulinho da Viola）身着蓝色西服套装，手持一把吉他，在一个小型管弦乐队的伴奏下，以轻柔的嗓音唱响了极具诗意的巴西国歌——《听，伊匹兰加的呼声》：

在伊匹兰加平静的河岸上，响起了英雄民族的呼声。自由的太阳照耀着我们，在祖国的天空大放光芒。如果能保证人人平等，我们就能凭强健的臂膀取胜。自由啊，在您怀抱中，我们勇敢的心可以战胜死亡！啊，可爱而理想的祖国，万岁，万岁！

巴西，壮丽的梦耀着活跃的光，使爱和希望得以降临大地。在那可爱的明净天空之上，南十字星放射着灿烂光辉。您是一位天造地设的巨人,您绮丽、坚强,并且勇气十足,这映出您无比壮美的前景。

千里挑一的至爱土地就是您,巴西。啊,敬爱的祖国!您就是此方子民的慈母,亲爱的祖国,巴西!

两个简洁的白色舞台呈倒扣飞碟状,分布于球场两端,呈现鲜明的现代主义风格,具备典型的奥斯卡·尼迈耶(Oscar Niemeyer)建筑美学特征。一边的舞台上是头发花白的达维奥拉自弹自唱,引领全场巴西观众轻轻合唱巴西国歌;另一边是一群身披巴西国旗的青少年欢快地列队跑上舞台,或坐或站,看着印有南十字星的巴西国旗冉冉升起。

"伊匹兰加的呼声"指的是1822年9月7日,当时的巴西摄政王子佩德罗在圣保罗附近的伊匹兰加河岸上发出的"不独立,毋宁死"的声明。这一声明正式宣布巴西脱离葡萄牙而独立,开启了巴西作为主权国家的帝国时代。

不同于传统严肃的奏国歌、升国旗环节,这个节目同时融合了巴西历史、音乐、建筑背景,以轻松明快的方式呈现出来。这种别出心裁的做法,确实相当"巴西"。

那么,前文提到的奥斯卡·尼迈耶又是谁呢?

如果你来到巴西首都——巴西利亚,绕不开的一个人就是巴西历史上最伟大的建筑师奥斯卡·尼迈耶。巴西利亚国会大厦、总统府、最高法院、外交部大厦、司法部大厦、国防部大厦、巴西利亚机场、国家剧院、巴西利亚大学、巴西利亚主教堂……这座凭空诞生的城市到处都是尼迈耶的作品。简洁有力的雕塑般的建筑外观、极具想象力与辨识度的曲面与线条，构成了尼迈耶独特的现代主义美学风格。

尼迈耶1907年出生于巴西里约热内卢。1929年，尼迈耶进入国家美术学院学习建筑，1932年师从巴西知名建筑师卢西奥·科斯塔（Lúcio Costa）。毕业后，尼迈耶加入世界知名建筑师勒·柯布西耶（Le Corbusier）的团队，担任绘图员。在此期间，尼迈耶在建筑上的杰出天分与大胆独特的美学设计让柯布西耶刮目相看。1956年，尼迈耶被库比契克总统任命为巴西建筑部部长，负责新首都巴西利亚的总体规划、设计及建筑工作。1987年，巴西利亚建筑群被列入《世界遗产名录》。

作为坚定的共产主义者和巴西共产党主席，尼迈耶还为法国共产党设计了总部大楼；为古巴设计了反美纪念碑，以纪念古巴人民对抗美国的英勇斗争。2012年，尼迈耶在里约去世，享年104岁。在80多年的职业生涯里，尼迈耶在世界各地留下了500多件建筑作品，成为世界建筑史上当之无愧的现代主义大师。

同样，在2016年里约奥运会开幕式上，巴西超模吉赛尔·邦辰从球场一端款款走来时全场合唱的背景音乐《伊巴内玛女孩》（The Girl from Ipanema）也颇有来处。这首歌是巴西波萨诺瓦（Bossa Nova）音乐的代表曲目，也是任何巴西人都会唱的歌曲，在巴西的知名度相当于我国的《茉莉花》在世界各国的知名度。

"波萨诺瓦"对于音乐爱好者来说一定不陌生，其葡萄牙语原意为"新风格"，是一种受美国爵士乐和布鲁斯音乐影响的较为轻松欢快的桑巴音乐。

20世纪50年代末60年代初，里约的一些年轻音乐家在美国爵士乐的启发下，在桑巴音乐中引入非常规和弦与不和谐的和声，将传统桑巴音乐的单一节奏变为切分节奏，使之变得节奏更加轻快、更具变化性，创造了一种与传统桑巴截然不同的音乐，听起来慵懒柔和、轻松浪漫。1959年，由法国导演马塞尔·加缪（Marcel Camus）执导的巴西电影《黑人奥菲尔》（Orfeu Negro）夺得法国戛纳电影节、奥斯卡、金球奖三项最佳外语片奖；波萨诺瓦风格的电影主题曲风靡一时，在美国掀起了一阵波萨诺瓦风潮，并蔓延到世界各地，对后来的世界流行音乐产生了巨大的影响，在文化领域让巴西摆脱了欠发达的局面。巴西与日本混血歌手小野丽莎就以波萨诺瓦风格闻名。

波萨诺瓦的广泛传播也离不开三个巴西人：作曲家汤姆·若宾（Tom Jobim），歌手、吉他演奏家若昂·吉尔伯托（João Gilberto），诗人、作词家维尼修斯·德·莫莱伊斯（Vinícius de Moraes），他们创作、谱写、录制了大量波萨诺瓦风格的专辑，影响了一大批世界各国的音乐家，他们三人也被公认为"波萨诺瓦之父"。

1962年冬天，若宾受托为音乐喜剧《飞艇》编曲，维尼修斯则负责作词。彼时，若宾住在伊巴内玛海滩附近的寓所里，常常去伊巴内玛海滩散步。在海滩旁边的咖啡吧里，若宾遇到了一个年轻的美丽少女，每天她都会漫步经过咖啡吧为母

亲买东西,然后走向海边。受这个少女的启发,若宾创作了此曲。维尼修斯听说这个故事后,则为此曲写下了歌词:

> 看她多么美丽、多么优雅,是她、那个女孩,悄然经过、又默默离去,伴随着优美的舞蹈,朝着大海方向而去的金色女郎,她是来自伊巴内玛的太阳……啊,为何我如此孤单?啊,为何我如此悲伤?啊,她仍在这里,却无法属于我一个人。当她路过时,全世界都充满欢乐,也变得更加美丽……

伊巴内玛是巴西三大知名海滩之一。有机会去里约热内卢的话,不妨去伊巴内玛海滩边漫步,一边听着这首歌,一边欣赏世界上最美的女孩、海滩与阳光。

说到诗人维尼修斯·德·莫莱伊斯,拉丁美洲素有诗人当外交官的传统,莫莱伊斯也不例外。智利诗人、诺贝尔奖得主巴勃罗·聂鲁达就是外交官。但是,在巴西当外交官也是需要考试的,莫莱伊斯考了两次才考上。1943 年,时年 30 岁的莫莱伊斯通过外交部入部考试,被派驻到美国洛杉矶担任副领事。在被派驻美国期间,他出版了四本诗集。

20 世纪 50 年代期间,莫莱伊斯被派驻到巴黎、罗马等地从事外交工作,在此期间,他还受命研究戛纳电影节、柏林电影节、威尼斯电影节的组织管理模式,以便更好地筹备即将到来的纪念圣保罗建市 400 周年的圣保罗电影节。由此,莫莱伊斯对电影有了更全面的了解。他不仅撰写电影评论,还尝试自己写剧本、为歌曲作词。1956年末，莫莱伊斯从法国返回巴西，此后陆续在联合国驻巴西办事处、巴西驻乌拉圭大使馆、巴西外交部等机构任职，直至1969年在巴西军政府统治下被勒令提前退休。

正是在结束欧洲的外派生涯、返回巴西后，莫莱伊斯与若宾、吉尔伯托等人创作了多首波萨诺瓦名曲，并在巴西和欧洲四处演出。多年的外交官生涯让莫莱伊斯熟练掌握了法语、英语、西班牙语、意大利语、葡萄牙语，他能够与各国观众热情交流，演出氛围极好。

莫莱伊斯是巴西大众比较熟知的诗人，尤以爱情诗最为闻名，堪称音乐圈最有名的诗人、诗歌界最有名的音乐家。若说起在巴西诗坛的地位，则绕不开卡洛斯·德鲁蒙德·德·安德拉德（Carlos Drummond de Andrade）。与莫莱伊斯的抒情倾向不同，德鲁蒙德的诗歌多以日常生活为题材，摒弃了传统诗歌的华丽修辞，语言简洁流畅、风格质朴，又不乏政治嘲讽和思想深度，其诗集《花与恶心》有中译本。其他有名的巴西诗人还有曼努埃尔·班德拉（Manuel Bandeira）、塞西莉亚·梅雷莱斯（Cecília Meireles）、若昂·卡布拉尔·德·梅罗·内托（João Cabral de Melo Neto）。

与诗歌、文学、音乐相比，电影是了解一个国家最直观、最具象的方式。巴西在世界上最知名的电影当属2002年获得奥斯卡金像奖最佳导演提名的《上帝之城》，里约贫民窟也由此成为最广为人知的巴西贫富差距悬殊之地。但是，这类暴力

第一章 初识巴西——跨越文化与宗教的神奇之地

美学的电影并不能反映巴西的全貌。

想看看巴西的风景,《里约 40 度》拍摄了马拉卡纳体育场、面包山、基督像、科帕卡巴纳海滩等一系列巴西著名景点以及卡布苏山贫民窟;想了解巴西普通人的故事,可以看看《中央车站》《我亲爱的甜橙树》;想探究巴西女性的生存状况,《第二个妈妈》《尼斯:疯狂的心》《看不见的女人》《痴梦芭蕾》《星辰时刻》是不错的选择;想知道巴西边缘群体的处境,可以看看《爱,简单》;想一览巴西东北部内陆人们的生活,不妨看看《男孩与世界》;对亚马孙雨林原住民群体感兴趣的话,《蛇之拥抱》可以提供一个观察视角。

或许因为中国与巴西在发展过程中面临过相似的境遇,巴西人对贾樟柯镜头中小县城的普通人故事情有独钟,贾樟柯也是大部分巴西人最喜欢的中国导演。如果你对巴西电影涉猎不多,与他们聊聊贾樟柯也可以顺利开启话题。

自然有灵:巴西人的本土信仰

> 如果可以的话,我的来生会是一只鸟,一只自由的鸟,在空中,看着日出、日落,看着大自然的美丽景色。
> ——巴西现代派画家雷伊

和巴西人的血脉一样，巴西人的信仰也来自不同的大陆和文化背景，并在这片土地上自由发展和交融。

天主教在 1890 年以前是巴西的国教，在 20 世纪也曾长期享有半官方宗教的地位，是巴西文化的主要塑造者之一，这让巴西成为全球天主教信徒最多的单一国家。巴西天主教也是欧洲文化和非欧洲文化的大熔炉，其民间形态具有"混合主义"（syncretism）的典型特征。巴西天主教中的进步派（尤其是解放神学）和保守派都具有世界性的影响力。

近年来，新教福音派和五旬节派的传播速度和活力也十分惊人，2020 年新教信徒已占巴西人口的 31%，让巴西成为世界第二大新教国家。到 2030 年，巴西的新教人口预计会超过天主教人口，而当前新教的活跃信徒人数可能已经和天主教相当。根据巴西法律，教会享有不纳税的特权，并且作为私法人可自由注册，负责人也不需要从业资格认证。因此，在巴西新开一家本地教会比注册一家公司还要容易。巴西五旬节派教会的海外传教能力同样不容小觑。

不过，真正巴西化的本土信仰，当属坎东布雷、乌姆班达等非洲裔宗教和原住民的自然信仰。透过它们，也许我们能够窥见更具巴西特色的文化身份和巴西人的心灵感受方式。

坎东布雷教

在巴西信仰坎东布雷教的信徒大概不到总人口的 2%，但它所形成的文化辐射范围却广泛而深远。坎东布雷教最初被认为是穷苦黑人的宗教。它确实是从前的非洲奴隶将故乡的神灵信仰与天主教相结合的产物。黑人人口占比最高的萨尔瓦多集中了数千所家庭神庙，是信徒们的圣地。如今，坎东布雷教已经成为跨越族群和地域的信仰，在白人甚至亚裔当中也有信众。居住在北方城市马里图巴的马尔克，就是一位 25 岁的白人青年信徒。

非洲并不存在坎东布雷教，只有对奥里莎的崇拜，黑人奴隶把这种信仰带到了巴西。他们来自非洲的不同地方，每个地方都以不同的方式崇拜不同的神灵。在巴西，当被奴役和贩卖时，他们不能选择和家人或同乡待在一起。他们必须学会在奴隶区内组织起来，以免信仰随着时间的流逝而消失。于是，他们借鉴了天主教的组织形式。最终，一个在总体上保持对奥里莎的崇拜、由不同的神灵构成神系的宗教诞生了。

坎东布雷教的主要神灵奥里莎与大自然息息相关，因此，一众神灵在自然界中都有自己的专属力量。例如，奥顺（Oxum）与淡水、河流和瀑布有关，耶曼娅（Iemanjá）与咸水、大海及一般的水有关，扬飒（Iansã）与风有关，桑构（Xangô）与采石场、山及火有关，奥贡（Ogum）与铁和道路有关，埃舒（Exu）与十字路口和小径有关。坎东布雷教最初是黑人为黑人而组建的宗教，所以时至今日，祈祷和祭祀的语言仍然是西非的约鲁巴语。

坎东布雷教信徒认为，奥里莎会显灵，神灵们都会显灵。奥里莎在大厅里显灵，跳舞但不说话，不会与信徒互动。但有些坎东布雷教派也崇拜巴西祖先，也就是巴西的原住民。他们是战灵，是原住民战士的灵魂。他们显灵、喝酒、抽烟，和信徒说话，就像活人一样。但他们是灵魂，死了，只是被施了魔法。

神庙通常设在祭司的家里，欢迎所有人的参与。如今，有许多坎东布雷教信徒是白人，很多很多。这没什么。我们不会以你的社会地位、性取向、性别或肤色来评判你。坎东布雷教非常开放，是一个热情的教派。我崇拜奥里莎已经12年了。我感到很自在。我在坎东布雷教找到了对生活的理解。

由于缘起于社会边缘和弱势群体，坎东布雷教对平等和宽容非常看重。女性通常在社团中起领导作用。吃，也是坎东布雷教重要的仪式。这大概源于早期奴隶之间的互相帮助，现在则被解释为信徒间的纽带、生命和能量的链接。不过，很多坎东布雷教仪式所用的餐食确实成为巴西著名的美食，比如祭献风之女神扬飒的一种豆面带馅儿的辣味糕点阿卡拉惹（acarajé），就成为风靡巴西全国的街头小吃。坎东布雷教的仪式一定要用非洲鼓作为引导，这也直接为巴西音乐注入了强大的非洲元素。此外，他们还有自己专属的颜色。

> 白色代表很多东西。它代表最伟大的神灵,还代表和平。正是通过白色,其他颜色才得以呈现。因此,白色提供了一种可能性,它涵盖了一切。白色是每个信徒的标准颜色,但我们也可以穿其他颜色的衣服。唯一有限制的是,如果你穿着黑色的衣服去神庙,那就不太礼貌了。

乌姆班达教与通灵术

坎东布雷教还衍生出了诸多非洲裔宗教,比如乌姆班达教派。它是唯灵论、天主教和非洲宗教的混合体,形成了一个单一的宗教。它与坎东布雷教的形式和仪轨有些相像,甚至可以共用神殿。30岁的哈德尔家住东北地区的福塔莱萨,是乌姆班达的小圣徒兼鼓手,是负责引导参加仪式的信徒。

> 我是命定的乌姆班达鼓手。我的父母和外祖母都是圣徒父亲和圣徒母亲,相当于祭司。我们乌姆班达教一般都是在祭司家里举办仪式,信徒捐献是主要收入来源。乌姆班达教是从坎东布雷教发展出来的,我们乌姆班达教祈祷和唱歌都用葡萄牙语,但坎东布雷教的信徒坚持用非洲语言。
> 我7岁开始打鼓,12岁就辍学去打零工帮妈妈补贴家用。现在家里也不富裕,院墙塌了都没钱修,

但我妈妈在准备仪式上却从不节省。她不是个擅长制订家庭财务计划的人，也没教会我，可巴西人又有几个是呢?! 但她教会了我如何保持纯净，被善的灵所引导。我们用烟斗祭祀老黑人灵体，用扑克牌祭祀吉卜赛人灵体，用水果祭祀印第安人灵体。

我最想做的事其实是照顾动物。但我不想当兽医，当兽医助理就可以了。我的一个朋友做了10年兽医助理，他说这个领域需要男人。我已经是蝙蝠了，经常到凌晨也不睡，这对我来说不会是一个问题。

居住在南方城市库里蒂巴的雷伊是一位成功的现代派画家。他信仰乌姆班达是为了求得心灵的宁静。

作为一名艺术家，我有一些作品，卖得也不错，但我经常会在焦虑中醒来。我以前是天主教徒，那时候我总是很紧张，我害怕做错事会下地狱。在乌姆班达我发现了自己积极的一面和消极的一面，学会了去平衡。这是一个真正的人类宗教。一个我不需要害怕的宗教。

乌姆班达所借鉴的唯灵论起源于19世纪法国人卡德克奠定的通灵术。在巴西，有很多唯灵论的信徒。他们当中有偏重通灵的，比如，我们采访的一位塞阿拉州的派对乐手，就声称在睡梦中听到有人大声咳嗽，后来才知道房子的前主人因吸烟患肺癌去世。于是，他也痛下决心戒了烟。也有人偏向灵性的培养，比如，巴西利亚的一位资深女记者阿丽娜。

> 我是唯灵论者，但我也喜欢读佛书，喜欢这种安静氛围。我们看待世界的方式并不像天主教和福音派所说的那样，你会死去并在永恒中沉睡。我读过但丁的书，他在《神曲》中谈论天堂、地狱、一切。我无法接受在尘世中已经受了很多苦之后，还要在那里等着被审判、受惩罚。所以，我想通过自我认识、反思和自我回忆来理清思绪、放飞想象。我喜欢飞翔。如果可以的话，我的来生会是一只鸟，一只自由的鸟，在空中，看着日出、日落，看着大自然的美丽景色。

巫医与佛教

真正更贴近大自然的还是原住民的巫医们。28 岁的蒂美原本和妈妈生活在里约热内卢。在 7 岁的时候，他自称获得了神秘力量，将他拉回了丛林部落的生活。

> 我们是被神灵选中的人。我们不是自我选择。我一直非常尊重神灵，比如说，居住在我体内的那只美洲豹的灵魂。我非常害怕它。我通过它的灵魂，看到了它如何变成美洲豹，杀死貘、鹿之类的动物。
>
> 我小时候和妈妈住在里约热内卢。一次篝火晚会上，它穿过灌木丛，看起来像人一样。它吹着口哨，让人毛骨悚然。不久之后，我开始听到声音，一道光

进入了我的脑袋。然后我离开了自己的身体,灵魂显现了。它指引我来到雨林中的部落那里。五天后,我站在了一位百岁巫医面前。他告诉我是什么灵魂控制了我。于是,我成了巫医的最后一个学徒。

巫医治病的方式是进入一个超自然的世界,和那些古老的灵魂对话,向他们请教疾病的起源和药物的秘密。那个世界的智慧灵魂会指引我在现实世界中找到解药。药不是种出来的,而是到大自然中去采摘的。神灵会告诉你到哪里找到这些草药。当你走进雨林时,会有一只鸟为你指示路径,也可能是蛇、貘、美洲虎,它们会自己显现出来。

东方的宗教在巴西也不乏信众。朱莉娅娜是巴西利亚教育局的公务员,她皈依佛门的经历比较有趣。

我的母亲是天主教徒,单身,有五个孩子。她必须工作养家,所以就把我们托付给一家天主教托儿所。我们从小在那里长大,早上一睁眼就要祈祷,吃饭和睡觉前也必须祈祷,可我们的生活却没有任何改变,没有一丁点儿进展。我们想,看来基督教并不适合我们。在我七岁的时候,我母亲遇到了一个邻居。他向我们介绍了佛教,日莲宗。我母亲是个文盲,我们又岁数很小,所以什么都不懂。但邻居说,祈愿吧,你们的生活就会改变。当时我们已经绝望了,就照做了。然后，生活就真的开始改变了。从此，我们更加亲近佛教，开始尝试理解经文的道理，并将其付诸实践。我们信佛已经35年了。

困扰与希望

> 谈起巴西人着迷于各种欢乐、喜欢开玩笑的时候，许多人都会感慨一句，不然怎么样呢，生活已经够艰难的了。
>
> ——塞阿拉州脱口秀演员　迭戈

巴西人是热烈而欢乐的民族，就像每年狂欢节上热力四射、肆无忌惮的桑巴。不过，乍听起来动感、欢乐的桑巴舞曲其实有着黑人奴隶思念非洲家乡的忧伤底色，或许还要加上葡萄牙的法多歌曲的一点儿苍凉。巴西人的极致寻乐，或许是在掩盖对现实生活的无奈和失望？

社会治安

即便是最信口开河的政客，也不好意思说巴西是个治安良好的国家。这可能就是硬币的两面，当你享受了极大的自由，也容易付出安全上的代价。克莱伯是巴西故都萨尔瓦多的一名军警，和普通的民事警察不同，他的主要工作就是在打击犯罪的第一线上使用武力镇暴打黑。但街头暴力的肆意猖獗已经让他丧失了上街巡逻的勇气，于是请调成为驻守监狱的部队成员。

今天的当务之急是公共安全！它已经成为巴西的第一要务！我们生活在一个充满暴力的时代，许多城市的治安近年来变得更加糟糕。或许还有比巴西更糟糕的国家，但不会有巴西这样猖獗的暴力。

巴西的贫困一直存在，但以前从来没有过这么多暴力问题。如果你想买一双好的运动鞋、一件好的衣服，如果你想要什么，也许暴力是一条捷径。于是，那些年轻人就成了帮派的打手。我很难过。

家住福塔莱萨的安东尼奥 16 岁就加入了帮派。如今他刚刚获释，还戴着电子镣铐。

我真是因为家里穷得不行了。有一天，家里的水、电、煤气全欠费停用了，厨房里什么吃的都没有了。我意识到，必须做出选择了。我直接去找到帮派的老大，开始为他打工。

我主要是用手机聊天软件卖货，被抓纯属偶然。我有时候会偷或是抢些小东西。那天我抢了个苹果手机,结果警察按照定位找到我,还发现了没被我卖掉的不法物品,结果我被判了六个月。我偷或者抢都不是为了换钱,而是为了激发肾上腺素,可以说这是我的瘾。多年前,我和最好的朋友在街上走着,忽然一辆摩托车飞驰过来,一枪把我朋友的脑袋打爆了,就在我面前。后来才知道他们认错人了。从那时开始,我就总有一种躁动,只有偷和抢的时候产生的肾上腺素才能让我平静下来。

即便是重兵看守的监狱,也难以抵挡帮派的渗透。克莱伯驻守的监狱就发生过几次暴动。

我所在的综合监狱大概有10栋楼,因为除了监狱还有惩戒部门。这里没有围墙,周围长着灌木丛。现在看管外部区域的军警人数减少了,因为军警部队普遍缺人手。帮派就派人从灌木丛溜进来,把手机、刀子、充电器和你能想象到的一切东西扔到院子里,监狱有内线过来拿走。然后,犯人就可以在牢房里收快递了。所以,很多犯人都有手机,而95%的监狱都没有移动电话干扰器。这样的话,发动一场暴动就变得轻而易举。

安东尼奥所在的监狱是私人承包的,监狱秩序相对好一些,无论是伙食还是与狱警的关系都让他感觉能接受。不过,出狱之后,他还是非常恐惧。

我们在里面唯一的消遣就是晒太阳。18个人一个房间，没有床，只是在地上画出了18个格子。我遭遇了一次暴动，犯人之间的大规模互殴，动了家伙儿的那种。监狱里面有各种帮派，你必须选一个加入，不然没人保护你。我正好在里面碰到一个小时候的邻居，就加入他们了，所以在暴动中幸免于难。

最让我感到害怕的是看到了那些一辈子出不了狱的犯人。有个72岁的老人和他兄弟一起杀了5个人，被判了142年。还有一个人在服刑9年之后崩溃了，突然就发疯了一样地越狱，最后被击毙了。我特别能理解这种被剥夺自由之后的绝望。所以，我准备洗手不干了。我的孩子才一岁半，我希望他长大之后能用尊敬的目光看我。不过，送外卖一小时才能挣40雷亚尔，我可能又要过穷日子了。

和富人区相比，贫民区的暴力更加没有底线。在一些地区，黑帮甚至通过以暴制暴建立了一种扭曲的秩序。罗谢尔是米纳斯吉拉斯州乌贝拉巴市的议员，同时也是这里最贫困的一个社区的小学老师。她发现贫民区的黑帮有很多是由贫穷催生且自发生长的，帮派成员从老大到喽啰都是本地出身，在榨干社区活力的同时，也在暴力地控制着社区。

有两个男孩抢劫了来社区的一辆网约车，于是社区就变成了出租车的禁区。将近一个月，没有一辆网约车愿意来这里。贩毒黑帮找到了这两个男孩,公开审判之后立即在社区的尽头行刑。他们活活打断了两个男孩的胳膊,立了规矩。从此以后,附近再没有人敢抢网约车了。

贫穷与不平等

贫穷与不平等,大概是巴西人对自己国家最大的诟病。一切社会问题的根源似乎都可以追溯到这里。42岁的阿丽娜是一名资深的独立记者,为首都巴西利亚和经济最发达的东南部地区的多家媒体供稿。一次在巴西东北部贫困地区的采访让她刻骨铭心。

很难想象,作为世界上最大的粮食出口国之一,巴西还有那么多人口处于饥饿和营养不良中。那里的人住在用黏土建造的房子里。那里没有互联网,甚至没有电,照明靠太阳和煤油灯。他们在河里洗澡、取水。有时河水干涸了,他们要步行很远去背水。政府知道他们存在,人口普查机构也知道他们存在,但他们是连证件都没有的人,甚至没有被计算到巴西的贫穷人口中。巴西拥有巨大的自然财富和文化财富。不幸的是,这些财富并不属于所有人。巴西人之间存在着巨大的鸿沟。

玛丽娜也是一名记者，擅长金融和财经领域的深度报道。她认为制度设计上对富人的倾斜加剧了巴西的不平等，让穷人变得更穷，富人却更富。

巴西人没有关注这个问题。他们没有意识到，他们的经济和财政问题往往也源于这种不平等的制度和法规。这种不平等是非常消极而隐蔽的，它以各种方式表现出来，例如税收。在巴西，最穷的人要交更多的税，因为巴西最大的税种是消费税。因此，除了最低工资不足以支付你的最基本开支这种荒谬的情况之外，你还要比超级富豪缴纳更多的税。而民众却看不到这一点。

关于巨额财富的征税问题也是我们巴西的大笑话。在巴西，公司高管和企业主通常只拿最低工资或者接近底薪的工资。这不是因为他们高风亮节，恰恰相反，他们可以从公司利润中提取高额报酬，但不用交一分钱所得税。再比如，私人喷气机不用交机动车税IPVA，但家用汽车，无论多老多破，都要交IPVA。这简直是太魔幻了！

身兼演员和导演的安德烈三十出头，虽然他的事业大部分要靠政府的文化基金来支持，但针砭时弊的时候毫不嘴软。

我最近看到一个统计数据，只有10%的巴西人月收入超过3 500雷亚尔。这不是很多钱，但对于很多人来说，这是很多钱。如果90%巴西人的收入低到这种水平，我会说这是巴西最大的问题。本不应该如此，因为巴西是一个非常富裕的国家。

我认为问题的根源之一就是巴西政治中的世袭文化会导致腐败，腐败让本该用于促进发展和改善民生的钱消失得无影无踪。这种腐败会对民主造成很大损害，产生社会问题和意识形态性质的危机。它会让社会贫富两极分化，会助长仇恨，这是我们正在面临的一个大问题。

教 育

巴西的教育体系分为幼儿教育、基础教育、中等教育和高等教育四个部分。其中，基础教育实行九年义务制，满6岁强制入学，1～5年级为第一阶段，6～9年级为第二阶段（相当于我国的初中）。完成基础教育的学生可进入三年制的中学继续学习，这是一项权利而非义务。也就是说，完成九年义务制基础教育后，学生可以选择是否继续上学。

中等职业技术教育被安排在中等教育（相当于我国的高中）的后两年完成。有趣的是，相比公立职业技术教育的落后，巴西私立职业技术教育颇有特色。其中，巴西工业联合会下属的国家工业技能培训服务中心（SENAI）拥有744个校区、1 800多门课程，被世界技能组织主席Tjerk Dusseldorp

称为世界上最好的职业技能培训机构之一。在 2019 年喀山职业技能大赛中，SENAI 选派的参赛选手获得了 2 金 5 银 8 铜的优异成绩。巴西总统卢拉当年就是通过 SENAI 的培训课程获得了机床操作师从业证书。

完成中等教育的学生可参加全国统一的中学教育水平考试（ENEM），这是全球参与人数仅次于中国高考的第二大高等教育入学考试。考试内容涵文理各个学科，除作文外均为选择题，成绩可用于申请公立大学的入学资格和私立大学的政府奖学金。

2021 年巴西高等教育毛入学率为 39.3%（2023 年中国高等教育毛入学率为 60.2%）。巴西本科学制通常为 4~5 年，医学本科为 6 年，硕士通常为 3 年，博士为 4 年。巴西大学生兼职工作的情况较为普遍，政治活跃度也比较高。

巴西大部分高等院校是 20 世纪建立的，分为联邦大学、州立大学和私立大学三类。圣保罗州是巴西的高等教育高地，由州财政供养的圣保罗大学、坎皮纳斯州立大学和圣保罗州立大学均为拉丁美洲顶尖水平大学，而其他各州最好的大学通常是联邦大学。

长期以来，巴西政府将主要经费投入高等教育，相对忽视了基础教育的发展。其后果是，巴西的精英大学大多是公立大学（几所天主教大学除外），不收取学费。而公立（主要为市立和州立）中小学的教学质量则完全比不上私立学校，这样的后果是，最终有机会进入精英大学并因此享受政府大量补贴的群体主要是富家子弟，他们中的很多人并没有通过刻苦学习来改变个人和家庭命运的强大动力，因此巴西很多大学的学风并不浓厚。

莉迪亚娜已经教书23年了。她在一所私立学校工作了12年，后来就一直在公立学校系统内工作，现在是亚马孙州一所最好的公立学校的校长。因此，她对巴西的教育体制非常熟悉。

> 幼儿教育从4岁开始。然后，从6岁开始到16岁之前是义务教育，它被视为基础教育。基础教育的这十二年是没有筛选性的考试的。在学生的一生中，对于你去某个地方学习的唯一重要的考试就是大学入学考试。它将决定你能不能进入大学和上哪所大学。
>
> 巴西的现实是公立大学的高等教育更好，就基础教育而言，私立学校是成绩最好的。那些在公立高中学习的人，若想要进入公立大学，可能会有很大的困难。在私立学校，学生的家庭条件更好。他们可能真正致力于寻求更好的职业、提升生活水平。但在公立学校，学生来自各种社会背景，有些家庭甚至连饭都吃不饱。所以，在教育方面，有钱人家的孩子更有机会得到更高、更好的教育。

罗谢尔是米纳斯吉拉斯州乌贝拉巴市的一名历史老师，同时，她也是这座城市的议员。她更担心的不是由贫富差距导致的受教育程度不同,而是由公立学校基础教育阶段没有任何升级考试导致的教育质量大滑坡。

我们今天面临的一个问题,也是我认为最重要的问题,是扫盲。刚刚公布结果的国际学生评估项目PISA披露,在巴西,很多七年级的学生还不会写字、不能阅读,甚至有一些九年级的学生在离开学校时还不会读写,这是非常严重的问题。我们知道,国家的所有经济增长都来自教育。这些现在没有起码的读写能力、记账能力、写作和阅读能力的孩子,将在十年内进入劳动力市场。他们可能连工作手册都看不懂、连数都算不清,怎么去发展巴西的经济呢?

教育关乎下一代的未来。巴西政府也做出了极大努力来保证义务教育的贯彻。在卡多佐和卢拉两位总统任内,这种情况开始得到改善。但冰冻三尺非一日之寒,巴西的公立基础教育和中等教育仍然面临师资力量薄弱(教师薪水很低)、教学强度不足(大部分小学为半日制)、辍学率高等困难,巴西学生的PISA(国际学生评估项目)成绩即使与经济发展水平相近的国家相比也毫无优势。

在巴西利亚教育部门工作的朱莉娅娜对巴西的教育现状分外有感触。

我告诉你,巴西的绝大多数家庭,不包括那些有钱的家庭,而是绝大多数人口,不认为教育是一种投资。在许多家庭看来，学校是一个可以让我寄存孩子的地方，这样我才有空去挣钱养家。因此，巴西存在着看不到教育作用的问题。

巴西学生的辍学问题相当严重，许多儿童甚至仍在从事童工劳动。政府在立法、项目和所有方面都做出了努力，但受制于财政。我们看到了家庭补助金这样的政府计划，它向让孩子继续上学的贫困家庭支付费用。为什么呢？否则，家长会让孩子继续工作。我们提供免费校餐。很多孩子早上一定会准时到校，因为这是他们当天唯一能吃到的食物。因此，经济问题是导致这些孩子无法上学或者无法在学校生活中取得成功的重要原因。

也许，当你今天的晚餐还没有着落的时候，教育也就变成了奢望。

巴西人的自豪

虽然巴西有不少问题亟待解决，但巴西人还是对自己的国家充满了热爱和自豪。其他南美国家的邻居们对巴西人在谈及自己国家时所表现出来的自豪感感到非常惊讶。阿根廷姑娘达西亚娜在布宜诺斯艾利斯的一家本地旅行社工作。她对热情的巴西游客印象很好，但也会吐槽这些北方邻居在谈到巴西时的无脑爱国。

巴西人自认为巴西是个大国，这倒是没错儿，它的领土几乎占到南美洲的一半，说它是个大陆都没问题。但他们因此觉得所有伟大的东西都在巴西，巴西有全世界最大的狂欢节、水流最大的河流、最大的雨林、最壮观的瀑布……最后这条我就不同意，伊瓜苏瀑布我们阿根廷也占一半呢。

巴西人总是这样率真外露，他们对自己国家的夸赞也和抱怨的时候一样真切、热烈和夸张。比如，在大学当助教的雅戈就坚定地认为，全世界只有巴西人才有足够的水洗半个小时澡。

我们是一个前所未有的国家，具有一个大陆般的面积。我们是一个热带国家，拥有丰富的自然资源。我们是一个从北到南都是耕地的国家，世界上几乎所有的香料、作物都可以在我们这里种植。我们是世界上最大的大豆出口国之一，也是最大的牛肉出口国之一。我们是世界上淡水资源最多的国家。伙计，我们没有用水限制。巴西是世界上唯一一个可以洗澡20到40分钟的国家。

相比之下，中西部的艺术家黛拉更喜欢巴西的自由精神和无穷的乐趣。

我以我们的创造力而自豪。巴西人喜欢到处瞎折腾乱搞，特别混乱无序。但我们创作出了非常酷的音乐和舞蹈。我们知道什么是真正的乐趣，同时，我们也知道如何创造乐趣。我喜欢我们的混乱能量。你永远不知道会发生什么，永远有惊喜在等着你。从这个意义上说，我喜欢成为巴西人，这真的很好！

马尔可把这种非凡的创造力归结于巴西人的多样性和宽容。

> 我为巴西的多样性感到骄傲。我非常自豪！巴西太混杂了。它是一个有黑人、白人等各色人种和不同文化的民族国家。巴西到处都是非凡的文化，它们混杂在一起，碰撞出了更让人迷醉的文化。在巴西你绝不会感觉单调。每个人都完全不同，即使不是本地人也会受到理解和欢迎。所以，作为巴西人，我最大的骄傲就是我们的多样性！

对于罗谢尔来说，最让她自豪的是，巴西人在任何时候都能乐观和抱有希望。

> 身为巴西人而感到最自豪的事情之一就是，巴西人是充满希望的人民，尽管有种种困难，依然能够以笑容面对，绝不会自我放弃。我不知道这种能力是否在其他国家随处可见，但这是我在巴西人身上看到的最闪亮的东西。我认为我们的民族充满希望，对未来充满憧憬。我想，这是巴西人民最伟大的品质。

小故事　一个原住民的自述

巴西原住民是在葡萄牙人殖民巴西之前就在这里繁衍生息的印第安人后代。欧洲人到来的时候，巴西这片土地上估计有1 000个部族，共计400万人口；现人口接近90万，只占巴西人口总数不到0.5％，一共有266个被承认的部族，操150种语言，分散在762块原住民属地上。如今人口最多的原住民部落是瓜拉尼部落，有85 000多人。最少的是阿昆蕨部落，在册人数只有4个人。虽然1988年《宪法》规定了原住民是所居住土地的第一和自然拥有人的原则，但现实往往并不尽如人意。

在库里蒂巴大学历史系任助教的雅戈虽然是白人，但对巴西官方历史中对原住民的记述颇为不满。

教科书教导我们，巴西是由葡萄牙人卡布拉尔发现的。但巴西不是从天而降的土地，巴西一直都在这里。超过一百万的印第安原住民死于葡萄牙人带来的疾病和杀戮。所以，所谓的巴西被发现，完全是对这里本来就存在的印第安人的一场大屠杀。他们甚至不该被称为印第安人。由于最初的殖民者错误地认为自己抵达了印度，才将这里的原住民叫作印第安人。

教科书认为是葡萄牙人创造了巴西，因此对整个奴隶制历史、针对原住民的种族灭绝以及在这个时期发起的每一种罪行都进行了修饰。说得好像是葡萄牙人赋予了巴西文明。但事实上，葡萄牙帝国是依靠巴西的黄金、白银和树木才维持了自己的生存。不仅是葡萄牙，其他几个欧洲国家在美洲也做出了同样的行径，整个美洲都遭受了苦难。

如今，类似的苦难依然在北方的亚马孙地区上演。亚马孙丛林中丰富的森林、矿产、土地资源招来了外部的觊觎。很多原住民拿不出 1998 年之前就在此地居住的证明，因而失去了世代居住的土地，被迫迁居到为他们新建的城镇中集中居住。而他们失去的不止土地和家园，甚至还有自己的语言、姓名和神灵。费尔南达·德·奥利维拉·菲德利斯，是一位巴尼瓦族原住民姑娘，现在正在亚马孙州马瑙斯大学上学。但她坚持自己的名字是玛米特（Mamithé），而身份证上的白人名字是被强加的。

> 我希望大家叫我玛米特，因为这是我的真名。但在我出生的时候，巴西不允许原住民的名字出现在身份证上。我们的本名、文化身份都被剥夺了，然后塞给我们一个生平从未见过的名字和姓氏。从那时起，另一种殖民开始了，那就是我们名字的殖民化。
>
> 我现在需要学习两种语言：一种是亚马孙通用语，也就是大家熟知的尼加图语；另一种是我们部落

的巴尼瓦语。不仅是我的族人，其他亚马孙民族，像巴雷族、皮拉-塔普亚族、图卡诺族，也都失去了语言，要从头学起。

我们巴尼瓦族来自亚马孙河的支流伊萨纳河，是水上部落。我们向长者学习狩猎、捕鱼和我们的文化，比如成年礼。每个家庭之间非常亲密，就像棕榈树共享一片土地。我祖先的神就是大自然，是森林之神。对我们来说，大自然就是母亲。万物皆有定时，所以我们所尊重的时间永远是大自然的时间。

随着殖民者的到来，以及现在出现的采矿和其他问题，我们被迫迁移到城市。我们与大自然的联结被切断了。于是，就出现了很多问题，一切都开始消失，整个文化。我的叔叔曾经是一名萨满，但白人和传教士认为他在施巫术，强迫他赤身裸体，在家人面前蒙羞。但萨满就是我们的传统文化啊。

原住民的自杀率在各族裔中最高，是普通人的三倍，因为我们不再像以前那样能够与大自然亲密接触。既然白人来到了这里，引入了他们的文化，那么今天，白人就有责任照顾好这些曾经被他们恐吓过的人。

28岁的蒂美仍住在雨林中，他是阿瓦埃特部落的巫医，正准备动身去奥地利，参观那里博物馆馆藏的被奥地利传教士带走的部落文物，并参加一部相关纪录片的拍摄。他并不排外，甚至很感谢那位外国神父对自己部落文化的热爱和尊重。但让他难以接受的是外来人对原住民生命和文化的伤害。

> 现在，快要被灭绝的是我们的文化。我们被迫穿上了衣服。因为妇女经常被外来的工人强奸，我们必须穿上衣服。传统的人体彩绘已经因此濒临消亡了。他们夺走了河流。他们把拖拉机开得更近，吓跑了动物。我们本可以生活在两个世界里，只要我们肯倾听对方的声音。否则，大自然一旦被破坏，原住民和外面的人都会死去。

蒂美认为村庄必须遵从大自然的法则和部落的传统，包括一系列的饮食禁忌和祖源识别，才能借助大自然的力量抵御外来的邪恶，延续古老的生活方式。

> 每个部族的祖源都不一样，有美洲豹族、鹰族、金刚鹦鹉族等等。我们部落来自金刚鹦鹉，这就是为什么我们如此善于交流。我们的饮食，都是基于它们吃的东西。我们有各种类型的木薯，还有玉米，都是鹦鹉带来的种子。我们经常追随夜晚的星座。每颗星星都对应一种水果的成熟期，每颗星星都指示着狩猎和动物产卵的时节。在动物繁殖的时候，你不能狩猎和捕鱼。我们部落可以吃刺豚鼠、乌龟、小羚羊，不吃蛇、青蛙，也不吃猴子、美洲豹、鹿和貘。
>
> 作为金刚鹦鹉一族的巫医，我有和鸟沟通的能

力，还可以侵入别人的梦境。2008年左右，我们的土地上来了几个武装入侵者。一只鹰飞到我的窗前给我带来了消息。我立刻通过自己的梦境激活了入侵者的梦境，把他们困在其中无法醒来。我召唤族人连夜出发，找到这些被催眠的家伙，拿走武器之后，把他们赶出了雨林。只要我们还活着，这场斗争就不会停止。

这些原住民的自述从另一个视角帮助我们了解巴西的发展历史及种族关系，也让人们看到，现今的巴西原住民仍然在不懈奋斗。为了自由和平等、为了生存和发展、为了纠正被捏造出的形象、为了夺回原住民的发声权利，他们仍在持续不断地进行着各种斗争。

近年来，巴西政府也采取了很多改善原住民处境的举措，比如成立专门保护原住民权利的机构——巴西国家原住民基金会（FUNAI），新设巴西原住民部来管理原住民相关事务，划定更多原住民领地，保护原住民居住的土地不被非法侵占，打击在原住民领地中乱砍滥伐的行为，等等。2023年4月，巴西总统卢拉签署了一份文件，批准划定阿克雷州、阿拉戈斯州、南里奥格兰德州、塞阿拉州、亚马孙州和戈亚斯州的六处原住民领地，并承诺在任期内让原住民过上更有体面和尊严的生活。在巴西政府与原住民权利斗士的共同努力下，相信未来原住民能够在自己的家园中自由快乐地生活。

02
第二章

飞跃巴西
——雨林与大海之间

巴西，国土面积达 851.04 万平方公里，人口数量超 2 亿人，是南美洲面积最大、人口最多的国家，拥有极其丰富的自然资源：矿物储量位居世界前列；森林覆盖率达 62%，木材储量占世界的五分之一；水资源丰富，拥有世界上 18% 的淡水。

巴西全国共分 26 个州和 1 个联邦区，根据各州区的分布位置，大致可分为五个部分：中西部含 3 个州 1 个区（戈亚斯州、马托格罗索州、南马托格罗索州、巴西利亚联邦区），东北部含 9 个州［阿拉戈斯州、巴伊亚州、塞阿拉州、马拉尼昂州、帕拉伊巴州、伯南布哥州、皮奥伊州、北里奥格兰德州（又称北大河州）、塞尔希培州］，北部含 7 个州（阿克雷州、阿马帕州、亚马孙州、帕拉州、朗多尼亚州、罗赖马州、托坎廷斯州），东南部含 4 个州（圣埃斯皮里图州、米纳斯吉拉斯州、里约热内卢州、圣保罗州），南部含 3 个州［巴拉那州、南里奥格兰德州（又称南大河州）、圣卡塔琳娜州］。

那么，巴西哪个城市最有钱？哪个城市最有权？哪个城市最好玩？

在南方城市库里蒂巴上大学的雅戈是东北人，曾经在中西部和东南部长期生活过，对于巴西各地区的特点和当地人的性格非常了解。

> 巴西的每个地区都有独特而强大的文化。你要去东北部，不能错过圣若昂节，会有篝火，有旗帜，有繁花锦簇的广场。去北方的话，那是全然不同的与大自然的约会。在中西部的马托格罗索州，你能找到福

罗音乐。如果你去东南部的米纳斯吉拉斯州，那里有乡村音乐。在里约热内卢州有桑巴、放克。每个地区都是相辅相成的，构成了我们这样一个非常大、非常美、非常酷的国家。

雷伊是一位商业上非常成功的现代派画家，和巴西各大城市的画廊都有合作，经常在各地采风和举办画展。他对不同地域的巴西人的感受方式和审美趣味有着独到的评价。

东北人的情感联系非常密切，南方的高乔人也是这样，但东北人比较爱热闹。他们喜欢享受海滩，享受工作，喜欢舞蹈，喜欢过节、聚会，每次都像再没有下次一样必须尽兴。南方则相对冷清很多。

东南部的人也很有意思。我发现圣保罗人真的很喜欢技术主题的艺术。我也不知道为什么，但是探讨人与科技关系的画卖得特别好。现在，观念艺术最大的发源地是里约。我觉得这很有趣，因为我对里约的印象有些偏颇，觉得那里有很多贫民窟，但没有艺术，尤其是没有街头艺术。但我错了，我在里约看到街头艺术进入了画廊，那是一种令人难以置信的创作理念，非常新锐。

在北方的帕拉州，天哪，他们画了那么多亚马孙的风物、花卉、植物，就像是大自然入侵了画布。在中西部的马托格罗索州，当地人不会购买任何他们不理解的东西，任何概念性的、当代风格的作品，他们都会觉得丑陋。他们喜欢来自本地区的小事物，非常注重地域主义。

42岁的朱莉娅娜是巴西利亚的一名教师。她所成长的环境是由新首都的建设者所构成的卫星城镇，汇集了全巴西各地的移民。从小听惯了南腔北调，她敏锐地把握到了不同方言的特点。

米纳斯吉拉斯州人会把单词的尾音吃掉一点，变得像是在唱歌，非常有韵律。南方人讲话扯着脖子粗声粗气，脏字特别多，有时你真不知道他们是在聊天还是在吵架。东北是差异最大的地方，每个州都有自己的特点。有些州的口音非常接近巴西标准语音，而另一些州的用词则自成体系，不问的话就弄不明白什么意思。圣保罗人的鼻音像是波浪。里约人都很会说话，比较俏皮，聊起天来滔滔不绝，流利得像是排练过的演讲稿。

巴西大部分地区位于热带，拥有充沛的阳光、丰饶的物产和迷人的风景。这里有地球之肺的热带雨林、大西洋森林，以及生态丰富的潘塔纳尔湿地、壮观的伊瓜苏瀑布、广阔的潘帕斯草原，也有贫瘠干旱的东北部腹地景观；有巴洛克风格的黑金城，也有世界顶级建筑大师奥斯卡·尼迈耶亲自操刀设计的现代化都市巴西利亚；还有佩德罗波利斯夏宫、圣弗朗西斯科河谷、南美最古老的卡皮瓦拉山岩画、有"千湖沙漠"之称的马拉尼昂"床单"国家公园、圣保罗伊匹兰加宫……在雨林和大海之间，无可替代的自然景观与热带风情，让巴西成为"被上帝眷顾"的国家。

第二章 飞跃巴西——雨林与大海之间

北方七州，得划船上学吧

> 从阿尔塔米拉出发，我们乘坐一种叫作飞艇的机动船，一直到达村庄。那里没有公路，只有河流。冬天需要六个小时。夏天干旱的时候，要八个小时。
>
> ——亚马孙州阿瓦埃特族原住民 蒂美·阿苏里

巴西北方包括 7 个州：阿克雷州、阿马帕州、亚马孙州、帕拉州、朗多尼亚州、罗赖马州和托坎廷斯州。和其他 5 个小州相比，位于亚马孙河河口地带的帕拉州与位于热带雨林腹地的亚马孙州，在面积和经济上都是绝对的庞然大物，最能代表北方。

亚马孙河是北方的灵魂，是北方人命运的主宰者。它的流域面积世界第一，接近 700 万平方公里，而其中一半多都属于巴西领土，构成了北方七州的主体。第一次去亚马孙一定要坐飞机，当然，这也几乎是唯一的选项。从空中鸟瞰它的庞大树状水系以及百转千回的河道时，你会明白为什么原住民将这条河流称为"巨蟒"。亚马孙河是世界第二长河，但流量第一，独占全世界淡水总量的17%，相当于7条长江的水量。

在北方只有两个季节，亚马孙河的枯水期和洪水期。46岁的莉迪亚纳是亚马孙州首府马瑙斯一所公立学校的校长。在她看来，人们是按照大河的节奏生活的。

> 在亚马孙，从马瑙斯到雨林腹地，一切都是不一样的，这主要是因为洪水期的缘故。我们这里时逢洪水，时遇干旱。各个学校的校历都是根据附近河流的水位来制定的。因为亚马孙地区有一些城市在洪水期会处于水位以下，所以，何时开学、何时上课都要按照洪水期来制定校历。我们这里有些学校太过偏远，学生住得更分散，只能进行远程教育。

连巴西人提起北方都觉得异常遥远。亚马孙地区土地广袤、人口稀少，人类的城市与居民点被广阔繁茂的热带雨林所包围，对于巴西其他地区的人来说，随便去哪个邻国都比去北方来得方便。因此，北方人颇有些遗世独立的疏离感。

46岁的雷昂纳多是中西部戈亚尼亚机场的发动机维护师。北方航线开通的时候，他曾经作为随机保障人员去过一次马瑙斯。这次旅行让他印象深刻。

> 即便我们是巴西人，也只是听说过亚马孙雨林，但真的无法想象它是如此繁茂，如此巨大，如此难以想象。飞了一个半小时，我连一个屋顶都没看到，只有森林和河流，没完没了的森林和河流。着陆之后，

> 到处都是树！我从来没见过那么多、那么大的树，就像在电视上看到的，十个人一起才能环抱一棵树。

阿莱 45 岁，现居马瑙斯。他把北方的城镇形容成一连串的孤岛，唯有通过亚马孙河彼此相连。至于陆路交通，不是没有联通其他城市的公路，但基本上半废了。公路养护的速度抵不过雨林的侵蚀速度。

> BR 319 公路是尚算畅通的国际公路，连接到委内瑞拉北部地区。但这没有用。理论上一天时间能到达委内瑞拉，实际上你需要快一个月的时间。在我们这里陆地旅行或多或少是这样的。

因此，支流众多、河道纵横的亚马孙水系，变成了当地人的天然"公路网"。乘船出行是本地人的常态。28 岁的草药巫医蒂美居住在雨林深处的一个原住民村庄。

> 从阿尔塔米拉出发，我们乘坐一种叫作飞艇的机动船，一直到达村庄。那里没有公路，只有河流。冬天需要六个小时。夏天干旱的时候，需要八个小时。

问新疆人是不是都骑着骆驼上学的笑话如果转化成巴西版，应该是问北方的原住民是不是都划船上学。他们大概率会非常认真地回答你，是的。对于在雨林中的原住民村落来说，独木舟是大家最经济和最便利的出行选择。甚至有原住民因此成为独木舟竞赛项目的运动员，比如现在马瑙斯上大学的玛米特。她这样解释原住民与独木舟的关联。

> 我们来自伊萨纳河。我们常说,我们出生在独木舟上,我们是水上人家。在我的一生中,从我出生起,我一直与水紧密相连。独木舟是社区的主要元素和交通工具。小时候,我们总是在划独木舟玩耍,划到对岸,捕鱼,搬东西。现在不仅是我,所有河上居民都在谈论划船这项运动。这是我们的血液,我们的遗传基因。因此,在这个项目里,我也肩负着原住民的希望,始终肩负着原住民的期盼:展示亚马孙的力量。通过划独木舟,我要为自己正名,也为我的民族正名。

北方人大都生活在需要直面大自然的环境中,这使得他们行事更偏向遵循自然法则而非圆熟的社会法则。在城市化程度很高的其他地区看来,北方人显得生硬固执,还比较"土"。但对于北方人来说,他们的世界足够广阔。雨林给予了人们足够的财富。过去的橡胶、今天的木材沿着河水飘向巴西其他地区和整个世界,日用消费品和建筑材料则逆流而来,支撑着亚马孙腹地的市镇乡村。

阿莱的工作就是维持亚马孙经济命脉的畅通,每年有几个月在河上飘荡。

> 要成为州里的水手,就必须参加竞争。有80个名额,1 000人参加竞争。考取后,我还需要在马瑙

斯这边的西亚马孙河流域考察 100 次。经过这 100 次之后，我获得了海员执照。现在，我在一艘推进船上做轮机长，那是一种在河中推动多个木筏的船只。真的很多，有时候要推 20～30 个木筏。

他所说的这些木筏就是采自丛林的木材。这让阿莱感到困扰。因为伐木业虽然是他的收入来源，但无疑会破坏亚马孙的自然环境，而亚马孙的自然环境正是吸引他入行的最大缘由。

亚马逊地区的风景、河流、动植物群落，就是这份工作让我着迷的地方。那里的夕阳落在鸟儿之间，落在森林之间，落在河水之间。我们航行时，江豚会跟随船只。有一种是粉红色的，还有一种是灰色的。美洲豹、凯门鳄、南美貘、僧帽猴、巨嘴鸟、鹰，所有这些都经常能见到。当河水涨满的时候，美洲豹就住在树上，因为河岸消失了，已经没有它们可以停留的地方了。美洲豹还会游泳，像鱼一样游泳。

有一次，一条水蟒从拖轮的尾部攀爬上来。我觉得它几乎和拖轮一样大，大概有八米长。当我们醒来时，它正要攻击厨师，已经用舌头舔遍了他的全身。水蟒会把人整个吞掉。对于它来说，一个身高一米八的人就是小菜一碟。

北方是开发最晚、大规模移民最晚的地区，堪称巴西最后的边疆。这也使得新移民和原住民的矛盾在媒体时代被暴露得纤毫毕现，成为北方地区最大的社会和政治议题，也将无数人的命运席卷其中。许多雨林深处的原住民被重新安置到城市或者新兴的市镇生活。玛米特来自亚马孙州圣加布里埃尔附近的一个小镇，那里是通向哥伦比亚和委内瑞拉边境前的最后一个城镇。

我的城市很新，很新。只有53年的历史。在这座城市里，94%的人口是原住民。它是巴西原住民人口最多的城市之一。我相信这里有超过50个民族。每个人最后都离开了自己的领地、自己的村庄，来到这里，形成了圣伊莎贝尔-杜里奥内格罗，这里有医院、学校等等。

原住民将所有族裔的外来者一概称呼为白人。虽然从小生活在市镇中、后来又在北方不同的大城市中生活过，但玛米特依然认为丛林才是原住民的家园，而城市是属于白人的。她曾经在位于亚马孙入海口的贝伦上过学，对这座殖民时代建立的大城市感到气场不合。

尽管贝伦是一座有原住民生活的城市，但这里只有混血儿。即便不是种族上的混血，他们也被精神混血了。在这里，人们看我的眼神就好像我是来自另一个世界的人。

第二章 飞跃巴西——雨林与大海之间

虽然贝伦既有历史沉淀，又有现代生活，是北方重要的商业节点和中心城市，但水手阿莱对充满了海洋气质的贝伦颇有微词。相形之下，他更喜欢充满河流气息的马瑙斯。

> 贝伦有很多小偷。这座城市很脏，到处都是涂鸦，一切都被划伤了，街道中央还散落着垃圾。这座城市本身很丑陋，我不喜欢。但是，我的母亲在这里定居，她热爱贝伦。我还是更喜欢马瑙斯。在马瑙斯，所有的河流都是道路，肆意流淌。尽管我已经航行了很多次，那里依然有很多我不知道的地方和没走过的支流。我更喜欢这样！

和商业都市气氛浓厚的贝伦相比，马瑙斯确实具有一种天真的野蛮人式的优雅。橡胶热所带来的财富在泡沫散尽之后依然沉淀出一份和雨林的荒蛮相得益彰的文秀。老城区的历史文化气息让它"雨林之都"的头衔名副其实。

莉迪亚纳特别喜欢带学生们去看老城区的歌剧院、博物馆，让孩子们可以为自己城市的历史文化而骄傲，即便他们更喜欢低头看手机社交 app 和打第一人称射击游戏。

> 亚马孙剧院非常漂亮。我们这里有一个歌剧节，这是全世界都知道的。但谁来参加这个歌剧节的活动呢？外来的人，因为本地人不重视它。我们的博物馆也很棒！那里有一座 42 米高的塔。从上面可以看到森林和城市对峙的景色。有点吓人，但是很酷！这样

你就可以感受到你所居住的环境，感受到大自然和巴西本身的伟大。

不过，如今以自然环境著称的巴西北方也和地球其他地方一样，面临着气候危机。赤道和亚马孙河的双重加持让这里的气候非常湿热，而现在，似乎更热了。草药巫医蒂美需要深入雨林去采草药。他对气候变化可能给亚马孙带来的灾难非常担忧。

> 野生药材的生长、乌龟的产卵、鱼类的生存、庄稼的种植、动物的繁育，一切都受到了影响。水温在大幅上升，水的味道也发生了变化。这里也很热，很干燥。我觉得已经有点达到极限了，但仍然在变化。季节对动物繁殖影响很大。有时候，天气会非常干燥，没有足够的时间让河水涨满，这会打破乌龟和卵的休眠期，鱼也无法正常繁殖。天气似乎变得很热、很热、很热，寒冷只有在黎明时才会来临，但它总是来去匆匆，仿佛刚说了你好又只能说再见了。

随着历届巴西政府实边政策的推进和巴西人口的快速增长，各地的冗余劳动力自然流向了地广人稀、自然资源丰富的北方。而问题也随之而来，无论是农业、畜牧业还是工业的发展，都会对雨林环境形成压力。马尔克居住在帕拉州的马里图巴。他认为，就是因为对亚马孙雨林不加节制的砍伐和烧荒，才导致了全球气候变暖。

第二章 飞跃巴西——雨林与大海之间

气候非常糟糕！在北方帕拉州，我们住在赤道上，就是字面意义的住在赤道上。所以这里总是很热，但现在热得连本地人都难以忍受。干旱已经达到极限，并连续打破了高温纪录。巴西需要解决环境危机，这比任何事情都要紧迫，因为大自然正在发出信号。如果不关注这个问题，不关注森林砍伐、干旱和正在发生的一切，那么不久之后，海洋将侵袭河流，届时将会出现非常糟糕的情况。结束这个问题的最好办法就是停止森林砍伐。这是博索纳罗政府留下的一个巨大错误，一件可怕的事情。现在卢拉上任了，他迫切需要解决这个问题。

水手阿莱已经赋闲在家几个月了。由于河水流量骤降，很多航道都无法通过大型船只了。北方的血管阻塞了。

"今年是有史以来最糟糕的一年，河里没有水了。很多船公司因此停运了。因为河水水位下降了，河流运输减少了，然后物价就上涨了。"他不大自信又充满期待地喃喃道："亚马孙正在涨水，慢慢地涨水。我想到1月至多2月，我们就可以再次启航了。"

目前，巴西正在努力寻求人居环境与大自然之间的平衡点。一旦人类与雨林达成和解，飘荡在亚马孙河上的北方将迎来真正的可持续发展，就像雨季到来时漫溢的河道和自由疯长的雨林。

来萨尔瓦多,这里有世界最好的派对

> 我去过东北地区的所有其他地方,就是不敢去萨尔瓦多。因为我知道,我一旦去了就再也不回来了,即便家里还有母亲和女友在等待。
>
> ——塞阿拉州非洲鼓手 哈德尔

"来萨尔瓦多吧!这里有全世界最好的派对!我们总是把重点放在享乐上!"在世界其他地方,恐怕很少有人能够如此毫无遮掩地称赞本地的享乐主义,但巴伊亚联邦大学旅游学教授阿拉奥尔的口气中却充满了自豪。

巴西东北地区包括马拉尼昂州、皮奥伊州、塞阿拉州、北里奥格兰德州、帕拉伊巴州、伯南布哥州、阿拉戈斯州、塞尔希培州和巴伊亚州。

如果你来到巴伊亚,你会发现这里的人民与非洲的联系更加紧密。这里还有葡萄牙裔,毕竟它是葡萄牙在南美洲最早的殖民地。事实上,巴伊亚州融合了一切。你可以在这里看到整个巴西。

第二章 飞跃巴西——雨林与大海之间

阿拉奥尔教授所钟情的巴伊亚州无疑是东北地区的文化核心。巴伊亚在葡萄牙语中是海湾的意思，指的是附近由意大利航海家阿美利哥·维斯普西于1501年11月1日万圣节那天驶入的万圣湾。由于东北地区是南美洲距离非洲和欧洲最近的地方，巴伊亚在历史上成为大多数欧洲移民与非洲奴隶来到巴西的第一站。血脉和文化在此开始交融，巴西在此诞生。

巴伊亚的州府萨尔瓦多曾经是巴西的第一个首都。虽然随后首都迁至里约热内卢，现在又定在巴西利亚，但在巴西人心底，萨尔瓦多依然是无可争辩的文化之都。

"如果不谈谈萨尔瓦多的流行文化，就无法谈论巴西，因为巴西的流行文化都是从这里开始的。"本以为阿拉奥尔教授的这个论断已经足够狂热了，但塞阿拉州福塔莱萨的乌姆班达小圣徒兼鼓手哈德尔更是把萨尔瓦多奉为巴西音乐的朝圣地。

"我去过东北地区的所有其他地方，就是不敢去萨尔瓦多。因为我知道，我一旦去了就再也不回来了，即便家里还有母亲和女友在等待。"32岁的哈德尔深深地以东北地区的音乐传统而自豪，毕竟这里才是桑巴的真正发源地。

> 巴伊亚式舞曲在整个巴西，包括圣保罗和里约，都很流行。它起源于巴伊亚州。巴伊亚州的人去了里约，带去了巴伊亚式舞曲，然后在那里形成了舞曲的其他风格，比如桑巴等。有个巴伊亚人去了里约，带去了帕戈迪（Pagode）音乐，然后帕戈迪在里约发生了一些变化。现在人们就认为桑巴和帕戈迪是里约

的。但实际上不是,它们是巴伊亚的,确切地说,只是在里约走红,变得更知名而已。

本地人对音乐和所有带来欢乐的艺术,确实都有着常人难以理解的着迷和细腻感触。出身萨尔瓦多的著名歌手吉尔伯托·吉尔,于 2008 年宣布辞去巴西文化部部长的职务,原因竟然是觉得在任期间演讲太多,需要保护声带继续唱歌。而现任文化部部长玛格莱特·梅内塞斯也是萨尔瓦多人。在随卢拉总统访华期间,只因为听到一首熟悉的巴西歌曲"Novo Tempo",她就在欢迎仪式上潸然泪下。

即便是在以热情、随性著称的巴西人当中,东北人的开朗和感性也是非常出挑的。阿拉奥尔教授认为这是东北人最宝贵的品质。

> 东北人更乐于助人,更有爱心,更友好。而南方人,怎么说呢?他们对亲情和爱情比较冷淡。所以有时候,我们东北人在里约州、圣保罗州、巴拉那州、戈亚斯州、圣卡塔琳娜州时会遭受某种偏见,因为我们的口音和说话的方式与众不同。他们看我们就像看外星人一样。啊,来了一个东北人!但东北人没那么多偏见。我们更容易接受,更愿意理解和结识任何类型的人,更能照顾到不同文化背景的人,无论你来自何处。

来自南部的米莱勒是位金发碧眼的德裔姑娘,曾经获得过巴西大码选美小姐的亚军。大学毕业后,她选择留在东北地区生活。在她看来,除了天气,这里的人也更加温暖。

第二章 飞跃巴西——雨林与大海之间

南方人非常内向。而这里的人更开朗、更有趣,有很大的不同。这里的人比南里奥格兰德州的人更好客。

和南方德裔、荷兰裔白人居多的人口结构相比,东北地区有着更高的黑人比例。这也让它的文化得以融合了更多非洲因素。里约作为另一个重要的文化策源地,里约人对萨尔瓦多总是不大服气。他们有时会嘲笑巴伊亚人的口音,也会认为里约的桑巴音乐更胜一筹。不过,在近期一场关于阿卡拉惹(acarajé),一种用棕榈油炸的豆面点心的起源地争夺战中,他们却完败了。

萨尔瓦多人考证出,这种馅料丰富的炸豆团源自非洲贝宁。acarajé 在西非约鲁巴语中的意思是"火球",因为通常要配上很多辣椒一起吃,会让食客感觉吞进了一颗火球,忍不住用手向嘴里扇风。于是,就相当于完成了一次向风之女神扬飒献祭的仪式。阿卡拉惹其实是东北地区的坎东布雷教圣徒们传下来的食品和仪轨,而坎东布雷这种融合了非洲宗教的信仰,正是诞生于萨尔瓦多。32 岁的保罗是位派对乐手。他所钟情的阿谢(axé)音乐也有着坎东布雷教传统。

用 axé 这个名字来命名这种音乐并非偶然。当坎东布雷教圣徒要说一些祝福的话时,就像基督教徒说愿上帝祝福你之类的,他们会对你说 axé。他们认为某种类型的节奏可能会召唤某个灵魂。因为根据节奏的不同,灵魂可能喜欢音乐,实际上,我们所有人都喜欢音乐。

生活不只是音乐和神灵,更是生计与艰辛。阿德丽拉才30岁出头,已经是三个孩子的母亲。她的大女儿15岁,上了高中。她全家都住在伯南布哥州的累西腓,靠在附近水库中捕鱼度日。每次钓鱼都要凌晨3点出发,在水边坚持钓24个小时。钓上来的罗非鱼、大盖巨脂鲤、孔雀鲈和无须鳕,专门供给相熟的酒吧做炸鱼小吃。他们最窘迫的时候连手划的小木船都买不起,见到别人不要的木板就收集起来准备自己造船。好不容易收入转好了,她丈夫却染上了血吸虫病。没有任何医疗福利和保险的一家子又感受到了压力。阿德丽拉没去过巴西其他地区,但她依然坚信,东北人更加质朴和敢于面对生活。

我从来没有离开家去旅行过。但我觉得不同的是,我们有东北的精髓。我觉得外地人更华丽,我们更朴实、更简单。我们更谦虚、更脚踏实地。我不是说他们不好,但这是我的看法。我见过的外地人是在狂欢节的时候来这里玩的游客,就是那些胳膊上涂了油彩的人。我为东北人的精神感到自豪。我为自己是巴西东北人而自豪。我为自己是这样的女人、这样的母亲、这样的"女战士"而自豪。我要哭了(笑声)!我是一个女人,一个离家在外、无所畏惧的"女战士"。我要去实现我的目标,让孩子过上更好的生活!

迭戈35岁,他的工作就是帮助人们暂时忘记生活的艰辛。他是塞阿拉州福塔莱萨市的一名脱口秀演员。东北人负责逗乐全国人民这件事,似乎在巴西也行得通。很多巴西人一听到东北口音就已经忍俊不禁了。

塞阿拉州被称为幽默之乡。人们从巴西各地赶来观看喜剧表演。传统上,角色扮演类的幽默小品非常流行,通常是男扮女装、酒鬼或乡巴佬的梗。而新一代喜剧演员主打脱口秀,我就是其中之一。对我来说,最难逗笑的人就是来自塞阿拉州的人,因为他们从小到大成天讲笑话耍贫嘴,抵抗力太强了。去看幽默节目时,塞阿拉人就会说,伙计,我已经达到这个水平了,你得给我拿出更好的东西才行。

为当地观众表演的时候,我会拿政客们说街道坑坑洼洼的话或某个街区的暴力事件开玩笑。如果有人来自里约,而且离舞台很近,我们就会说,哦,让我把手机放远点,没什么别的意思哈,我们只是安全起见。这是嘲笑里约街头抢手机的太多了。哦,有人来自圣保罗吗?然后人们举起手。我说,啊,你是来见爸爸的吧?以前东北人去圣保罗从事建筑之类的工作,在那里建立了很多家庭。很多南部和东南部的人都和东北人有亲戚关系。所以很神奇,你总能发现有人说,我父亲是塞阿拉人,或者我祖父是巴伊亚人。来自南里奥格兰德州和巴拉那州的人一般比较冷漠,比较拘谨,不太愿意与人交流。

在某种程度上讲，巴西东北地区和中国东北地区是有几分相像的。它们都在某一个时代辉煌过，但如今的经济发展负荷不了过剩的人口，从而引发了向发达地区的持续移居。这也让其他地区，尤其是富庶的东南方和南方的居民觉得东北人抢了自己的饭碗，对他们有些地域偏见。迭戈对此非常敏感，很为自己的同乡愤愤不平。

> 东北地区有 9 个州，但他们认为东北地区都是一样的，是一个城市，每个州都像同一个街区。我说，我来自塞阿拉，然后就有人说，酷，我有个朋友来自伯南布哥，你们认识吗？这都哪儿跟哪儿啊，伯南布哥离这里远着呢。

> 外地人总是嘲笑我们头大。这是南方和东南方人对我们的贬低。他们经常说东北人都是大头、扁头、没脖子、矮个子，走路像这样，说话像那样。所以我们就回击：这就是为什么我们去圣保罗和里约抢你们的工作，因为我们有更大的脑袋，因为我们更聪明，所以我们要去抢。

46 岁的克莱伯是负责看守监狱的武装警察，是一个黑人天主教徒，见惯了暴力却分外虔诚，是最经典不过的巴伊亚人。他是这样形容巴伊亚人的。

> 我们真的很热情，也真的很喜欢聚会。我们是非常有创造力的人。有创造力是因为并不是每个人都能

找到工作，但我们总能找到赚钱的方法，我们在这里发明的每一种职业都是如此。让我告诉你我们巴伊亚人的另一个非常突出的特点，那就是我们可以自嘲，嘲笑自己的不幸。就是这样，生活已经够艰难了，为什么还要再受苦呢？

迭戈的想法与克莱伯不约而同。

我认为东北人非常感性，非常热情。所以，对我们来说，一切似乎都更极端。比如，如果我开心，我就非常开心，仿佛世界上的每一张面孔都在对我欢笑。如果我悲伤，我就非常悲伤，觉得这是我一生中最糟糕的一天，我是世界上最糟糕的人。

我们可以嘲笑发生在我们身上的不幸。我想这就是为什么巴西人，尤其是东北人，是如此幸福、如此快乐的人民。我们经历了那么多糟糕的事情，除了嘲笑和取笑所发生的一切，我们什么都做不了。人们喜欢找乐子。这一点在巴西人当中，尤其是在我们东北人身上，是根深蒂固的。我们希望彼此快乐！

东北地区大概算得上是巴西这个国家的缩影。这里既有最古老的殖民地和故都，又有新兴的工业城市；既有富庶的海岸地区，又有因为干旱而极度贫瘠的内陆。在某种程度上，东北人也是全体巴西人的缩影，为自己的家乡而自豪，但又勇于奔赴他乡去寻求美好生活；即便生活中有诸多不如意，也依然乐观、报之以欢笑。

"小镇做题家"的梦想之地

> 这是一座为少数人设计的城市,树木繁茂,政治气息浓厚,有文化的分量,有历史的传承,但却没有公交车。
>
> ——巴西利亚公务员 朱莉娅娜

巴西中西部包括三州一区:马托格罗索州、南马托格罗索州、戈亚斯州和巴西利亚联邦区。这里是巴西最空旷的地区之一,在将近五分之一的国土上只居住着不到总人口8%的人口。直到20世纪40年代,中西部的大部分地区依然人迹罕至。为了带动中西部的发展,早在200多年前,巴西政府就提出了首都西迁的动议,计划在西部巴西高原上凭空建起一座全新的城市。这个梦想直到150多年后的1955年才真正开始付诸实施,而令人惊奇的是,一贯给人懒散印象的巴西人这次效率爆棚,竟然只用了几年就完成了城市的基本建设。1960年,巴西首都就正式从里约热内卢迁到这座未来城市巴西利亚了。

1987年,巴西利亚因其独特的、未来主义的城市规划和建筑,被收入联合国教科文组织的《世界遗产名录》。它是20

世纪唯一被列入《世界遗产名录》的城市。奥斯卡·尼迈耶，巴西利亚的总建筑师深情地赞美它："我看到了它那些弯曲、性感的线条。那些曲线来自巴西的群山、来自爱人的身体、来自天空中的云朵和海洋的波浪。"

不过痛恨和贬低巴西利亚的声音也不小："这是一场乌托邦的噩梦。它本该是一座首都，却变成了露天建筑展览馆。"

42岁的朱莉娅娜从小生活在巴西利亚郊区的卫星城，成年后一直在城区上学和工作，却坚持把家安在郊区，只把白天留给了巴西利亚。对于这座带给她教育和工作机会、帮助她成为公务员从而完成阶层跃升的城市，她在自豪的同时也不乏抱怨。

> 这是一座大都市，城区和街道都非常宽广。所以，要想在巴西利亚四处走动，你真的需要一辆车。它不像里约或圣保罗那样适合步行。它非常奇特，有很多值得参观和了解的地方。据说巴西利亚在规划之初，总建筑师奥斯卡·尼迈耶和总城市规划师卢西奥·科斯塔的最初想法是，在不远的未来每个市民都将拥有汽车，所以巴西利亚不是为行人修建的城市。
>
> 那些没有购买力的巴西利亚居民并不觉得自己属于巴西利亚。
>
> 这是一座为少数人设计的城市，树木繁茂，政治气息浓厚，有文化的分量，有历史的传承，但却没有公交车。我们这里的公共交通是个永恒的问题。尤其

是在周末，正是工人们有闲暇去参观巴西利亚的名胜和享受文化生活的时候，公交车反而比工作日减少了70%。对于没有汽车的人来说，公交车站很远，而提供文化服务的地方却没有公交线路。在很多公共场所还没有厕所。所有这些都表明，巴西利亚确实是为具有一定购买力的特定人群设计的。巴西利亚的生活成本非常高。如今，这里是巴西物价最昂贵的城市。

29岁的哈雷斯来自东南地区圣埃斯皮里图州的一个小镇。他的经历有点儿像中国的"小镇做题家"，一路苦学考上了巴西乃至拉美最棒的巴西利亚大学，却发现曾经的小镇学霸变成了学渣。他一番玩命苦读之后终于又重回巅峰，毕业后成为一家农业数据资讯公司的遥感数据与影像分析师。中西部地区是巴西农业种植的重镇，公司自然就把他留在了巴西利亚。

我发现巴西利亚的住房问题非常严重。作为巴西的政治中心，这里吸引了所有的目光和资源，最终导致房价、房租价格非常高。与巴西其他地方相比，这里的住房质量也与价格不符。有时候，你花了大价钱，比如说2 500雷亚尔的月租金，却住在一个渗水、漏水甚至是有结构性问题的公寓里。在我找到现在这份工作之后，一切才都转好。我的收入让我可以住在一个很好的社区，非常舒适。

32岁的安德烈是戏剧导演、编剧和演员，他并非在巴西利亚长大，但这里却是他的事业所在，是他找到和实现梦想的地方。对这个权力和历史聚光灯下的大舞台，安德烈有着独特的文化解析。

巴西利亚具有多个维度。在具体的建筑维度中，每个人都觉得这是一部外星人的作品。它与其他任何事物都不同，与传统的巴西也不同。从这个意义上说，它代表了一个时代。我有一次在卡蒂尼奥庄园的戏剧演出中扮演过奥斯卡·尼迈耶的角色。这是一次令人难忘的经历。这座庄园是在总统府竣工之前专门为举行总统会议而建造的豪宅。库比契克总统曾经长期在这里居住、开会。无论是家具、陈设还是建筑风格，你都可以感觉到与东部沿海地区的传统大相径庭。它所表达的是一个全新的巴西，一个不需要欧洲殖民建筑的巴西。过去的首都都是位于殖民时期建造的沿海城市，充满了葡萄牙和西班牙式的建筑。巴西利亚拥有了这种未来主义风格的建筑，也开启了一个新的时代。

毫无疑问，巴西利亚是当代巴西的权力中心。国会、最高法院、总统府、联邦政府部门齐聚于此，给这座城市带来了别样的生活模式和机遇。朱莉娅娜是一名公务员，在一家为自闭症和残疾儿童提供特殊教育的公立服务机构工作。她的职业生涯与政府密不可分。

我曾经是一名午餐服务员，为在校学生提供午餐，这是一个政府招标的项目。后来，我发现教育部门对巴西利亚本地人提供了不少奖学金机会。一番争取之后，我拿到奖学金上了大学，最终成为从事教育工作的公务员。

每个州的工资都不一样。巴西利亚联邦区曾经是巴西工资最高的地区。但现在不是了，我们排在第14位。就工资而言，提升空间不大，但在培训、稳定性、休假保障等方面，为政府工作仍然比为私营部门工作要好。现在很多人读大学都是冲着这个去的。

在巴西利亚，年轻人加入政府、成为公务员的需求和机会都更多。因为这个城市就是如此，我们几乎没有旅游业，也没有工业，贸易更多来自外部。所以，巴西利亚最大的劳动力市场就是第三产业，实际上就是为政府和公共部门提供服务的产业。

安德烈把巴西利亚作为自己戏剧事业重心的原因，也和它的政治权力中心属性息息相关。中央政府的文化预算和大量收入稳定、教育水平良好的公务员所构成的文化消费市场，让这里成为全巴西唯一既能资助他的艺术梦想，又能让他获得体面收入的地方。

事实上，巴西利亚有一个特点，这里的文化基金是全国规模最大的。它是一座年轻的城市，也是一座年轻人的城市。与其他巴西城市相比，巴西利亚更加精英化，因为它是一个以公务员为主的城市，这个群体受教育水平较高，对文化生活的需求更大。

巴西利亚有个非常有名的国际戏剧节。这个节日带来了世界各地的团队和作品，也有来自巴西的。戏剧节票房很好。人们都会争抢着去看戏，即便他们不是戏剧爱好者。巴西利亚集中了大量的文艺工作者，他们创作了很多戏剧、电影、视觉艺术、音乐，很多很多。但是，我们依然需要政府的文化基金才能支撑起演出市场，才能活下去。

在巴西，权力并不能赋能一切。政治中心并非一定就是商业或科技中心。年轻的遥感数据与影像分析师哈雷斯正计划离开这座城市。

如果我学的是法律，巴西利亚会是个理想的地方，但巴西利亚只是一个政治中心。它不是科技中心，也不是创新中心。科学家都不是来自巴西利亚。在我的科技领域人脉网络中，只有我一个人在巴西利亚。在地理信息处理和卫星图像处理领域，巴西有一家名为国家空间研究院（INPE）的机构，我想去那里攻读博士学位。

42岁的阿丽尼亚是一名资深记者，在巴西利亚生活多年。她认为，和里约、圣保罗那些自然形成的城市不同，巴西利亚从在图纸上诞生那一刻开始，就充满了刻意规划和人为意志。这使得这座城市出现了因为权力等级而产生的社会分层，在这里生活着三个相互没有太多关联的人群。

首先是一些政客,他们是城市的候鸟,停留非常短暂。他们来巴西利亚是为了政治投机,履行一个任期混个资历或者获得权力、攫取利益。实际上,他们只是飞快地往返于巴西利亚和自己的选区。他们去国会,去总统府,参加一次演讲,住在公务员公寓里,然后尽快回到自己所在的城市。他们甚至没有在这里留下任何印记,只是走了一批又来一批。其次是在巴西利亚设有总部的公司的雇员,或者等着拿政府合同的商人。他们会住在酒店里,或者住在城市的高档社区中。他们对城市有所了解,给这里带来工作机会,但并不构成本地的文化和生活。还有第三种,那就是巴西利亚的本地居民。他们大都是当年的城市建造者和他们的后代,他们真正了解和热爱这座城市,亲手建造了自己的家园。

巴西利亚的居民很有意思,几乎完全由国内移民和移民的后代构成,而且来自巴西各个地区,凸显了"首都必须是全国人民的首都"的特点。在这里,不同地域、不同文化背景、不同阶层的移民共处、相互交融,形成了巴西利亚人。作为巴西利亚的新移民,安德烈颇有感触。

我认为巴西利亚确实代表了巴西,因为我们确实有来自巴西和世界各个角落的人们。我真的很喜欢这一点。它真的成了一个将来自全巴西乃至世界各地的人们

第二章　飞跃巴西——雨林与大海之间

结合在一起的首都。这里有很多口音，也产生了一种新的口音，巴西利亚口音。当你去某个社区，会发现有一些人来自里约热内卢，另一些人来自皮奥伊或者伯南布哥，还有南方人，有高乔人在那里吃地道的烧烤。从这个意义上说，巴西利亚真正代表了巴西。

当我们说巴西利亚，不只是指被设计成飞机形状的城市中心地带，也包括附近的一系列卫星城镇。大量当年参与建造巴西利亚的建筑工人就被安置在卫星城镇定居下来。实际上，塞兰迪亚、布拉兹兰迪亚，甚至塔瓜廷加，这些卫星城镇都集中了更多的人，交通更方便。与死气沉沉的城区相比，这里更有活力。要想感受到人的气息，闻到生活的味道，你就得去卫星城镇。朱莉娅娜就住在其中一座叫作塞兰迪亚的城镇。

> 我非常喜欢塞兰迪亚，我的孩子在这里长大。这里非常平民化，融合了各种文化。特别是在卫星城镇的集市上，周末会有很多诗歌阅读会，文化氛围很浓。它非常原住民化，非常巴伊亚化，同时也带来了南部、东北部和北部的文化。最初建立第一批城镇正是为了容纳这些来自不同地区的移民。比如，塞兰迪亚是东北人最集中的地方，布拉兹兰迪亚有大量的日本移民和来自港口的人。我们都有双重身份。我出生在这里，但我的父母来自东北部。巴西利亚的孩子们确实具有双重身份。

一切都在融合，就连语言也是如此。我们有一些巴西利亚独有的词汇和表达方式，有自己的文化节奏。我们可以非常自如地理解其他地区的文化。我们也意识到我们这里承载了全巴西的文化，无论来自东北、里约热内卢还是圣保罗。我们的文化非常混杂，非常政治化，也非常边缘化。这让我着迷，我爱巴西人对所有事物的混搭。

巴西利亚象征着巴西想要成为一个伟大国家的一切雄心壮志。这座城市就像一架整装待发，随时准备遨游苍穹的飞机。而中西部的其他地区，则是厚重的大地。其中，西北方属于亚马孙河流域，河流与森林密布，西南方则是著名的潘塔纳尔湿地，是大片人烟稀少的自然保护区。除此之外的土地，都非常适合发展农牧业。这也让中西部成为巴西重要的粮仓和肉仓。36岁的维克多生活在戈亚斯州的首府戈亚尼亚，这里以美女和乡村乐派对著称。他在一家综合农业营销企业工作，向各种作物的生产者提供产品和咨询。

戈亚斯州市场的主导作物是大豆，其次是玉米，还有西红柿、柚子和柑橘类水果。这里也生产甘蔗。有一个专门用来造乙醇的甘蔗品种，收获后直接送到巴西国家石油公司制造乙醇燃料。用于种植大豆的农用品是最大宗的，我们也推出了专门产品，一种大豆喷雾剂。这里热带草原气候的最大问题是阳光太强。

第二章 飞跃巴西——雨林与大海之间

大豆是温带作物，在 30 度以下的气温下才能生长良好。我们这里的气温高达 35~37 度。高温导致大豆关闭气孔，不再进行光合作用。我们在喷雾剂中加入防晒霜，喷到作物上，作物会变成白色，这样就能过滤掉太阳光，使大豆免受伤害，提高生产率。

中西部三州一区，与周边北方的托坎廷斯州，东北地区的马拉尼昂州、皮奥伊州和巴伊亚州，东南地区的米纳斯吉拉斯州、圣保罗州，以及南方的巴拉那州，共同构成了一片巨大的热带草原生态区，也就是所谓的塞拉多（Cerrado）地区，占据了巴西整个国土面积的 21%。以前塞拉多的土壤被认为过于贫瘠。但后来人们发现，如果适当添加磷和石灰，它就可以适合农耕。但这也引发了农业的急剧扩张和随之而来的环境问题。哈雷斯在遥感数据影像上看得格外清楚。

从 2018 年开始，农业扩张的速度加快了。每年毁林的面积和速度都在增加。数据显示，塞拉多地区有大约一半的土地已经变成了农业区。塞拉多地区对巴西来说是一个非常具有战略意义的地区，在这里，我们拥有最集中的耕地，这里的农业生产最为密集，而且巴西的主要河流，如圣弗朗西斯科河，都发源于塞拉多地区，所以这种更加明显的农业扩张也威胁着巴西的水安全。

不知道是不是受到巴西利亚权力政治的辐射影响，戈亚尼亚人好像也很喜欢和政治搭上关系。35岁的伊万是地产建筑商,有过从政经历,言谈中感觉保持着与地方权力系统千丝万缕的联系。在他口中,戈亚尼亚这座中西部仅次于巴西利亚的大城市,似乎完美得不像是在巴西。

在戈亚尼亚这里,没有准武装组织,没有拥挤的交通,没有腐败低效的警察。政府仍然能完全控制这里,再加上州长非常重视安全,所以我们这里几乎不再发生劫车事件了。令人难以置信,这是一座拥有近200万人口的城市。袭击、偷车的记录并不多。这里的治安很好。

综合农业公司的销售员维克多也曾经是一名州议员的助手,负责联络各种政界人物,为议员拉选票。在政界和商界摸爬滚打十几年之后,他形成了自己独特的价值观。他梦想着把自己卖个好价钱,比如,每月10万雷亚尔才算体面的收入,这几乎是普通巴西人收入的二三十倍。

对我来说,世界上只有一种职业,那就是销售。如果你不卖产品,你就卖服务。如果你不卖服务,你就卖你的形象。即使你是一名雇员,是一家公司的记账员,你也是在销售自己的劳动。

我曾经的工作就是向其他有投票权的官员和议员推荐州议员,其实就是想办法把议员的项目卖出去。议员也在销售。政治家就是这样:你是右翼,我是左

第二章 飞跃巴西——雨林与大海之间

翼。议员处于中间,把自己卖个好价钱。无论谁赢了,他都赢。因为所有政治家都需要支持。如果博索纳罗赢了,他就是博索纳罗的支持者;如果卢拉赢了,他就是劳工党的支持者。

维克多确实是位认真的销售员。他话锋一转,突然向我们提出了一个销售动议。

> 我想把一些牛黄寄卖到中国,但我联系不上那里的任何人。你们有渠道吗?我听说在中国牛黄用于制造药品,每克的价值是黄金的3倍,一克大概要600雷亚尔。我表哥的岳父有家屠宰场。他把牛黄卖给戈亚尼亚的一个人,这个人转手出口到中国,赚了很多钱。所以,如果我们直接从屠宰场拿到牛黄,再直接卖到中国,就可以赚取高利润,我们可以一起做……

即便是在从不放过任何一个赚钱机会的维克多这里,我们也依然能够清晰感受到中西部地区所蕴含的勃勃生机。或许,这正是巴西利亚为这个地区所做出的榜样和注入的力量。当亲眼看到一座梦幻般的城市在短短几年内从无到有出现在身边的荒原之上,又在接下来的几十年中成为几百万人的家园和实现梦想的地方,大概所有人都会被点燃,会倾尽全力去追求自己的理想。而巴西利亚本身就象征着巴西的雄心与决心,凝聚着所有巴西人的大国梦想。

"南边的大河"与高乔人

> 似乎每个南部人都能和高乔人扯上关系,即便是黑人也不例外。
>
> ——南里奥格兰德州餐厅主厨 加尔西亚诺

南部三州由南到北的顺序是南里奥格兰德州、圣卡塔琳娜州和巴拉那州。地势也是依次降低,大多在海拔600米和800米之间,形成"桌状高地"。南里奥格兰德州名字的意思是"南边的大河"。葡萄牙殖民者在为新大陆起名时非常草率,而且一惊一乍。他们所说的大河其实是潟湖通向大西洋的水道,总长不过40公里。后来,他们又想起来在北方已经命名了一个里奥格兰德,干脆就分叫南大河与北大河吧。要是按中国的地名起名习惯,河南河北总应该是挨着的吧?但巴西的南大河与北大河之间差着将近4 000公里。

南方真正的大河是在巴拉那州。这个州的名字就源于南美第二长河,巴拉那河。这条河不但为南方带来丰沛的水源,还在离开巴西国境的时候,赠给了巴西人一件最美丽的礼物——伊瓜苏大瀑布。后来伊泰普水电站的修建更是为该地区带来了清洁、便宜的电力。

巴西南部的大部分地区属于热带草原气候。每逢雨季，草原上牧草丛生，是巴西最好的天然牧场。在 60 多年前，这里还是骑马呼啸而过的高乔人的天下。这些白人与印第安人混血的牛仔们可以赶着数以千计的牛群追逐水草，甚至南下一两千公里到潘帕斯草原的深处，与他们的阿根廷同行相会。不过，如今，这种游牧奇观再也看不到了。铁丝网和栅栏圈出的牧场成为主流。大量红土草场转化成了农田，一部分种植玉米作为青贮饲料，甚至出口。而随着国际市场大豆价格的走高，更多土地则改种大豆。巴西南部是这种原产于中国的温带作物最理想的种植地区。

即便如此，曾经在这片土地上自由驰骋的高乔人，曾经在篝火旁倚着马鞍低声吟唱的高乔人，曾经沉默而坚忍、只有在面对骏马和缀满古老银币的皮腰带时才会露出笑容的高乔人，却依然是巴西南部的传奇与灵魂。似乎每个南部人都能和高乔人扯上关系，即便是黑人也不例外。47 岁的加尔西亚诺住在南大河州的阿莱格雷港。他曾经在军队中每天为 3 500 人提供饮食，还曾经给几任总统做过饭。然而，他最骄傲的依然是自己的高乔血统。

> 我是黑人，但我也是高乔人。在我的家族中，我的祖父就是个高乔人。他去世时已经 106 岁，全镇人一起为他举行了葬礼。高乔人少言寡语，行为举止粗放，但他们待人真诚。如果你去一个高乔人家里，他会很欢迎你。他会跟你说，我们一会儿一起烧烤，现

在我们去市场上买点肉吧。这就是高乔人的待客之道。

有一次,我问另一个南方城市的朋友,能不能推荐当地最好的牛排馆。他说没有,因为最好的永远是我们家里做的。这就是我们南方人永远的信念。高乔人对家庭的爱是无与伦比的。当他向你敞开家门时,那就意味着他向你敞开了心扉。如果一起烤了肉,喝了烈酒,那就是朋友了。

高乔人的生活方式虽然无法延续,但他们在游牧中养成的饮食偏好依然对南方保持着巨大影响力。42岁的马尔蒂娜在南里奥格兰德州的艾雷钦姆经营着一家小餐馆。她主打的风格就是南方家常菜,这也是打小从母亲和外祖母那里学来的手艺。

最典型的南方饮品绝对是马黛茶。它不是茶,而是一种本地灌木叶子。切碎了之后在木杯子里用热水一冲,用金属吸管喝。从前高乔人永远是杯不释手的,马黛茶可以提神。南方的典型食物就像现在巴西的日常食物,有米饭、豆类、玉米粥、木薯、面食,这些都是高乔人餐桌上必备的。而午餐和晚餐都是肉和豆类,这些也是巴西人最常吃的。但我们南方人对烤肉情有独钟,还有烤鸡。巴西的牛基本上都是草饲、放养的,和阿根廷与乌拉圭不同。他们习惯圈养牛,这就是为什么他们的肉有更多的大理石花纹,肉中含有更多的脂肪。虽然他们的牛肉卖价更高,但我还是更喜欢巴西的牛肉。比如巴西尼洛尔牛的侧腹牛排,我认为这是很棒的肉,非常好吃,非常入味,肉质细嫩。

加尔西亚诺的餐厅是开在海滩上的季节餐厅,当年11月到来年3月营业,每天最多接待100人。自助餐每人57雷亚尔,公斤餐每公斤36.9雷亚尔(巴西特有的餐饮业态,顾客自取食物之后称重计价),也有单点菜肴。即便是在海边,烤肉依然是餐厅的主打菜。加尔西亚诺有两道拿手菜,也都是烤肉。

在南方,当人们想正经吃顿饭时,更多想到的是烤肉。阿根廷烧烤更多使用木头,而巴西高乔人的烧烤则更多使用木炭,用木头和木炭的烟熏味不一样。我最喜欢的一道菜是烤鹌鹑。我把鹌鹑放在火上烤,迷迭香中的精油会渗入其中,这样烤出来的鹌鹑非常受欢迎。我擅长的另一道菜是烤鸵鸟里脊。美洲鸵鸟的肉比较粗硬,而且是很大块的肉,所以你必须知道如何处理它。你得用板条把它掰开,里脊就卡在板条和臀部之间,把它整条抽出来就行了。我喜欢用木炭烤着吃,抹上些南方特产的粗盐就可以了。

另一群自认为继承了高乔精神的人就是牧场主。他们虽然不必再像高乔人那样千里奔波,但每天早起照顾牛群,忙得只能靠喝上壶马黛茶来消除疲劳的做派,还是有几分高乔遗风的。里卡多兄弟三人在库里蒂巴附近经营着自家传了两代的农场,有26 000公顷土地和两口天然泉水,大约养了2 500头肉牛。

早上五点我就必须起床,每天都要把牛群分开,检查有没有牛受伤。必须按年龄分开,将老牛和小牛放在一起是没有意义的。它们会因为进食而发生争斗。这就是我的日常工作,万年不变。我们还要自己种植玉米、大豆,自己制作青贮饲料。总是有干不完的活儿。

到了售卖季节,当牛达到理想体重时,我们就联系商业伙伴。我们会说,看,我这里有 100 头或者 200 头可供出售。然后,我们根据当天的市场均价出售活牛,买方来把牛运走屠宰。

也有很多牛主在牛还没长起来的时候就预卖了。他们会提前确定一个价格,然后在 90 天后交付,90 天差不多是一头小牛长成成年牛的时间。但我们喜欢把牛养肥再卖,有时也会拍卖。这样价格就取决于市场了,波动很大。

里卡多的家族来自巴拉那州北部。他的父母分别来自葡萄牙和意大利。他本人依然保有葡萄牙国籍。像他家这样的欧洲移民后代,在巴西南方比比皆是。从 19 世纪后半期开始,大量来自德国、意大利和东欧的移民涌入南方各州定居,从根本上改变了南方的人口构成和文化。如今,有些村镇还整体保持着欧洲 19 世纪的建筑风格,甚至语言也没有变化,仅把葡萄牙语作为第二语言。欧洲大陆的移民潮一直持续到了二战之后。44 岁的莉莉生活在巴拉那州的阿普卡拉纳,经营着家里传了三代的纺织企业。

第二章 飞跃巴西——雨林与大海之间

> 我出生在巴西,但我有犹太血统和意大利血统。我的父亲和母亲都来自意大利。他们是来到巴西之后才相识的。我出生的时候外公已经去世了。他是来自意大利北方的犹太人,在二战之后才移民巴西。他们来到巴西之后辗转了不少地方,最后在南方安顿下来,开办了这家成衣厂。选择南方的原因是,其他地区实在是太热了,南方毕竟更接近欧洲的温带气候。而且在这里集中了大量欧洲移民和欧洲后裔,他们的制衣手艺正好能派上用场。我很难想象他们如果落户北方还能做什么,比基尼吗?如今,我们企业的市场还是在南方。因为我们主要做的是100%纯棉的织物,其他地区太热,真是用不上。

外国移民给南方带来的影响也直接体现在饮食习惯上。巴西其他地区的日常食品以豆类、小麦、牛肉、鸡肉居多,而南方在此基础上增添了猪肉、大米等更加异域的食材。加尔西亚诺对此感受最深。

> 巴西人本来是不太吃猪肉的。以前很多人连美味的猪排骨都不吃,嫌弃它带骨头,是下等肉。生猪的主要养殖地在南方地区。这里的欧洲移民像德国人、意大利人都是做猪肉、猪下水和灌香肠的高手。最近几年,由于受到南方影响,其他地区的巴西人也开始懂得吃猪肉了。
> 自21世纪以来,我们南方的菜肴发生了变化,

嵌入了更多样的文化，比如意大利文化、法国文化等等。我们乡下还有很多日本移民。据说，在南里奥格兰德的一些牛排馆甚至可以吃到寿司了。

南部以7％的土地养育了巴西近15％的人口，这里的富庶程度也仅次于东南地区。25岁的年轻学者雅戈在巴拉那州库里蒂巴的一所大学当助教。据他说，库里蒂巴是巴西人均GDP最高的城市，比圣保罗还要高。

库里蒂巴和巴西的其他城市不一样。它的城市环境更整洁、更干净。如果回顾历史，我们会看到这个地区有很多荷兰人、意大利人和德国人的移民定居点，以至于这里每年都举办慕尼黑啤酒节。因此，巴西南部地区居民的肤色普遍非常白。

大概是同样看中了这里的消费能力，36岁的画家雷伊也选择库里蒂巴作为自己工作室和画廊的所在地。

库里蒂巴非常多样化。在这里，我们有乌克兰社区，有德国社区，有巴拉那州最大的意大利社区，还有日本社区。我们还有国内移民社区。最新的移民社区始于1990年，由来自东北部的移民组成。无论谁过节，大家都一起庆祝。

虽然雷伊在商业上取得了非凡的成就，获得的收入足以让他在海边的庄园里摆满了殖民地时期的古旧家具，但他对南方

第二章　飞跃巴西——雨林与大海之间

人的艺术品位还是颇有微词,认为他们不懂得欣赏巴西之美,一味追随外国的潮流。

在南方,我们对本土艺术有更大的偏见。我们出售来自其他文化的东西,或与基督教有关的东西,因为这些都是异域的。天主教信徒喜欢圣方济各像和无染原罪圣母显像,这些订单有很多。还有曼荼罗、佛陀等,因为顾客喜欢东方情调。天哪,我要是知道今年画了多少佛像就好了,我再也无法忍受曼荼罗和佛陀了。本地人的品位甚至不如去看大瀑布的外国游客。我们唯一能看到南方巴拉那文化的地方是伊瓜苏。我有一个朋友在那里有一家画廊。那里卖了很多描绘鸟类和巴西舞蹈主题的画作。

有更多的人对南方人的排外和距离感颇有微词。雅戈出生在东北地区的巴伊亚,曾经在中西部地区和东南部的圣保罗、米纳斯吉拉斯等地居住,是个自来熟的小伙子。但是,当他初到南方的时候,却感受到了巨大的文化冲击。

南方给我的第一个震撼是这里的寒冷。而更令我感到震撼的是南方人的冷漠。他们对人疏远,不是很热情,多少还有些排外。当他们发现我是巴伊亚人时,就会露出异样的表情,甚至从眼神中透出来一些嘲讽,或者用一些'嘿,巴伊亚人,你带了吊床吗?'之类的话来开玩笑。这种说法可能有点贬义,但对我来说还算能接受。有一次,我家有个亲戚从巴伊亚州来看我。本地人一听说她来自东北,就问她是不是有黑人血统。可她全家都来自西班牙的加利西亚,不但肤色白,还是金发啊。

从刻板观念上讲,南方大概是最不巴西的地区。这里的高乔人和乌拉圭、阿根廷的高乔人有着相同的文化根源和生活方式。而后来移民到此的大量欧洲人,无论是在肤色、样貌上还是在饮食起居上都保留着各自故乡的印记。和这里的气候一样,南方人的性格也更冷感。但即便如此,南方人依然坚定而骄傲地认为自己是巴西人,而并非流落到巴西的异乡人。他们早已在这片热烈而宽容的土地上生根,和其他地区的居民一起被熔铸成巴西民族。

上帝之城

> 东南部是巴西的精华、辉煌与梦想所在,也汇集了这个国家最绝望的现实、最难化解的矛盾与最暴烈的冲突。
>
> ——里约热内卢作家 阿明多

巴西东南部包括四个州:圣保罗州、里约热内卢州、米纳斯吉拉斯州和圣埃斯皮里图州，以不到11％的国土面积承载了这个国家42％的人口，并囊括了巴西60％多的工业。巴西财富排名第一、第二、第四的城市都在东南地区，分别是圣保罗、里约热内卢和贝洛奥里藏特。这里也是巴西文化和生活方式的原创高地，尤其是里约热内卢。外部对巴西的固有印象大多来自里约热内卢的文化投射所引发的想象，比如狂欢节、桑巴、张开双臂的基督像、面包山、伊巴内玛海滩上穿比基尼的姑娘。好吧，我们就从比基尼开始进入东南部的梦幻与现实吧。

巴西高原处于圭亚那地盾的边缘，这就导致它的岸边峭壁林立。如果你从大西洋上接近巴西，大概率会看到岩石海岸如高墙般耸立。所以，巴西的海岸线虽然漫长但良港不多，不过，却有足够的沙滩让巴西人来嬉戏欢笑。虽然守着伊瓜苏瀑布、亚马孙雨林这样的顶级旅游资源，但巴西人的首选旅行度假方式永远是去海滩。于是，自从比基尼于1946年发明以来，身处热带、喜欢展露身体之美的巴西人就是它的忠实拥趸，尤其是在经济发达的东南地区。47岁的露西阿娜在里约热内卢经营着一家比基尼工厂，规模不大，但生机勃勃。

> 这里是一个海滩风情浓郁的州，一年四季都有海滩活动，几乎没有冬天。我这里的比基尼价格大多从80雷亚尔到150雷亚尔不等，在很大程度上取决于款式。有些品牌的比基尼售价高达2000雷亚尔。我们一个月要做两三千件比基尼。到了6—7月，数量会减少一些。到了9月，数量开始增加，夏天的销量更大。

比基尼是为数不多的、在中国纺织品和电商的双重冲击下依然活得很滋润的巴西成衣品类。露西阿娜把生存的秘密归结为巴西人的身材、对海滩的热爱和特有的比基尼文化。

> 有时候我觉得，比基尼不仅仅是性感的象征，有时也是文化本身。巴西人喜欢身上留下穿比基尼后晒出的痕迹，或许最初是为了显示自己去海边度假了，后来大家都觉得这样看起来很性感。后面那条系带一般用缎带或绳子，它会给女人留下一点痕迹。男人不太在意这个，但女人希望有个小记号，越小越好，但是一定要有。

> 去年，这里有一种流行趋势，就是用硅胶做脖子和后背的系带。硅胶不是塑料，有弹性、有摩擦力，还透明。所以看起来好像你什么都没穿，只是乳房和私处被遮住了。硅胶系带会留下痕迹，但它是透明的。哇，卖得真火，非常火爆。那是我卖得最多、也赚得最多的比基尼款式。

不只是对性感的定义，巴西人对身材焦虑的起伏消涨也直接反映在比基尼上。这在一定程度上也折射了巴西社会心理的变迁。

> 在过去的三四十年里，比基尼的尺寸越来越小。后来出现了丁字裤，大家自然而然就穿上了。如今，连游泳衣都前后开口，看起来就像上下粘在一起的比

基尼，更加奔放了。以前，穿比基尼的人通常都身材很好。今天，我看到身材肥胖的人也穿比基尼了。人们有更多的自由来展示自己，为自己的身体感到自豪，美的标准也在改变。我都快50岁了，如果我想，我也会穿上比基尼去海边走走。我想，胖就胖呗，我什么都不想知道，自己觉得舒服就得了。

都说巴西是个贫富差距很大的国家，只有面对阳光和大海的时候才没有社会等级。其实，就像比基尼有品牌和价格差别一样，里约热内卢的海滩也是分阶层的。露西阿娜出身穷苦家庭，多年辛劳之后，虽然薄有积蓄，依然不自认为是有钱人。

> 南区的这些海滩都很独特，只有那些想炫富的人才会去。这不平等，因为海滩必须是每个人的海滩，每个人都能享受。拉莫斯大泳池就很酷！这里有各种各样的人。你不需要太多的礼节，有桑巴舞会，有美食，海滩上什么都有，而且很便宜。当场就能交到朋友，就好像你们已经认识对方一辈子似的，穷人都是朋友。而在南部的海滩上，人们只是看，但不相互说话。

而对于阿明多来说，美本身是不必有阶级属性的。他是左翼知识分子，因为军政府时期的政治压迫放弃了在机场塔台的航空工程师工作，转而成为一名律师，退休后又开始了文学写作。他正在写的一部小说描述了20世纪30—80年代里约的变迁。他所钟情的里约海滩充满了时代的印记与浪漫。

我，一个 60 岁的里约人，都还看不尽里约的美丽。危险滩 Praia do Perigoso 是一个岩石环绕的、很小的海滩，在海潮退去时才会露出沙子。那是我最喜欢的地方之一，因为每天只会出现几个小时。当潮水上涨时，那个细小的沙滩就消失了，只剩下大海撞击着岩石。据说，曾经有个渔夫从岩石上掉下来。后来，当人们发现他的时候，他还在坚持紧紧抓住鱼钩。这给我留下了深刻的印象，我是在 20 世纪 70 年代的海滩上听到的这个故事。还有一个爱情滩 Praia do Amor，也很少有人知道。它是一个只有 200 米长的小海滩，很隐蔽。爱情就是这样难以寻觅。

巴西东南部可能是全世界城市化率最高的地区，超过 90% 的人口居住在城市中，尤其集中在圣保罗和里约这样的超大都市中。圣保罗是最有钱的城市，而里约是最好玩的历史文化名城。多年前的一部巴西电影《上帝之城》，让全世界得以窥探巴西贫民窟居民的残酷生存状况。2018 年，超过 5 500 名军人和警察占领了巴西城市里约城北的两个贫民窟。全副武装的部队甚至动用了直升机、装甲车、军警来封锁通往贫民窟的通道，民警和军人一起进入社区搜查居民和车辆。在这次出动了国防军的扫黑除恶行动中，共计 6 人丧生。不久之后，贫民窟恢复如初。

里约的贫民区基本上都分布在城市中的山丘上，越底层的社区反而位置越高。当一个社区被叫作某某山的时候，基本上可以断定是贫民区了。而且这些社区的名字通常很吉祥，比如上帝之城，还有 39 岁的若望所居住的社区天佑山（Morro da Providência）。

天佑山就位于市中心，距离柏油路（贫民区居民这样称呼非贫民区）只有五分钟，但需要往上爬很高。和过去相比，这里的设施得到了很大改进，有了自来水、下水道、污水处理设施、供电设施、网络，还增设了通往中央车站的缆车，对社区居民免费。不过，最近缆车又停运了，已经用了十几年，老化了，但政府没钱维修。虽然生活设施改善了，但对于若望来说，什么又都没有变，这里依然是黑帮的天下。

这座山有两个山主，都是老大。一个在我住的那条街上，另一个叫"红色司令部"。他们来自同一个派别，彼此划定地盘，不会内斗。两边一起定了一些规矩，比如在这里，你不能强奸社区里的孩子，否则就会被杀掉。你听说过"微波炉"吗？"微波炉"是一种刑罚。在一个混凝土构件里面放着轮胎。如果你对山上的孩子做了什么，他们会用轮胎和煤油把你包起来，然后在那里把你点燃。你也不能对居民入室抢劫，这是不被允许的，会被放逐或者处决。这种以暴易暴的秩序带给黑帮成员和居民们一种打引号的安全感。

我们目睹了很多事情。我见过有人失去生命，是我的同事、朋友。我们明白了，我们必须服从。比方说，没有黑帮的允许的话，警察不能进入社区。但是，如果有凶杀案发生，警察就必须介入了，他们会来。除此之外，就没有例外了。

若望自小在天佑山长大，在社区的一家酒吧做侍应生。他的很多朋友都加入了帮派。

当有警察来街区的时候，他会安排帮派人员在酒吧暂避，以避免双方发生冲突。警察对此也是心照不宣。因此，帮派也认为他是朋友，给他安全保证。但他依然感到恐惧。

改装汽车、克隆汽车牌照、武器流通，都是有一整套网络的。有很多东西都来自巴拉圭，通过水路运到这里的港口，也有东西通过汽车、卡车或巴士从巴拉圭越境而来，然后，通过货车、摩托车和摩的转运。武器通过这些渠道汇集到贫民区。

在这里，如果你不想失去信任和自由，你就必须不停地更换地点，不能有固定的住所。你不能相信任何人，谁都不能相信，即使是你最好的朋友。当你说错话的时候，他们会凝视你。如果你在某件事情上结巴了，他们会问你为什么结巴了，如果你没有出卖他们，你为什么会结巴。他们一旦开始怀疑，就会变成非常冷酷的人。如果觉得有必要把你干掉，他们就会把你放进小巴的后备厢里带走处决。

和若望一起在贫民窟长大的朋友们似乎比他更有勇气，敢于冒着生命的危险去博一份不错的收入，但似乎又比他更怯懦，不敢去一步步经营自己的生活。贫民窟的居民缺少一切资源和一切机会，但若望却在刀光剑影中找到了一丝希望和契机。

我正在学护理，梦想着能够完成学业，考取护理技师资格证书，然后上大学。起因是我的一个朋友中枪了，我必须照顾他。我对他说，我付学费学习护理，所以我也要收你钱来照顾你。如果你愿意，我会帮你。如果不愿意，你就去医院，然后被逮捕。他同意了。我觉得这是改变生活的好契机。

我照顾过受枪伤的人、头部中弹的人，为他们缝合伤口，干得很好。我知道我所学习和练习过的程序是什么，我会努力为他们急救，让他们活到第二天。

这是我将来事业发展的方向。我希望在山上开办诊所。山下的诊所只为那里社区的居民服务，对我们是封闭的。但山上人的命也是命。我还想教书。在课堂上，我可以把我学到的东西传授给学生。我相信教育的作用，你所学到的一切，你所掌握的一切，没有人可以夺走。

米纳斯吉拉斯州在巴西是以采矿业闻名的地区。它的名字在葡萄牙语中的意思就是"各种矿藏"。从早期的黄金到今天的高品质铁矿，矿产对本地人来说既是祝福，又是诅咒。28岁的佩德罗家住米纳斯吉拉斯州的贝洛奥里藏特，是名重型机械操作员，为各种矿产和工程公司工作。他虽然不像若望那样无法摆脱生长于贫民窟的梦魇,却也有难以面对的难题。

  淡水河谷是世界上最大的铁矿公司之一。它在米纳斯吉拉斯州的露天铁矿可能是世界上最大的。以前,它雇用了很多像我这样的操作员,但现在,它配置了无人驾驶卡车。随着技术越来越先进,总有一天,一切都会自动化的。我们这些操作员也感到害怕,不知道哪天我们就没工作了。到那个时候,我可能会去当长途货运司机,但那样就要长期和家人分离了。

  我的对策是现在多挣钱、多攒钱。除了操作重机械,我还承担了爆破工作。我们的工时费是 100 雷亚尔,加班的话每台机器每小时额外多拿 100 雷亚尔。巴西法定的每周最高工作时间是 44 小时,但我们这里不太管。我每天干 12 小时,每周干 6 天,希望能攒点儿钱。但现在物价上涨,工资跟不上涨幅。你可能比以前挣得多,但按照现在的物价,实际上还是一样的。能怎么办呢?永远不要失去希望。它是最后消亡的东西。

  超大城市虽然有着自身的问题,却为更多的年轻人提供着实现梦想的机会和舞台。东南地区的几个超大城市不但吸干了农村人口,也让传统的小城镇生活失去了吸引力。Caças Altas da Noruega 是米纳斯吉拉斯州的一座古老小镇。它的名字的意思是"挪威的高房子"。据说,当年有两个金发碧眼的挪威人在这里发现了金矿,因而诞生了这个小城。小山上确实有几栋历史悠久的房子，旁边有碎石铺就的街道，但谁也不知道高房子是怎么回事。54 岁的塞尔吉奥的父亲是西班牙移民，母亲是葡萄牙后裔。他和妻子经营着附近的一家农场，种植咖啡、甘蔗、木薯。

> 巴西是片富庶的土地。在某些地区，可以一年之内在同一块土地上种植三种作物。比方说，可以先种大豆，收获大豆后种玉米，收获玉米后种棉花。这是这片土地的特点。但光有土地没人种也白费。因为年轻人要出去读书，他们不想在地里干农活。于是，我们的城市就变老了，变得越来越小。我想现在应该只有 3 600 人了吧。圣保罗地铁 3 节车厢的人数都比我们这里的人口还多。我家在巴伊亚州也有农场，但我更喜欢米纳斯吉拉斯州，因为有许多地方可以去，像欧鲁普雷图、奥罗布兰库，这些地方很近。但是，我妻子不太让我去，因为那里的女人更漂亮，哈哈哈！

塞尔吉奥还保持着最老派的米纳斯吉拉斯州人的习惯，对本土美食有着莫大的热切和坚持。

> 如果你告诉我们这里的一个乡下人，要去除肉中的脂肪，他会恨不得杀了你。如果你说你是素食主义者，他会很奇怪你还能吃什么。米纳斯吉拉斯州的人消费更多的猪肉，因为它更便宜。猪比羊和牛长得更快，而且繁殖能力更强。在巴伊亚州，他们更喜欢山

羊和羔羊肉。以前我们这里没有电,没有冰箱。所有的肉都是浸泡在猪油桶中进行保鲜。在米纳斯吉拉斯州,我们为家人制作一些手工食品,比如真正的手工香肠。我在米纳斯吉拉斯州的一些亲戚还自己制作奶酪,米纳斯吉拉斯州奶酪。

木薯是世界上最奇怪的东西,它生长在世界上最干燥的土地上。以前你看那些吃木薯的人,都是穷人,煮的、炒的、做饼的、做木薯粉的。现在大家反而趋之若鹜。我喜欢在家做雨糕,我非常喜欢的一种蛋糕,是用木薯粉做的。油炸之后非常美味,但它很危险,因为它容易爆炸并烫伤你的手。

东南地区各州居民的性格大概是同一地区中差别最大甚至截然不同的。里约人和圣保罗人之间的互相讥讽,一直是全巴西人民津津乐道的吃瓜话题。他们只有在嫌弃米纳斯吉拉斯州人土气、顽固的时候,才会达成短暂的一致。法维奥是巴西南部的库里蒂巴人,刚刚结束了一次在东南地区的家庭旅行。对于东南部人的性格,他颇有感触。

我们南方人总体上是比较冷漠的家伙,我不知道是因为天气还是什么原因。我们需要很长时间才能敞开心扉,与人交往,建立友谊。而里约人要外向得多,不超过五分钟,就能和你混成朋友了。他们会热情地邀请你去他们家吃烧烤,但永远不会给你地址。圣保罗人很现实,而且比较爱较真,更加真诚。唯一不足就是工作和生活节奏太快了,甚至圣保罗人走路都比我们快好多。

圣保罗就是这样一座极富中产阶级气质的城市,容易给人留下严肃、只考虑工作的刻板印象,从而让人们忽视圣保罗人的宽容、国际化和真诚。走在圣保罗的街头,没有人会因为你的不同肤色而将目光在你身上多停留两秒钟。这可能是因为圣保罗人见过了太多来自世界各地的面孔,这里有全巴西最好的餐厅,但食客却不一定以本地人居多;也可能是因为圣保罗人实在太忙了,忙得没空出来吃饭。不过,论起有计划性和精明强干,圣保罗人似乎真的可以碾压其他地方的巴西人。

59岁的卡洛斯在圣保罗的一个贫民区出生、长大,之后加入了美国福特汽车公司在巴西的分公司并工作了20年。作为巴西的工业基地,圣保罗总是外资企业投资的重点地区。卡洛斯给自己做了非常完美的发展规划,而且一步步都努力实现了。他从物流部门的底层工人逐渐变身技术培训人员,进而成为中层管理者。在福特汽车公司撤出巴西的前夕,他又及时获得内部消息,果断退休,从而保住了丰厚的退休金,而不是一次性的辞退赔偿金。在数次人生选择中,凭借着果敢和未雨绸缪,卡洛斯都安然度过。

圣保罗人对任何事情都能想出办法。当你集中注意力想要实现某个目标的时候,你可以做成任何事情。

在这个意义上,巴西是世界上独一无二的国家。如果你没有勇气做任何事,你在我们国家就会过得很艰难。我们的国家很大。即便被分成五个地区,每个地区也抵得上一个国家。伙计,巴西什么都有,只要你足够努力。这就是为什么我为自己是巴西人而自豪。

东南地区确实称得上是巴西的内核。圣保罗的工业和贸易、米纳斯吉拉斯的矿业和农业以及里约的文旅产业,恰恰构成了巴西最主要的经济领域。这里有最炫目的桑巴狂欢和最顶尖的足球俱乐部,有最古朴的小镇和最狂野的海滩,也有最触目惊心的贫民窟和最潦草的理想。所有这一切,使一切现实和梦想在这里混合、发酵,化作推动巴西前行的力量。

小故事 最巴西

在巴西的 26 个州 1 个联邦区中,哪里才真正是"最巴西"的地方呢?侯路毕业于北京外国语大学的葡萄牙语专业,已经侨居巴西十几年。在中国大使馆和多家中资公司工作期间,他深度探访了巴西各地,曾经在亚马孙河上遭遇过风暴差点儿沉船,也曾经坐着小飞机在泥地上降落去探访原住民部落,既熟知巴伊亚州的街边小吃,也和圣保罗州的星级厨师相交莫逆。那些巴西最著名的景观,比如里约的海滩、伊瓜苏瀑布、库里蒂巴植物园、迪亚曼蒂纳高地、千湖国家公园等等,侯路也是如数家珍。然而对于他来说,最能代表巴西的地方反而是那些小城镇。

第二章 飞跃巴西——雨林与大海之间

我觉得米纳斯吉拉斯州的那些小城镇最能代表巴西，比如黑金城，我至少去过十几次了。这里有欧洲人殖民的历史，有金矿中黑人奴隶的记忆，还有巴西独立的印迹，这些历史都是可以被看到和触摸到的，凝固在了古建筑中。黑金城既古老又年轻，这里也是个大学城，满大街都是年轻人，代表着巴西的现在和将来。

不同地区所展现出来的地理和文化的多样性，也是侯路选择在巴西长居的原因之一。

巴西太大了！每个地区都有独特的自然环境和历史，人们的脾气秉性也随之有了差别。大的地方像里约、圣保罗、萨尔瓦多之间的差异我就不说了，可以比照一下咱们国家的北上广深。这几个城市各种互相挖苦、挤兑和瞧不上。一些小的地区也有自己的特色。比如，东南地区的圣埃斯皮里图州被里约州和巴伊亚州夹在中间，是个没有太多存在感的小地区。但即便如此，当地人依然保持了自己独特的文化身份并引以为傲。无论是他们的口音还是敦厚的性格，都让他们有别于拥有巨大文化影响力的里约州人和巴伊亚州人。还有北部的托坎廷斯州，它成为单独行政区的历史非常短，不过二三十年，但那里的居民却已经形成了地域特色和身份认同。这和中国数千年历史沉淀出来的地域认同感不一样，大概源于巴西的移民历史。移民们到达一个新地方后，需要靠快速形成认同感来建立新的家园。于是，每个地区都形成了自己的特点。再加上巴西的国土又这么辽阔，地区差异就更大了。不过，这也是我喜欢巴西和在这里定居的原因之一：永远有看不完的景色、吃不完的美食和想不到的惊喜！

虽然巴西的大部分国土是高原地形，但是和山脉纵横的青藏高原和玻利维亚高原相比，巴西高原平均海拔不过600～800米，简直算是一马平川了。不过很奇怪的是，这么平坦广阔的国家却没有以铁路作为主要交通方式，而是选择全力发展公路和航空。侯路经常在巴西各地出差和旅行，对此也有自己的见解和感受。

我听说过一个说法。大约50年前，当时巴西政府本来有修建全国性客运铁路的打算，却被美国福特汽车公司游说投资建了高速公路。我想，这可能与巴西的地理条件和国情有关。在铁路兴起的时代，巴西的人口还主要集中在东南和东北沿海地区，在地区内没有太大的长途旅行需求。到了开发南部、中西部和北部的时候，移民们拖家带口奔向荒蛮之地，这时候汽车反而比火车方便。而且，直到今天，巴西的很多地区依然被丛林覆盖，小型机场反而是最经济和便捷的选择。

巴西的小型机场特别多，有的建了柏油跑道，但

第二章　飞跃巴西——雨林与大海之间

绝大多数都是泥土和草地跑道。巴西航空工业公司甚至制造了一种叫 KC-130 的飞机，这种飞机在全世界都受到追捧，就是因为它可以在任何种类的跑道上起降，而且起降滑行距离非常短，还有巨大的载重能力。

侯路是巴西各地机场的常客，久而久之，也有了自己的心得。他总结出了巴西最让人心惊肉跳的几个机场，每一个都和所在地区的地理特点紧密相关。

有一次，我坐一架小飞机从巴西利亚飞往亚马孙的欣谷地区，去考察印第安部落的文化保护政策。那架飞机算上驾驶员一共只能坐六个人。随便刮阵风我们就要跟着颠簸摇晃，感觉随时要掉下去。不过亚马孙雨林真的是壮观啊！从空中看去像是绿色的海洋，完全看不到屋顶，全是挤在一起的绿色树冠。大概两个小时之后，我们降落在一片雨林中开辟出来的空地上，完全没有跑道，就是一片泥巴地，飞机都是打着滑才停稳的。

如果说雨林中的简易机场是与大自然妥协的无奈之举，人口稠密地区的一些古怪机场就是经济地理制约下的产物了。比如，我所居住的圣保罗，这里的康根哈斯机场历史悠久，所在的位置原本是郊区，但被快速扩张的城市包裹了进来，变成了城市中心区。跑道两边高楼林立，风吹到建筑上，就会改变方向干扰飞机。估计每次起降飞行员都挺紧张的。

不过，对我来说最刺激的还是里约热内卢的圣杜蒙特机场。它是以飞机的发明者之一、巴西人圣杜蒙特命名的，但你不能按照发明飞机时的起降距离建跑道吧？！估计是征地政策和成本的原因，这里的跑道非常奇怪。每次我在圣杜蒙特机场降落，轮胎一碰到跑道，我就开始从1数到10。如果数到10飞机还没停，那就完了。飞机要么坠入大海，要么紧急起飞重新降落。跑道两边也都是海，没处躲。

还有东北地区累西腓附近的一个岛——费尔南多·迪诺罗尼亚。那是个很出名的度假海岛，景色很美，也是观看海鸟的好地方。不过，问题就出在海鸟上。这个地方的垃圾填埋场就建在机场跑道尽头，总是引来大量海鸟觅食。每10架从那里起飞的飞机就有8架与鸟发生碰撞。坐在飞机中的旅客都吓得要死。不过，飞机虽然撞得皱巴巴的，但总能起飞并正常飞行。所以当地人也不太当回事，心大啊！其实无论是大飞机还是小飞机，巴西的航空安全记录都是很不错的。在巴西就要像巴西人那样乐观起来，权当是大巴西给我们的小惊喜！

这大概就是巴西各个地区地理环境和文化传统如此不同，却又高度认同自己的巴西民族身份的缘由。移民们在新土地上建立起新家园，在适应新自然环境的同时创造新的文化，最终汇聚凝结成五光十色的巴西。

03
第三章

俯瞰巴西
——产业与互联网

世界上最大的飞机制造商是哪家？

多数人都会提供两个答案——空客或波音，但你知道世界上第三大飞机制造商是哪家吗？

没错，这家公司就是位于巴西圣保罗州的巴西航空工业公司（Embraer S. A.）。它成立于1969年，是世界第一大支线喷气式飞机制造商，生产的商用飞机、公务飞机、军用飞机等产品广受赞誉，提供的飞机维护、技术支持及飞行培训等全方位的飞机售后服务也备受客户好评。

自成立以来，巴西航空工业公司已向全球客户交付逾8 000架飞机。平均每10秒钟就有一架巴西航空工业公司制造的飞机在世界某地起飞，每年运送乘客超过1.45亿人次，下属工厂、研发机构、服务和零部件分配中心遍布五大洲。① 巴西航空工业公司的核心产品E系列客机占据全球支线航空45%的市场份额，新一代E2系列客机甚至开始切入干线市场直面波音与空客的竞争。巴西航空工业公司生产的"莱格赛650"（Embraer Legacy 650）公务机受到众多明星的青睐，成龙、刘德华等人都购买过这个机型充当私人飞机。在军用航空市场，"超级巨嘴鸟"涡桨式战斗机已获得美国空军订单，KC-390运输机更是在全球战术运输机市场开始替代老旧的美国C-130"大力神"运输机，并已获得荷兰、捷克、韩国、葡萄牙、匈牙利等多国订单。

---

① 巴航工业：中国150座级以下市场巨大，E2系列与中国国产客机互补．澎湃新闻，2022－11－11．

那么巴西人每天使用智能手机的人均时长是多少？

据统计，巴西人是世界上最热衷于使用社交媒体的人群之一，每天使用智能手机的人均时长为 5 小时 25 分钟，在全球排名第三位。巴西中央银行推出的即时支付平台 PIX 是巴西当下最流行的支付方式，超过五分之一的交易都在 PIX 的移动应用程序上进行。

也许，在这里能够发现新商机。

"咖啡王国"的工业化梦想

> 近年来,巴西政商各界越来越认识到再工业化的重要性,达成了通过再工业化在疫情后拉动巴西经济腾飞的共识。
> ——人民网评论

一般来说,一个国家的工业化水平越高,这个国家就越富裕。看巴西富不富裕,或是怎么变富的,就要了解巴西的工业化进程,看它的产业结构如何优化升级。当然,这个过程并不顺利,正如大多数国家所经历的一样。但正是这种不完满,成就了更加真实的巴西。

"咖啡王国"的工业化起步

16世纪初,葡萄牙人来到巴西,带走了红木,开启了红木经济。18世纪初,驻守巴西的葡萄牙军官将第一粒咖啡豆引进巴西,成就了"咖啡王国"。19世纪30年代,咖啡出口额占巴西出口总额的43.8%。19世纪中叶,在以帕拉伊巴河谷为中心的里约热内卢地区，咖啡种植业达到巅峰。1908年，咖啡出口额占巴西出口总额的53%，独揽出口经济半壁江山。[①] 随着咖啡种植中心从帕拉伊巴河谷转移至圣保罗州，圣保罗州附近的桑托斯港口成为世界上最重要的咖啡出口中心。咖啡经济创造了大量的出口外汇，带动了基础设施建设，吸引了大量外来移民，为早期工业化奠定了基础。但是，过度依赖咖啡出口也导致巴西经济结构严重失调。[②]

20世纪30年代，巴西的出口商品结构仍旧非常单一，集中在咖啡、可可、蔗糖、棉花和烟草等几种产品上。巴西政府领导人逐渐意识到，巴西无法仅靠出口初级产品实现经济高速发展，单凭自然资源、劳动力资源优势而不谋求新出路，巴西只能长期处在世界经济产业链的最低端。于是，巴西实施持续进口替代工业化政策，通过大力扶持巴西本土产业、发展本国工业，生产消费品和工业制成品来减少此类产品的进口。1930年10月，热图里奥·瓦加斯上台，并陆续采取了一系列促进巴西工业化进程的措施，实现了钢铁、石油等重点行业的扩张，并制定了工人保护法，确立了8小时工作制，保护了女性和童工权益，等等。

在第一任上，瓦加斯统领巴西长达15年之久，其建立的政权被称为"新国家"（Estado Novo），特点是国家加强对经济的干预。此后，一批新的国有企业相继成立，比如，1942

[①②] 杜娟. 巴西"咖啡王国"的畸形繁荣. 世界热带农业信息，2017 (Z1)：21-24.

年成立的淡水河谷公司①，1943年成立的巴西国家汽车有限公司②、国家碱公司（Companhia Nacional de Alcalis），1953年成立的巴西国家石油公司③，等等。巴西政府还于1952年成立了国家经济开发银行，后续又成立了巴西东北银行（Banco do Nordeste do Brasil）以及一批州政府开发银行④，旨在为巴西企业提供长期贷款，以促进工业企业发展、加快巴西工业化进程。在此期间，巴西的冶金、机械、电力设备和交通运输器材等基础工业占工业总产值的比重翻了一番，纺织、食品饮料等传统工业比重相对下降。1920年，农业占巴西国民生产总值的79％，工业仅占21％。但到了1940年，这一比重分别是57％和43％。⑤ 从1933年到1936年，巴西国内生产总值的年增长率为8％，工业产量每年增长13.4％。工业在巴西国家经济结构中占据越来越重要的地位。

---

① 淡水河谷公司（Companhia Vale do Rio Doce），目前巴西最大的矿业出口公司。

② 巴西国家汽车有限公司（Fábrica Nacional de Motores），主要生产拖拉机、轿车、电冰箱等，以弥补战争期间的产品短缺。后因经营及管理不善，于1968年被出售给一家外国私企。

③ 巴西国家石油公司（Petroleo Brasileiro S. A.），成立于1953年10月，简称巴西石油（Petrobras），总部位于里约热内卢，是一家从事石油勘探、开发和生产的大型跨国公司，系巴西的国有企业之一。

④ 国家经济开发银行（Banco Nacional de Desenvolvimento，BNDE），在20世纪80年代改名为BNDES，即国家经济社会发展银行，由巴西联邦政府全资控股，主要职能为执行政府的中长期投资信贷政策，实现国家工业化、经济高速增长和促进欠发达地区发展。

⑤ ［巴西］鲍里斯·福斯托，塞尔吉奥·福斯托. 巴西史，郭存海，译. 上海：东方出版中心，2018：199.

1950年，瓦加斯通过选民投票再次当选总统，但因其在1954年自杀而未完成总统任期。

1956年，库比契克总统受命于国家危难之际，收拾瓦加斯总统自杀后留下的国家乱局，成立了国家发展委员会，立即发布了"目标计划"（Programma de Metas），该计划囊括了能源、交通、食物供给、基础产业及教育等五大领域的发展目标。这是巴西有史以来最雄心勃勃的现代化计划，计划在5年内取得相当于过去50年的进步，并改变巴西的生产力结构。1956—1960年，库比契克铺设了6 000公里的新公路，而此前，巴西全国公路总长度只有4 000公里。此举改善了农村地区和工业化城市之间的商品流通，拓展了农村市场。

同时，库比契克还实施了以耐用消费品为重点的工业化进程，改变了巴西人民的生活习惯和日常生活。人们大肆购买最新的家用电器，如洗衣机、电烤炉、便携式收音机、电风扇、电视机等等，以及由尼龙、人造丝等合成材料制成的衣物等物品。

"目标计划"大大提高了巴西的工业能力，但却无法保证巴西工业化的持续发展。库比契克急于求成，希望在短短5年内就快速推进国家发展，于是决定给予外国资本财政和经济特权，试图依靠国际资本力量加速巴西的工业化进程。但结果是，外国公司通过这种方式轻易就能掌控巴西经济的重点部门。同时，巴西的贸易赤字持续增加，外债高企，通货膨胀率大幅上升。1957年，巴西通货膨胀率为7%，1958

年为 24.4%，而 1959 年高达 39.4%。①

"经济奇迹"与一次不太成功的"追赶"

1964 年，巴西高层将领在美国的支持下发动军事政变，驱逐时任巴西总统若昂·古拉特。军队开始接管政府，巴西进入长达 21 年的军政府独裁统治时期。

在军政府对经济的强势干预下，巴西通过举借大量外债集中力量发展重工业。与此同时，军政府还采取多种措施，如对出口进行补贴、推动出口产品多样化、对物价和工资进行集中控制、加大对媒体的审查力度以防止对经济模式的批评等。巴西经济在 1968—1973 年经历了第一次繁荣，工业一跃成为巴西的主导部门，GDP 年增长率达 10% 以上，出现了所谓的"巴西经济奇迹"。

1973—1974 年，第一次石油危机爆发，巴西在钢铁等重工业领域推行大规模进口替代计划，吸引国际贷款投资有利于实现出口多样化的基础项目。军政府认为，20 世纪 70 年代外债的大量增长是正常的，因为大部分贷款都用于进口替代和出口投资项目，一旦新产能投入使用，随着进口量下降和出口量增长，巴西将有能力彻底偿还债务。但随着 1979 年第二次石油危机和 20 世纪 80 年代利率危机的爆发，以及出口初级产品

---

① ［巴西］莉利亚·莫里茨·施瓦茨，埃洛伊萨·穆尔热尔·斯塔林. 巴西：一部传记. 熊芳华, 译. 北京：社会科学文献出版社，2023：569.

价格的下降，巴西的贸易条件开始恶化，打破了军政府的预期。军政府开始采取一揽子经济政策来改善经济环境，比如限制信贷规模、大幅削减公共开支、减少国有企业投资等。但外债问题并没有得到有效解决。

到 1980 年，巴西外债已经陷入无可挽回的恶性循环，利息净支出占国家赤字的 70%，国际市场终止了对巴西的债务融资。1982 年 12 月，巴西不得不求助于国际货币基金组织，以换取新贷款用于偿付外债利息。在国际货币基金组织的监管下，巴西实施了一系列紧缩措施，比如缩小投资规模、降低公共开支、提高税率等等。在优先解决外债问题的思路下，巴西内部经济失去了发展动力，GDP 持续下滑，投资不断萎缩，加之彼时自然灾害频发导致农产品收成不足、食品等产品物价高涨，国内通胀压力加大，巴西经济陷入"迷失的十年"。

为应对日益严重的通货膨胀和债务危机，加之世界经济持续低迷，巴西国有企业盈利状况不佳，巴西政府决定售出部分国有企业以偿还外债。1981 年，巴西成立了去国有化特别委员会，筛选出了 140 家可私有化的国有企业。1985—1989 年，18 家国有企业完成了私有化，为巴西政府带来了 5.33 亿美元的收入①，其中大部分都是规模相对较小的企业。从 1991 年 10 月到 2005 年 12 月，超过 120 家国有企业被出售，总金额达 878 亿美元。② 出售国有企业带来的收入减轻了巴西的外债负担。

---

① ［美］维尔纳·贝尔. 巴西经济：增长与发展：第 7 版. 罗飞飞，译. 北京：石油工业出版社，2014：279.
② 同①284.

虽然巴西政府的私有化举措在当时被视为治理通货膨胀和债务危机的良策,但从长期来看却让巴西的产业升级失去了强有力的国家支持,造成制造业比重逐年下降,后续经济增长缺乏动力。巴西工业产品无法与其他发展中国家产品抗衡,从而失去了在全球市场上的竞争力。

再试一把,"再工业化"

自 1990 年起,费尔南多·科洛尔·德梅洛总统上台,巴西开始实行新自由主义政策,减少政府对经济的干预,转变为以市场为导向,并实施了规模更大、程度更深的私有化。此后巴西的继任总统们也继续推进国有企业私有化进程,钢铁、化肥、石油化工等领域的国有企业被大量私有化。1993 年,巴西推出以"雷亚尔计划"为中心的改革方案。这是一项以抑制恶性通胀为目标的计划。此后,巴西放宽外国投资法律限制,改善了外商投资环境,外国投资开始增加,年投资总额从 20 世纪 90 年代早期的 13 亿美元增加至 2000 年的 328 亿美元。①在此期间,经济结构也开始向金融服务业转型,工业在 GDP 和就业人口中所占的比重稳步下降,服务业所占份额则不断增长。

21 世纪以来,盛产原油、铁矿石以及农产品的巴西成为经济全球化时代国际大宗商品出口的主要受益者之一。2001—

---

① [美] 维尔纳·贝尔. 巴西经济:增长与发展:第 7 版. 罗飞飞,译. 北京:石油工业出版社,2014:253.

2011年，巴西年均经济增速达到3.9%，经历了自20世纪70年代以来最好的十年。随着全球经济增长放缓、对大宗商品的需求减少，2011年以后，巴西经济下行，GDP增长率持续下滑。

为吸引外资、促进发展，巴西政府实施了一系列产业开放政策，逐步放松了国家对石油、天然气和矿产开采等领域的垄断，并对电信、电力业实行私有化。但根据相关规定，外资通过参与巴西企业私有化进入巴西市场，至少6年之后才能撤资。在巴西报纸、杂志、图书以及广播电视领域，外国投资的比重不能超过30%。同时，核能开发、医疗卫生、养老基金、远洋捕捞、邮政、国内特许航空服务以及航天工业等领域禁止外国资本进入。[①]

但是，巴西的经济发展仍面临诸多挑战。例如：巴西工业空心化多年，本国工业产品在国际上缺乏竞争力；金融服务业导向的经济转型失败，证明了此路暂时不通；在大宗商品出口疲软的情况下，巴西政府急需发掘新的经济增长点；此外，还需考虑就业等棘手问题。

由于诸如此类的原因，巴西政商各界越来越认识到"再工业化"的重要性，达成了通过"再工业化"在疫情后拉动巴西经济腾飞的共识。2022年大选前夕，几乎所有主要候选人及其经济团队都将"再工业化"作为未来经济政策的关键词。针对巴西面临的失业状况和劳动力使用不足、民生日益凋敝、工

---

① 相关内容参见国家税务总局国际税务司国别投资税收指南课题组所编制的《中国居民赴巴西投资税收指南》第11页。

业萎靡不振等问题，左翼阵营提出的解决方案是"扭转去工业化的进程，促进广泛和全新行业的'再工业化'"，推动向数字经济和绿色经济的过渡转型。右翼阵营打出削减工业产品税的旗号，提出让工业升温、创造就业机会、增加工资、降低消费价格等方案。中间党派候选人也支持"再工业化"，计划在炼油、健康、国防和农业等领域建立5个新的工业综合体，作为工业振兴规划的一部分。不同的政治阵营都将"再工业化"重点聚焦于芯片、汽车、飞机、军工等高端制造业，并推动本国经济向数字化、绿色化、低碳化转型。

2024年1月，巴西政府发布"新工业计划"，旨在扭转几十年来巴西的去工业化进程。该计划的主要内容如下：发展可持续数字化的农业工业链，确保国内的食品、营养和能源安全；塑造具有韧性的健康产业经济体，减少公共卫生系统的脆弱性并提高对医疗服务的投资；打造可持续的基础设施、卫生、住房和交通状况，以促进生产一体化和增加城市福祉；实现工业的数字化转型，以提高生产效率；发展生物经济、脱碳以及能源安全，以确保未来世代的资源可以得到保障；发展对国家主权和国防至关重要的技术。①

可以看出，巴西的"新工业计划"具备明显的数字化特征。当前，美国已经开启了迈向通用人工智能的步伐，通用人工智能大模型在商业价值、政府治理、国家安全等方面都具有

---

① 巴西新工业政策起航，旨在促进国家经济发展至2033年. 中巴商业资讯网，2024-01-23.

不可估量的潜力，未来将更深刻地改变人们的生活方式，乃至改变世界权力分布格局。中国等国家也迈入了数字经济全面发展的新时代，并加速向通用人工智能时代进发。一直想跻身世界大国之列的巴西，明显发现自己在这条赛道上的身位已然落后许多。这时出台的"新工业计划"无疑凸显了巴西加快数字化进程的决心。

然而，作为数字化转型基础的互联网产业，在巴西的发展状况如何？对跨国公司来说，如何在巴西的数字化转型过程中发掘商机？进军巴西市场有哪些风险？这些问题的参考答案请参见后续的章节。

巴西青年与互联网的一天

> 未来几年，这片拉丁美洲最大的蓝海，将成为国际互联网巨头的兵家必争之地。
>
> ——巨鲨出海

如今，一个巴西青年每天使用手机的场景可能是这样的：早上起床用手机浏览《圣保罗页报》（*Folha de S. Paulo*）上的新闻，追踪国内国际热点事件；出行上班需要打车，打开

99App，专车随叫随到；午饭时间打开谷歌（Google）搜索附近评分高的餐厅或者用 iFood 叫外卖；下班后用 Cinemark Brasil 买张电影票，打开 Azul 预定假期出游的机票；晚饭后自学充电，在 YouTube 上学习商业思维课程，或在 Doulingo 上免费学习外语；睡觉前刷刷 TikTok、Kwai 上的视频，跟家人朋友用 WhatsApp 或者 Messenger 打电话，看看 Instagram 的博主又在推广什么商品，或者上 Mercado Livre 或希音（Shein），商品直接快递到家……

巴西青年的一天大致反映了当今巴西互联网产业的基本生态。巴西进入互联网时代，世界各大互联网巨头争相进入巴西市场，在这片投资热土上拼搏厮杀。巴西互联网市场发展潜力巨大，同时也难以避免弱肉强食的竞争。

巴西互联网——一部简单的"编年史"

巴西互联网的起步时间与中国相似，与国际互联网接轨的时间都始于 20 世纪 90 年代，在发展历程上也具有一定的重叠性。巴西互联网的发展可以分为以下几个节点。

巴西第一次接入互联网发生于 1987 年。当时圣保罗研究基金会（FAPESP）和国家科学计算实验室（LNCC）使用 TCP/IP 协议与美国机构交换数据包，第一次与国际互联网接轨。

1990 年，巴西科技部宣布创建国家研究网络（RNP），旨在为巴西互联网创建主干网络。1992 年 6 月，巴西互联网第一次向非学术用户开放;到 1995 年,大多数学术和研究中心都可以使用主干网络,彼时有 1 万台主机连接到巴西互联网,每台机器平均有 6 个用户,共计有 6 万个巴西互联网用户。

1995 年 5 月,为了加强对互联网的管理,巴西通信部和科技部宣布成立互联网指导委员会,由其负责制定巴西互联网使用和发展的战略规划,确定监管细则及程序,实行域名注册制、互联网通信协议地址分配制以及以"br"结尾的顶级域名管理制度等内容。[①] 此时,巴西互联网已在各州首府得到普及,网速达到了每秒 2mbp。这标志着巴西互联网的发展具备了初步的规则。

从 1998 年开始,像世界其他国家一样,互联网在巴西迅速发展。这主要是由于 1998 年巴西政府实施了新的私有化改革方案,对国有控股的 Telebras 电信公司进行拆分和重组,最终使之成为 12 家相互协作的分公司,分管不同的区域或业务。在此期间,电信运营商 Embratel 被美国 MCI 公司收购,巴西的主干网络进入快速扩张时期。

2005 年,巴西学术网络载体从电话线改为纯光纤连接,运行速度为数千兆位,网速获得了大幅提升。但在很长一段时间里,对于全国普通民众尤其是边远地区群众来说,巴西的网络端口仍然不足。

2008 年,巴西仍然有相当多家庭无法获得宽带服务。直到 2010 年,巴西政府启动了国家宽带计划(Programa Nacional de

---

① 杨治武,李涛柱. 巴西网络空间安全建设管窥. 中国信息安全,2016(7):80-83.

Banda Larga），提出尽快使巴西各个城市的宽带端口实现百分百覆盖，并将网络连接费用降低50%后，宽带普及率才开始显著提升，巴西50%的家庭都接入了互联网。

2016年，巴西启动了"互联学校"计划，该计划提供资金为8 000多所公立学校配备互联网接入和数字工具，政府还设立了"数字教育"计划，提供资源帮助教师和学生在课堂上使用数字技术。

2023年10月，巴西政府推出"连接巴西"计划（ConectaBr），旨在扩大移动网络境内覆盖范围、改善网络质量、减少地区不平等并促进社会经济发展。[①]

经过多年发展，目前巴西已经建成覆盖全国、较为完善的通信网络。截至2022年4月，由于巴西87.7%的人口居住在城市，仅有12.3%的人口居住在农村地区，巴西的网络覆盖也主要集中在城市，农村和偏远地区网络覆盖相对薄弱，全国尚有约350个城镇（占6.3%）、305万人（占1.4%）没有4G网络覆盖。

此外，不同地区之间的网络建设发展水平也差异较大。例如，在东南部经济中心圣保罗州，98%的城镇有4G网络，但是在东北部的皮奥伊州，只有72%的城镇有4G信号覆盖。目前，巴西的5G商用仍处于起步阶段。截至2022年4月，5G用户仅占0.9%，只有主要城市核心地带的少数地区可以接收

[①] 巴西政府推出"连接巴西"计划以扩大移动网络覆盖范围. 中国商务部网站，2023-10-29.

5G 信号。①

Ookla 发布的数据显示，截至 2023 年 10 月，在世界各国网速排行榜中，巴西移动互联网下载网速全球排名第 50 位；固定宽带下载网速全球排名第 30 位。这两项数据中国的排名分别为第 4 位和第 5 位，美国的排名分别为第 13 位和第 7 位。② 可以看出，虽然巴西互联网基础设施建设有了显著的进步，但与美国、中国等国家相比，巴西还有一定的发展空间。

王一凡是一名正在巴西南大河州联邦大学交换学习的研一学生，几年前本科时期，他也曾在圣保罗大学交换学习，对巴西与中国互联网近年来的发展状况均有切身体验。在谈到二者之间的差异时，他的感受如下：

> 在巴西网购（通过手机或者电脑）与国内的区别主要有以下几点：第一个区别是巴西的物流速度比国内慢了很多，除了亚马逊会员购的部分商品外，差不多都要一个星期左右的时间。第二个区别是退换货，在巴西可能需要本人去快递站邮寄。在直播带货方面，这种销售模式目前在巴西并没有那么普及，但据我所知，很多中国的互联网公司都在开拓这部分巴西市场。
>
> 在巴西用手机打车和叫外卖相对比较容易，但外

---

① 参见由中国商务部国际贸易经济合作研究院、中国驻巴西大使馆经济商务处、中国商务部对外投资和经济合作司所编的《对外投资合作国别（地区）指南·巴西（2022 年版）》第 73 页。

② "Internet Speed Rankings for Some of the World's Largest Cities," Speedtest Global Index, updated June 2024, https://www.speedtest.net/global-index.

卖配送费会更高（个别店铺会免配送费），时间均在半小时至一个小时。巴西这边网速还算可以，至少在我需要和国内联系（语音、视频，甚至线上翻译）时都不会受影响。在支付方式方面，我经常用 PIX，即时转账很方便。至于购物 app，我听说过希音，但对 Temu 不太了解，可能它在巴西的普及度比较有限。

综合来看，巴西当前互联网的发展水平仍处于从 PC 时代向移动互联网时代转型时期。在东南部沿海城市及各州首府等大城市，人们已经习惯于用手机购物、叫外卖、出门旅行，处理衣食住行等相关活动，习惯于用手机在社交媒体上浏览帖子消遣，但尚未形成直播带货潮流，多数网红都是通过传统模式比如在 Instergram 上发布图片或通过 Youtube 发布视频来推荐产品。与直播带货相比，这种方式将流量迅速化为购买力的转化率较为有限。巴西滞后的物流水平、复杂的寄件收件程序，或许都是影响直播带货在巴西推广开来的重要因素。

互联网的产业化

不管是从巴西网民的绝对数量、巴西人均使用智能手机时长、国民总体潜在购买力等客观条件来看，还是从巴西人的超前消费观念、万物分期付款习惯、低储蓄意识、及时行乐心态等主观条件来看，对于互联网企业而言，巴西都是一个不容忽视的市场，是一个让无数跨国公司垂涎欲滴的梦想之地。然而，要想在拉美这块最大的市场上分得一杯羹，首先必须对这个国家的互联网产业形态有足够多的了解。

当前，巴西网民数量已跃居全球第五位。Data Reportal的数据显示，截至2023年1月，巴西人口规模为2.158亿，互联网用户数达1.818亿，互联网渗透率（使用互联网的人数占总人口的比重）高达84.3%，互联网用户规模处于中国（10.5亿）、印度、美国、印度尼西亚之后，为拉丁美洲互联网用户最多的国家，且远超第二名墨西哥。

在发展潜力方面，巴西互联网用户增长潜力也较大。Statista公布的数据显示，2022—2023年，巴西互联网用户增加了710万，增长速度为4.1%，预计到2028年，巴西互联网用户将达到2.13亿。[1] 这些数据均反映了巴西庞大的网民规模群体和背后潜在的巨额购买力。

2022年，巴西智能手机用户达1.43亿，渗透率为66.6%，仅次于美国（81.6%）、日本、俄罗斯、中国、印度尼西亚，排名全球第六[2]；预计到2030年，该数字将达到74.8%[3]。

巴西不仅网民数量居世界前列，人均使用智能手机时长也排名靠前。数据显示，2023年，巴西人每天使用智能手机的

---

[1] "Number of Internet Users in Brazil from 2020 to 2029 (in millions)," Statista, 2024, https://www.statista.com/statistics/255208/number-of-internet-users-in-brazil/.

[2] "List of Countries by Smartphone Penetration," Wikipedia, https://en.wikipedia.org/wiki/List_of_countries_by_smartphone_penetration.

[3] "Brazil Market Insight -5925-7125 MHz: The 6 GHz Band," GSMA, https://www.gsma.com/spectrum/wp-content/uploads/2023/01/Brazil-Market-Insight-The-6-GHz-Band.pdf.

人均时长为 5 小时 25 分钟①，居全球第三，仅次于菲律宾人和泰国人，比世界人均时长多出 1 小时 42 分钟，高出平均水平 31.4%。在网民规模和人均上网时长上，巴西相较于其他国家都有着显著的优势。

电子商务

随着智能手机不断普及、在线支付快速发展、物流系统日渐完善，巴西作为拉丁美洲最大的经济体，自然也成了拉丁美洲最大的电子商务市场，是全球最具发展潜力的蓝海市场之一。近年来，巴西电商市场规模的爆发式增长，让无数电商平台和卖家看到了新的掘金良机。美国国际贸易管理局预估的数据显示，巴西电商规模将以 14.3% 的速度持续增长。尽管在疫情后全球经济下行的背景下，巴西电商规模增速有所放缓，但其庞大的市场规模仍然吸引了一众国际电商巨头将巴西市场作为必争之地。

那么，当前巴西有哪些电商巨头？本土企业与国际企业处于怎样的竞争关系之中？巴西电商发展面临哪些困境？未来存在哪些机遇？这些都是值得关注的问题。

总体来看，巴西电商平台呈现出"一超多强"的局面，美客多（Mercado Libre）这家来自阿根廷的公司稳居巴西各大网络零售平台的榜首，占据超三分之一的巴西电商市场份额。

---

① "Time Spent Using Smartphones（2024 Statistics），" Exploding Topics, https://explodingtopics.com/blog/smartphone-usage-stats.

Americanas、Magazine Luiza、维亚公司（Via Varejo）等一众强势的巴西本土电商公司实力不容小觑；虾皮（Shopee）、速卖通（Aliexpress）、亚马逊巴西（Amazon Brasil）等全球化电商平台也抢占了一定的市场份额。近两年，中国跨境电商平台希音成为巴西电商市场势头迅猛的后起之秀。海外版拼多多（Temu）占据北美市场并在全球多个主流国家大放异彩后，也将目光投向了巴西。2024年初，Temu正式开设巴西站点。

以下是巴西主要的电商平台：

美客多，成立于1999年，总部位于阿根廷布宜诺斯艾利斯，旨在为个人和企业的在线购买、销售、广告营销和支付提供创新性解决方案，始终致力于以简单、安全和高效的方式为多元化的商品和服务创造市场。作为拉美首屈一指的全品类平台，2022年美客多累计活跃用户数约为1.41亿，卖家数量达1100万，每秒访问量达533次，每日售出商品近200万件，是拉美第一、全球访问量第三的电子商务零售网站。2019年，美客多入驻中国，旨在更好地帮助中国卖家快速融入拉美市场并且快速实现品牌孵化。

Americanas，全称为Lojas Americanas。1929年成立于巴西里约热内卢的尼特罗伊市，系巴西大型本土零售连锁店，门店遍布巴西所有26个州和联邦区的765个城市，门店数量超过1700家；2006年与Submarino合作成立一家新的在线零售公司——B2W，布局线上销售业务，旗下现有Americanas.com、Submarino和Shoptime三家在线销售平台。Americanas的优势在于本地化运营、全品类购物体验,且具备明显的海外仓优势,热销产品为电子产品、手机及配件、服装、家具及美容产品等。

Magazine Luiza,简称 Magalu,巴西本土零售商。成立于 1957 年,最初是一家实体店,1992 年推出电子商务网站,目前是巴西最受欢迎的在线网站之一,产品种类涵盖电子产品、家用电器、美容商品及家居产品。该公司的优势在于为客户提供优质的购物体验,每月访客量超 1 亿。

维亚公司,巴西最大的电子和电器零售商之一。2010 年成立于巴西圣保罗,由 CasasBahia 和 Ponto 两家公司合并而成,同时经营线上和线下零售渠道,在巴西拥有超过 1 000 家门店,并通过其子公司 Nova Pontocom 经营在线零售业务。目前,Nova Pontocom 在巴西在线零售市场占有 18% 的市场份额。

虾皮,在线电子商务平台。2015 年成立于新加坡,同时经营实体店与物流业务,最大市场为马来西亚、印度尼西亚等东南亚国家,其主要特色在于强社交属性及在线购物保障服务。2019 年,虾皮进入巴西市场,2022 年超越美客多成为巴西月活跃用户数最高的购物应用程序,2023 年位列巴西安卓用户 app 下载量总榜第六,位列 Google Play 购物 app 排行榜第二(第一均为希音)。截至 2023 年 4 月,虾皮巴西站的本地卖家数量已经达到 300 万,其用户数也即将突破 3 000 万。

近年来,虾皮相继关停了法国、西班牙、印度、阿根廷、智利、墨西哥、波兰等多个国家的业务,并将业务重点聚焦于东南亚、中国台湾及巴西市场。其创始人李小冬(Forrest Li)

相信虾皮在巴西的业务将在长期内带来巨大价值。未来,虾皮计划加强在巴西的物流投资、建设更多配送中心,改善采购流程以缩短订单处理时间、优化客户购物体验,并布局电子支付及金融业务。

速卖通,中国面向海外买家的跨境电商平台。隶属于阿里巴巴集团,于 2010 年推出,目前业务覆盖全球 220 个国家和地区。热卖商品有家具装饰、厨房用品、花园工具等。自 2013 年起至今,速卖通已在巴西耕耘了 10 年,但直至 2021 年才将拉美市场置于战略级别,并在巴西组建了专门的工作团队。

亚马逊巴西,为亚马逊设在巴西的分公司。2012 年,美国亚马逊公司推出巴西站,目前是巴西最受欢迎的电商平台之一,提供超过 5 000 万种商品。2019 年,亚马逊在巴西推出 Prime 服务,自此巴西成为亚巴逊公司全球增长最快的市场。亚马逊巴西的注册用户已超过 3 500 万,每月访问量超过 1.5 亿。

希音,一家总部设在新加坡的中国在线快时尚零售商。它是近年来全球最知名的电子商务平台之一,主营平价女装、化妆品、鞋类、钱包和珠宝首饰,在广州番禺建立了自己的供应链体系,拥有 3 000 余家供应商。公司前身为 2008 年在南京成立的跨境婚纱电商 SheInside,2012 年改名为 Shein,从 2018 年起进军全球市场,业务已遍布欧美、中东等地区的 200 多个国家;2019 年总部搬至新加坡。该公司擅长利用 Facebook、Instagram、Pinterest 等社交平台进行网红推销,以及利用 TikTok 等社交媒体进行病毒式营销;其主要目标客户为消费能力较低的青少年群体。运用算法预估流行趋势动向，迅速生产小规模订单的产品，是希音成功的关键因素之一。巴西投资银行 BTG Pactual 报告显示，仅 2022 年，希音在巴西的销售额就高达 80 亿雷亚尔（约合 16.5 亿美元），与 2021 年相比增长高达 300％。2023 年，希音位列巴西安卓用户 app 下载量总榜及 Google Play 购物 app 排行榜第一，现已成为巴西最受欢迎的购物应用。为规避未来可能的政策变动风险，希音正在加速巴西市场的供应链本土化布局，并计划与巴西当地的 2 000 家服装制造商开展合作。

Temu，拼多多旗下的电商购物平台，也被称为"海外版拼多多"。2022 年 9 月在美国首先推出，并迅速席卷全球电商市场，覆盖欧美、大洋洲等地区的多个主流国家，成为 Appstore 和 Google Play 商店中下载次数最多的应用程序之一。Temu 主要以销售大幅折扣的廉价商品为特色，平台上的中国供应商可以直接向海外客户销售商品，发货目的地涵盖全球各国，无须借助中间分销商，从而可以保持低价优势以吸引消费者。

社交媒体

巴西人是世界上最热衷于使用社交媒体的人群之一，每天人均使用智能手机的时长为 5 小时 25 分钟，在全球排名第三。也就是说，除了睡觉，巴西人有将近三分之一的时间都用来刷手机。那么，巴西人喜欢用来"杀时间"的社交平台是哪些呢？哪个平台的用户人数最多呢？

从用户规模来看，据中国驻巴西大使馆经济商务处消息，

2022年，巴西人主要使用的社交平台如下：WhatsApp（1.65亿）、YouTube（1.38亿）、Instagram（1.22亿）、Facebook（1.16亿）、TikTok（7 350万）、Messenger（6 550万）、Kwai（6 000万）、LinkedIn（5 600万）、Pinterest（3 000万）、Twitter（1 900万）、Snapchat（760万）。

从app使用喜好上看，巴西人民更偏爱社交媒体和通信类应用程序。截至2023年12月，巴西智能手机用户每天使用时间最长的app是Instagram和WhatsApp[①]，其次是YouTube、Facebook、TikTok、Kwai（见图3-1）。

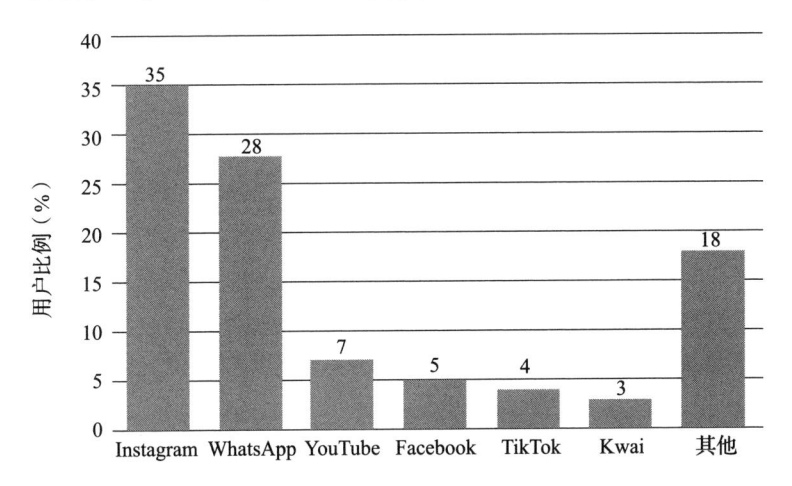

App	用户比例（%）
Instagram	35
WhatsApp	28
YouTube	7
Facebook	5
TikTok	4
Kwai	3
其他	18

电子商务平台上的广告是全球在线广告行业中增长最快的细分市场之一。2018—2022年期间，巴西的数字广告支出翻了一番，社交媒体上的广告支出几乎是搜索、视频和音频类广

---

① "Apps in Which Smartphone Users in Brazil Spend the Most Time Per Days as of December 2023," Statista, https://www.statista.com/statistics/1194847/apps-most-time-spent-smartphone-brazil/.

告支出总和的两倍①，但这一细分市场仍有增长空间。就2022年的数字广告支出来看，巴西位列全球十大数字广告市场之列，仅次于人口约为巴西四分之一的韩国。

同时，巴西互联网用户并不介意社交媒体上的广告，对广告持积极态度，并且认为数字广告对他们购买产品很有帮助。Z世代（20世纪90年代末至2000年代中期出生的人）年龄段中有一半的消费者表示，他们购买产品是因为网红或名人对它们进行了推销或代言。2023年的另一项研究显示，巴西四分之三的互联网用户发现数字广告在他们的购买过程中很有用。因此，在社交媒体上投放广告也是重要的带货渠道。基于巴西人民对广告和网红营销的积极态度，网红直播带货或许是巴西电商市场的下一个风口。

欣欣向荣的电商沃土

> PIX普惠金融的新方式，像一条鲶鱼，彻底改变了巴西信用卡支付体系的生态环境，打破了超前消费主义、高额信贷利率、金融消费者法律强力保护的三方角力的怪圈。

---

① "Digital Advertising in Brazil—Statistics & Facts," Statista, https://www.statista.com/topics/8646/digital-advertising-in-brazil/#topicOverview.

第三章 俯瞰巴西——产业与互联网

享受线上购物，开启良性循环

随着智能手机的不断普及、在线支付的快速发展、物流系统的日渐完善，巴西作为拉丁美洲最大的经济体，自然也成为该地区最大的电子商务市场，以及全球最具发展潜力的蓝海市场之一。

尤其是近年，巴西电商市场规模实现爆发式增长。巴西政府通过发放数字消费券对巴西民众进行补贴，数百万巴西人首次尝试线上购物，此后网购逐渐成为习惯。根据支付和商业市场情报（PCMI）的数据，现在电商已经渗透巴西成年人口的88%。2022年，巴西网上购物者总数达到1.089亿，约有2100万新消费者开始在网上购物，约有61%的人更倾向于使用移动终端购物。

从巴西电商市场的商品交易总额（GMV）来看，巴西电商规模处于持续稳定的增长状态中，并保持了相对乐观的增速。《巴西电商市场数据报告（2023）》公布的数据显示，2022年，巴西电商市场的GMV约为569亿美元，增速约为11%。预计2023—2027年的复合年增长率为9.34%，到2027年，巴西电商总规模预计将达813亿美元。

从巴西各大电商公司的GMV排名来看（含自有库存商品和第三方商品），美客多仍然牢牢占据巴西线上零售商的龙头位置，且远远超出其他线上零售商的交易规模。2022年，美客多在巴西市场的 GMV 达 160 亿美元，约占巴西电商市场总份额的 28%，占美客多全球 GMV 的 46.7%。也就是说，巴西是美客多全球业务的主要战场，是其主要业务收入来源。国际电商巨头入局巴西市场时，必然无法避免与"地头蛇"美客多进行一番厮杀。美客多深耕巴西市场多年，在巴西物流基础设施不完善的情况下，设法自建了其物流体系，并且能够提供货物当日送达服务。这对于其他受限于巴西低效物流的跨境电商公司来说，无疑是最难攻克的铜墙铁壁。

排名第二的线上零售商是亚马逊巴西，2022 年其巴西站 GMV 为 105.8 亿美元，但亚马逊的发展重心和主要收入来源仍是美国市场，目前巴西业务仅占其全球交易总额的 1.5%。排名第三和第四的都是巴西纯本土电商公司：Americanas 排名第三，GMV 为 79.3 亿美元；Magalu 位居第四，GMV 为 59.4 亿美元。排名第五的是亚洲电商巨头虾皮，2022 年在巴西市场的 GMV 已接近 53 亿美元，有望在不久的将来超过 Magalu。尽管目前巴西市场的 GMV 仅占虾皮全球 GMV 的 7.2%（目前虾皮的最大市场为印度尼西亚，占其全球 GMV 的 28%），但随着虾皮加入巴西合规递件计划①，未来将有望继续扩大其在巴西电商市场的交易规模。

---

① 巴西合规递件计划（Programa Remessa Conforme，PRC），巴西联邦税务局自 2023 年 8 月起施行的跨境电商税务合规计划。该计划规定，所有低于 50 美元的进口商品均需在免税基础上缴纳 17% 的商品和服务流通税（ICMS 税），而所有高于 50 美元的进口商品则不仅需要缴纳 17% 的 ICMS 税，还需额外缴纳 60% 的关税。巴西海关将优先处理参与该计划的跨境电商平台订单，提升清关效率。

值得注意的是，巴西电商市场当前的竞争重点已经不仅是巴西国内市场份额的竞争，还演变成了巴西/美洲本土公司与外来电商巨头的竞争。尽管美客多的地位一时难以撼动，但随着近两年虾皮、希音等公司利用社交媒体时代的营销策略及低价优势，在巴西市场接连攻城略地，虾皮等亚洲电商公司这类"外来者"极其迅猛的发展势头让美客多、Americanas等深耕巴西业务多年的本土零售商感受到了前所未有的压力。巴西合规递件计划正是在多家本土零售商对亚洲电商公司低价跨境商品无须缴纳关税的集体抗议下出台的。

在用户群像方面，可以说，抓住了熟龄群体的心，就等于抓住了巴西电商客户的核心。巴西是一个拥有丰富的青壮年劳动力资源的国家。根据Statista公布的数据，巴西人口平均年龄为33.5岁，18~65岁劳动年龄段人口占总人口的比例达72.6%，65岁以上人口的比例仅为9.88%，男性年龄中位数为35.8岁，女性年龄中位数为37.2岁，人口结构非常年轻化。因此，熟龄群体是开拓巴西市场的决定性因素。

在营销策略方面，社交媒体上的网红营销是关键。由于巴西网红文化盛行，巴西人对产品的了解主要通过社交媒体和搜索引擎，根据网红的推荐购买商品在巴西网民中十分普遍。美国国际贸易管理局的调查表明，67%的巴西购物者表示他们在Instagram上搜索产品，51%在YouTube上搜索产品，37%在Facebook上搜索产品，13%在TikTok上搜索产品。此外，41%的人表示他们购买过网红推荐的产品。因此，依托KOL

(Key Opinion Leader，关键意见领袖）等网红带货是打开巴西市场的有效做法。

在受欢迎的电商产品种类方面，相关调查显示，从销售额来看，巴西十种最受欢迎的电商产品分别是：化妆品和香水、家具装饰、食品饮料、健康产品、电器、服装首饰、运动休闲产品、婴儿用品、手机产品、软件。

如同我国的"双11""6·18"大促一样，利用节日进行大规模商品促销也是巴西商家的常用做法。每年2月的狂欢节大促、"9·9"超级购物节、黑色星期五、圣诞节等节点也是巴西商家重点发力的营销节点。在这些节日期间，巴西线上线下的商家都会推出大力度的折扣促销活动，以减少过季商品库存、为新产品腾出空间。

巴西"支付宝"的鲶鱼效应

过去的巴西是较为传统的国家，会用电汇汇票等填写表单进行转账交易。近年来，电子支付方式在巴西消费者中变得越来越普及。一是美客多、亚马逊巴西等巴西电商平台不断推广数字支付方式，带动在线支付快速发展。二是巴西政府有意通过官方渠道加速数字经济的发展。

非常有魄力且极具专业性代表的巴西央行吸纳了中国等国支付体系建设发展的成功经验，在2020年11月创立了一套类似于国内支付宝的体系——PIX。只要有居民身份证，不用银行卡,就可以注册账号,每个人就可以完成点对点的实时交易支付。

PIX 的建立过程较为顺利。巴西央行牵头,与 700 多家巴西的金融机构相关联,使得 PIX 的付款既简单又便捷,只需要通过手机银行或电子钱包扫描二维码就可以迅速完成。特别是在疫情期间政府发放补贴款时,在不少民众没有信用卡和银行卡的情况下,这套支付体系能非常方便地接收到政府的补贴。PIX 上线运营 46 天就完成了超过 1.77 亿次的交易,总流水高达 1 510 亿雷亚尔。在过去三四年间,这套支付体系的交易额在巴西支付体系中所占的比重越来越大,实现了突飞猛进的发展。2021 年 9 月,在不到一年的时间里巴西用户数量就达到了一个亿,约占巴西人口总数的 50%。目前的数据预估应该超过了 70%。

由巴西各大银行、电商平台运营开发的数字及移动支付平台种类繁多,如 PicPay、Ame Digital Brasil Ltda、Boleto Bancário 等,美客多推出的数字钱包 Mercado Pago 等支付方式也很受欢迎。巴西三分之二的智能手机用户使用至少一种数字支付方式,他们可以自由选择不同的电子支付方式。[①]

PIX 的出现在某种意义上完全改变了巴西传统的信用卡支付体系的生态环境。当一个国家的民众对经济大环境的可预期性、确定性持有谨慎态度,反复遭受输入型通胀折磨时,反而

---

① 参见由中国商务部国际贸易经济合作研究院、中国驻巴西大使馆经济商务处、中国商务部对外投资和经济合作司所编的《对外投资合作国别(地区)指南·巴西(2022 年版)》第 74 页。

有可能走向及时行乐的消费主义倾向。例如，巴西的很多公司要把月薪分成两次发放，因为员工在拿到工资时超前消费了，或者使用了信用卡分期或者需要及时还贷款。在信用卡时代，大家普遍会选择分期支付，这种消费观念是非常前卫的。

然而有趣的是，更前卫的还不仅仅是消费者，而是巴西消费者保护法对金融消费者的强势保护。举个例子，《巴西消费者保护法典》规定了被遗忘权。换句话说，在民众由于无法偿还信用卡贷款而被纳入"失信名单"之后，法律强制规定，在几年后的时间内要将他的名字等个人信息从名单中抹去。任何人、任何机构都不能通过公开渠道再去查询某个信用卡持有人曾经的失信行为。①

不过，严格保护金融消费者的法律也会产生一些负面影响。例如，一部分弱势群体可能会在没有钱的时候就干脆不还了，毕竟还有国家法律的被遗忘权托底。而另一个影响则是，银行会选择以高服务费、高批准门槛的方式为自己搭建"利润护城河"：一边更加严格筛选信用卡的获批人群，不让没有消费能力的人混进来；另一边选择设定非常高的信用卡利率，甚至年化利率有可能高达200%，同时银行选择配套非常高的交易费率，至少在2%以上。

---

① ［巴西］克劳蒂亚·利玛·玛奎丝，魏丹编著. 消费者保护法与社会经济发展：国家和国际层面. 赵懿先，译. 北京：法律出版社，2022：339-343.

物流难题怎么解?

> 巴西市场目前呈现出非常典型的电商市场超前发展、物流服务严重滞后的特征。
> ——拉美专线巨头安骏物流创始人方轲

在跨国公司眼里,巴西市场可以说是拉丁美洲地区最大的一片蓝海,值得注意的是,很少有人能独占这片吸人眼球的蓝海。一些公司野心勃勃地进入巴西市场,却常常铩羽而归。在巴西电商市场发展得如日中天之时,物流服务却制约着电商规模的持续增长与扩张。

跨境运往巴西的货物本来就存在海运时间长、空运价格高的问题,好不容易完成清关、缴税等环节后,在巴西国内运输及包裹投递环节也存在货品丢失、运输地址不精准等问题,尤其是在存在无数贫民窟的里约热内卢,货物要想安全准确地送达,"最后一公里"的配送难度相当大。

为何巴西物流发展滞后?

从地理情况来看,巴西地大物博,国土面积与中国相当,而人口却只有中国的 1/6 到 1/7 左右，且人口主要分布在海岸线周边，而整条海岸线的长度非常长。

对于如此大的国土面积及特殊的地理环境，巴西交通基础设施总量严重不足。一是巴西缺乏互联互通的全国铁路网。2021 年，巴西铁路运力居拉美首位，但相较于其他大国运输能力严重不足，铁路线路总长度远低于美国（25 万公里）、中国（15 万公里）、印度（6.5 万公里）。2021 年，巴西铁路货运量为 5.07 亿吨，铁路网总长度约为 30 374 公里[①]，但运输效能低，除零星旅游线路外，大多为运输铁矿石、农产品等的货运线路，铁路货运量仅占巴西货物运输量的 15%～20%。且巴西共有 4 种不同轨距的铁路，这也在一定程度上降低了铁路运输的效率。出于生态环境及原住民居住地保护、沿海山脉的复杂地形等因素考虑，在巴西兴建高铁也面临重重困难，涉及的征地、拆迁、环保等每一项都要克服来自各方面的阻力。二是公路路况不佳。从 20 世纪 60 年代起，巴西大力推行公路运输政策。2021 年，巴西共拥有 175 万公里的公路，公路承担着全国 56% 的货物运输量。但高速公路长度仅为 1 万公里，且绝大部分集中在圣保罗州。因部分公路长期缺乏有效维护，约有 30% 的公路路况严重恶化，尤其是在巴西北部和东北部地区。[②] 此外，公路运输存在明显缺点，即单位运量

---

① 参见由中国商务部国际贸易经济合作研究院、中国驻巴西大使馆经济商务处、中国商务部对外投资和经济合作司所编的《对外投资合作国别（地区）指南·巴西（2022 年版）》第 22 页。

② ［巴西商业指南］交通物流. 搜狐网，2021-01-05.

小、运输时间长,这对于电商行业来说是明显短板。三是航空运输成本较高。巴西航空客货运相对发达,主要城市均有机场,如圣保罗瓜鲁柳斯国际机场、巴西利亚机场、维拉科波斯国际机场、圣保罗孔戈尼亚斯机场、累西腓国际机场等。这些机场 2021 年分别运送乘客 2 360 万、1 030 万、975 万、943 万和 734 万人次。但巴西物流网站 ILOS 的研究结果显示,巴西的航空货运量仅占全国货运总量的 0.05%,主要是因为空运仅针对药品、汽车零件和易腐产品等特定物品,成本高且容量有限。

此外,物流中的人力成本也是大头。巴西法律保护劳工权益,且工会力量十分强大,但在人力成本高企的同时,并未带来劳动效率的提升。相比于中国,巴西快递链路在商品揽收、中转、运输、派送等各个环节的效率都较低,且人力成本较高,在规范化操作方面也较为欠缺。此外,巴西货物中转设备自动化程度低,需要更多员工进行操作分拣;严格的签收规则和复杂的签收流程也在一定程度上导致了派件效率低下。

疫情带来了转机

疫情暴发之前,巴西物流又贵又慢。举例来说,从中国运送一公斤的货物,从香港空运到巴西再送达用户家中,可能起送价格为 40~50 元人民币,稍微重一点的东西的运输成本要百八十元,在巴西落地后的物流成本一单大概为 4~5 美元。这是过去的常态。

这样的物流成本对电商运营的影响是极大的。从用户的角度来看，用户对运费非常敏感，在网上买东西，在没有见到商品之前就要出几十元的运费，会严重打击用户的积极性。从电商的角度来看，整个电商体系处于一个相对高昂的物流体系之下，卖家就只能选择做单价特别高的商品。例如一件商品四五百元钱，收取了三四十元的运费之后，再刨除平台20%左右的抽佣，商家是有得赚的。但如果商品的价值本身只有50元钱，减去抽佣和运费，生意就没法做了。

但疫情带来了转机。在疫情大流行期间，当线下店铺关闭、大家关在家里出不去门的时候，线上购物就成了唯一的选择，运费高、时效差，大家都忍了。特殊时期的忍耐换来了电商门槛的降低，同时吸引了更多的资本注入。很多私营快递公司的参与，在一定程度上打破或者说缓解了巴西邮政一家独大的局面。这就有助于巴西物流业进入良性循环。

以中国出海的极兔为例，该物流公司在巴西取得了良好的业绩。极兔在巴西开展业务的同时也带去了中国国内提升效率的流程和方法，同时加上先进的大型电商分拣设备，使得成本进一步降低。在电商端到端的物流费用中，其小包的物流费用已经降到2.5美元左右一单。以前电商可能要做四五十美元的生意才能赚到钱，而现在电商只需做15美元左右的生意就可以实现较好的收支平衡。

随着越来越多的货物在平台上售卖，也就进一步提升了整个电商的渗透率。随着渗透率的提高，电商单量密度变高。以前快递员在一栋楼内配送两三单,现在变成了在一栋楼内配送几十单、上百单,这就使得电商分担的成本进一步下降,时效性也进一步提升。

考虑到巴西地广人稀的特点、尚不发达的交通路网、复杂的税收体系、相对较低的人工效率、严格的劳工政策等因素,巴西不太可能达到中国一单物流成本两元人民币的水平。但随着越来越多的物流公司进入这一市场,充分的竞争有可能使物流成本在现有的基础上再下降50%~60%。

巴西政府"有所为"

众所周知,巴西制造业曾经非常发达,例如其支线飞机世界闻名。我国在改革开放之初也曾经引进巴西的外资和技术,学习制造支线飞机。但后来巴西制造业逐步萎缩。一方面,制造业需要大量的劳动者,而巴西非常保护弱势群体的劳工法使得开展制造业成本高、难度大。哪怕是中国人看起来非常有利于促进经济发展、促进就业的建大厂,也有可能因为工会的反对、员工频繁的罢工活动,最终不了了之。另一方面,巴西的汇率波动太过严重,使得很多制造业企业不敢冒险进行长期投资。类似的情况越来越多,拥有先进技术的大公司不敢办厂投资,从而使得一些贴近民生的制造业呈现出技术落后、手工作坊的特点。比如巴西有一些乡镇企业,有点像中国改革开放初期的样子,一个村子集中生产服装等,但样式稍微复杂一些的工艺就达不到。在这样的情况下，巴西的很多商品都依赖进口。

进口货物怎么来又成了巴西现有制度当中的另一个痛点。作为一个区域性大国，无论是政府还是民众，都有着非常强烈的希望保护本国制造业、降低对外部的依赖性的需求，因此设计了非常烦琐的政策规章，比如通过各种认证、检测要求，使得进出口货物提高了合规的时间和成本。这样一来，过去中国的商品需要依赖巴西当地的零售业进行分销。而巴西线下传统的零售业在层层分销的过程中使得商品的价格异常高昂。比如 500 元人民币左右买一个 iPhone 手机壳，300 元人民币左右买一双棉拖鞋，这些常见的本来物美价廉的家居生活用品到达终端的时候反而特别贵。这里既有每一层分销商要确保的自己的利润部分，也有招聘大量零售员工需要支付的人力成本。因此中国传统的出口货品并没有赚到特别多的钱，而巴西民众也没有享受到来自中国的物美价廉。加上贫富分化的差距，在高昂的物价面前，普通民众的购买力没有得到释放。

此外，恶性输入型通胀明显、西方资本大出大进、被美国强行安排了全球分工中原材料提供国的角色，加之汇率自由兑换，使得巴西在经济周期中时常被美国等国的大资本家收割，民怨沸腾、物价飞涨。因此，对于巴西历届政府来说，确保物价稳定、保证基本民生都是政权稳定的重中之重，张开双臂欢迎来自中国等国家琳琅满目的线上商品，有助于政府对稳经济、保民生的管控。

此时，电商平台模式绕开了层层经销商，只要对接好货物进出口部门,就可以极大地改善货物的流转过程。之前巴西的电商交易只占到社会零售总额的7%,而目前已经上升到了20%多的水平。巴西传统分销模式、零售业的冗余低效,是促进巴西民众与中国电商双向奔赴的另一重要因素。毕竟,以改善人民生活、增强民众福祉为最终目标的业态一定是受欢迎的。

为了进一步改善铁路状况和运输能力,促进电商发展,巴西政府允许私人企业参与招标修建和维护铁路。根据巴西国家陆路交通局的数据,2021年8月至2022年10月间,有42家企业提出了95项特许经营申请,其间签订了27份合作协议,私营资本总计达1 500亿雷亚尔(约合309亿美元),涉及铁路里程11 000公里,遍及15个州。[①] 2023年7月,连接巴西内陆和沿海交通运输的大动脉——巴西东西铁路项目正式开工,该铁路全长约1 500公里,货运量可达6 000万吨,建成后将极大地促进巴西东西部的交通及物流,助力巴西中西部采矿业、农业和其他行业发展。[②]

在巴西,得物流者得天下。当前,不少电商平台都采用合作、收购、大量投资配送中心、缩短货物交付时间、加强产品供应链等方式来获得竞争优势。2022年11月,亚马逊和巴西货运航空公司Azul Cargo决定开展电子商务合作,通过航空货运的形式,加快巴西北部电商货物的交付速度,同时增加包

[①] 巴西铁路运输能力不足. 中国商务部网站,2023-03-22.
[②] 中国企业参建的巴西东西铁路项目开工. 人民网,2023-07-04.

裹投递量。速卖通也将过去的货运方式从轮船换成了飞机,旨在将商品交付时间缩短至7天。希音计划与巴西当地的2 000家服装制造商合作,以完成供应链的本土化布局。菜鸟每周开设8班货运专机,将商品运往巴西,实现了全球72小时必达。美客多也准备扩大其货运机队规模,缩短北部和东北部等偏远地区的商品交付时间。随着电商平台的不断进入,以及巴西政府各种积极举措的不断实施,巴西物流也许不再是难题。

小故事 一个巴西网红的成名之路

在中国,一批具备鲜明个人特色的普通青年,因成为网红而改变命运、名利双收。同样,在巴西,无数像热南·法尔贡一样的草根人士,靠着个人特色吸引了大批粉丝,乘着互联网的东风,傲立于时代潮头。在互联网时代,人人都有被看见、被喜欢从而改变个人命运的机会。

法尔贡就是巴西的一个知名青年影视网红,擅长制作含有科幻、悬疑、动作元素的微短剧,短短两年内就在快手海外版Kwai、YouTube、TikTok等平台上吸引了近千万粉丝。

2020年,法尔贡因在其视频中创造的"硬汉超A男"角色而迅速走红。2021年,Kwai向法尔贡发出合作邀约,邀请其入驻快手。法尔贡成为首批入驻Tele快手的五个巴西人之一,并陆续制作发布了一系列微短剧,吸引了各个年龄段的粉丝受众,现已成为巴西最著名的网红之一。

法尔贡为何能迅速走红?背后有哪些故事?其微短剧有哪

些制作诀窍？互联网给他的生活带来了哪些改变？下面让我们走近法尔贡，探寻其从无名素人化身知名网红的成长之路。

热南·法尔贡的网红之路

我是热南·法尔贡，1997年1月出生于巴西圣保罗市附近的然迪拉镇①。在圣保罗，我总是被视为花花公子，因为我的父亲很有钱，又住着豪宅。但我从小是在父亲的打压下长大的，他总是羞辱我，想让我屈从于他的意志，按照他的喜好工作和生活。他认为我在外面赚得再多也比不上在他手底下干活。虽然待在父亲身边的话我就能像我的兄弟们一样获得一切，但我还是想过自己想过的生活。

初露销售天赋

我从小就梦想成为一名运动员，17岁时，我入读了一所武术学校。但我发现一名成功的运动员不仅要参加比赛，也要能够吸引赞助商和媒体。于是，我一边准备比赛，一边开始在Instagram上发布一些关于饮食和训练方面的帖子，并尝试寻找赞助商和品牌支持。

当时，为了赚钱，我在一家营养品店找了一份工作，开始销售营养品。我的业绩很不错，给店里带来了很多客户，让店铺的日销售额达到了7 000雷亚尔，店铺老板每天能够赚1 500

---

① 然迪拉（Jandira），巴西圣保罗州的一个市镇，位于圣保罗市西北部，系圣保罗州治安最差的十大地区之一。

雷亚尔。

那时候，我还很小，很天真，每个月的工资是 400 雷亚尔。我周六周日都工作，却没有获得应有的报酬。

后来，我遇到了我的女朋友 Taina，她比我大四岁，比我更成熟。她跟我说，那个家伙（店铺老板）在利用我，他答应给我一些分红，但从来没有真的给过，我为什么不自己卖东西呢！我在店里卖了这么多货，一定能成功的。

要我放弃一切、独自开干，我很害怕。但我的女朋友一直鼓励我，她从事香水行业，开始以成本价供货，让我在店铺里卖。我一直非常擅长沟通和销售，第一周我就卖出了很多香水。于是，店铺老板对我说："法尔贡，你可以在我店里开店，不过我要你销售额的八成。"我就答应了下来。

接触社交媒体

之前我一直想成为一名运动员，后来发现无法实现我的目标。我不再发布关于饮食和训练方面的帖子，因为我听说这不受欢迎。我必须有一些与众不同的地方，我需要创新，需要打破天花板，以吸引那些不做运动的观众。

于是，我决定转向喜剧，转向网红方向。我去了一个有名的网红之家。在那里，我看到了社交网红市场的巨大潜力，真正打开了思路。

网红之家是一座豪宅，里面有很多网红。在那里，我开始观察网红们如何录制视频，如何构建剧本框架，如何获得更多的播放量。在持续学习了 7 个月之后，我取得了很大的进步，但这惹恼了网红之家的人，他们把我赶了出来。

于是我开始制作一些搞怪或者情侣类的内容，但并不是很受欢迎，因为人们只想看我在豪宅里录制的视频。当我离开那里时，一切都分崩离析了，我的 Instagram 账号、YouTube 账号等等。我确实在 YouTube 上赚了不少钱，但在我离开后，一切都垮了。我需要创造一些新的东西。

我一直在说，上帝帮帮我，上帝帮帮我，给我一些创意吧。然后，我在毫无准备的情况下创造了一个名为"超 A 男"Macho Alfa①的角色，并录制了第一期视频。

第一个爆款视频

那是 2020 年，有一次，我开车载着女朋友出门，我突然想喝水，但又不想靠边停车，于是抓起了一个水瓶，按住瓶身，让水喷射进嘴里。然后 Taina 就开玩笑说，这些都是为了让我这样喝水。我就回答说，很硬汉、超 A 对吧！我发现这真的很有趣，我就重新演了一遍，做了一个视频，并把它发到了 TikTok 上，播放量达 1 500 万。我又把它发布到 YouTube 上，播放量达 700 万。这成了一个非常非常火爆的视频（这个视频的主人公被称为"超 A 男"Macho Alfa）。

---

① Macho Alfa，意为阿尔法男。Alfa 是欧美狼人小说中对头狼的代称，一般指极具野性和霸气、充满魅力的男性领头人，本意是希腊字母表中排名第一的字母，Macho Alfa 遂译为"超 A 男"。

为什么这类角色能够在巴西赢得这么多公众的关注呢？其实，这只是一个黄色笑话。"超 A 男"可以是一个真实的人，也可能只是一个带有性意味的玩笑。但大家对此有不同的看法，男人很喜欢这个视频，但同性恋者和女性很讨厌它，评论里就吵起来了。我当时也很讨厌这些争议，大家都在羞辱我。我一度想要放弃。

就在这时候，Kwai 给我打来了电话，说他们看到了这个"超 A 男"视频，想邀请我入驻快手。我就同意了，虽然我有些讨厌这个角色，但它确实带给我一些机会，于是我就开始在快手上做"超 A 男"相关视频。过了一段时间后，TeleKwai 给我打电话，告诉我我入选了巴西 TeleKwai 的前五名，固定月薪是 11 000 雷亚尔（约合 16 111 元人民币）。我这辈子从来没有见过这么多钱，我哭了。之后的第二个月，我也收到了钱。

转型——法尔贡影片

我在快手出名后，还制作过一些打斗视频。我是 MMA 格斗教练，我拍摄了一些自己和其他教练格斗的视频发布到网上。但我发现品牌方不会和我合作，因为我的视频内容太暴力了。虽然人们喜欢这种打斗视频，每条视频的播放量都能达到好几百万，但品牌方出于自身利益的考虑，不会与一个制作暴力视频的人合作。所以我宁愿冒着收入减少的风险来实现更大的目标。

互联网并非法外之地，互联网上没有完全的言论自由，你必须小心处理性别、种族、肤色等议题。我尊重黑人、尊重同性恋者，对我来说，每个人都是一样的。但如果我雇用一名黑人，人们就会说我雇用她只因为她是黑人。现在还有很多这样的封闭思维。所以我尽量不碰政治、宗教、种族、性取向等内容，因为这些内容都非常敏感。

YouTube上有很多成功的博主，他们制作的都是儿童相关内容，因为孩子们有更多时间看手机。巴西父母们想让孩子自己玩的时候，就会丢给他一部手机。所以我在制作视频时必须更加谨慎，必须考虑到可能会对儿童造成的影响。我会尝试制作一些吸烟有害健康、与他人分享食物、帮助他人这类有教育导向的视频。如果我有孩子，我也会让孩子们看我做的视频。

在我决定不做"超A男"视频后，我注册了一个名为"法尔贡影片"的账号，我在每一个短视频里扮演各种各样的角色，有时扮演好人，有时扮演坏人，但没有像"超A男"这样的固定角色。有的人从"超A男"视频开始就关注我，看我在快手做什么，但也有一些新的观众。互联网会根据观众的喜好推送不同类型的视频。法尔贡影片是快手巴西版上知名度最高的账号之一，我在快手平台上的广告收费很高，但我的目标是与可口可乐这样的大品牌合作。

拍视频的工作都是我自己完成的，比如写脚本、表演、拍摄、剪辑。现在我正在组建自己的拍摄团队，但很难找到合适的摄影师和剪辑师，因为我是一个完美主义者，我想追求百分百的完美。我是一个纯粹的工作狂，我不旅行，也不参加聚会，工作就是我的爱好。我的很多想法都源自我的梦，有灵感的时候就会赶紧记录下来，视频里有60%的内容是我经历过的事情。我也会从看过的电影中汲取灵感，但最重要的是，我总是喜欢创新。

我的表演、剪辑、写脚本等能力都是在实践中获得的。短视频制作方法不能完全遵循传统的理念和技术，它不像食谱那样有固定的步骤。音乐进入和消失的时间都会让人有不同的感受。比如悬疑的场景就要让人感到紧张，悲伤的场景就要让人哭泣，恐怖的场景就要让人感到害怕，我会通过种种方式达到相应效果，这就是我的视频得以成功的秘诀。

如今短视频的趋势是竖屏，横屏视频正日渐式微。现在的人们生活节奏很快，很匆忙，没人愿意看长达20分钟的横屏视频。我的视频一般持续两三分钟，但一个视频可能要一整天才能做好。然而快手想要我提高产量，所以我不得不缩短剧本，减少每个视频的时长，增加视频的数量，这样每月可以提供三四十个视频。这种做法导致我的视频质量下降，招致了一些批评。

后来，我就改变了策略。我开始制作微短剧，或者说是主题短视频系列。前不久，我以万圣节为主题做了十来条视频，每一条都有上百万的播放量，我认为这是快手最火的系列视频。在剧情设置方面我也有一些不同的做法，传统电视连续剧下一集会接着播放上一集结尾的内容,但我的主题短视频中每一条是独立的形式,有多个章节,你可以按照顺序观看,但每一集的开头都是以一种引人注目的方式展开,而不是像传统剧集那些无聊的开头一样。比如,第二集结束时我躺在床上,第三集我就会从篝火中开始。看过第三集的人不一定需要看第四集,因为他们已经理解了故事。但即使已经理解了故事,人们也会想看看第五集会发生什么,因为故事之间存在连续性,就像奈飞(Netflix)上的剧集一样。

Kwai给了我带货的选择,但我不太喜欢直接的推销方式。我一直很擅长推销,但我更喜欢将产品植入视频里。比如我想要推销一个美发产品,我会录制每天使用产品的过程,再展现使用一段时间后的效果,让人们看到它的实际使用效果,再告诉观众通过我给出的链接购买产品可以享受20%的折扣。虽然这种销售方式需要我花费更多时间和精力,但销量更高。

互联网改变了我的生活

两年前,我一无所有。刚开始做视频时起步很艰难,没有合适的录音地点,我不得不在父亲家里录音。但我父亲不喜欢我在不依赖他的情况下成长。当他看到我在做这些后非常生气,不让我在家里录音,把我从家里赶了出来,想以此打击我。因此,我不得不在外面租房住。

但互联网改变了我的生活。如今,我27岁,有了一辆很酷的车,买了房,有了自己的工作室,实现了我的梦想。我可以聘请演员，可以组建团队，可以帮助那些需要工作的人。我一直想获得更大的影响力，但我没想到这一切会来得这么快，我以为需要花更长的时间。有些公司可能需要 10 年、15 年才能达到我今天的月收入。我获得的这些成功治愈了我成长过程中的创伤。

快手上的很多观众都是穷人和年轻人。里约贫民窟和郊区的很多人都认识我，有一次我走在街上，一个两岁的孩子认出了我是"超 A 男"，想跟我合影，我很高兴地答应了。当然，一切都有其消极的一面。比如我要拍摄 5 个视频，但我写不出来脚本，压力就会很大。当我去购物时，也会选择在快要打烊的时候去，还会戴上帽子和眼镜稍微遮掩一下。

我如今所拥有的一切，都是我当年的梦想。未来，我会继续在社交平台上制作短剧和电影，与团队一起做一些更加专业的事情。

04

第四章

探秘巴西
——五条靠谱的生意经

对于中国企业来说，巴西不是"新手村"！

10年前，中国某制造业企业到巴西投资，寻找行业内的巴西合作伙伴。该合作伙伴自称作为韩国企业在巴西最大的代理商，非常熟悉东方文化，擅长帮助亚洲企业在巴西立足，开拓市场，发展业务。在这个合作伙伴的鼓吹和忽悠下，经其牵线搭桥，我国企业"接盘"了韩国驻巴西的企业。然而，该制造企业当年入驻巴西不久就发现市场开拓、业务运行并不像这个代理商所说的那么容易，也大有被坑了的感觉，于是乎急于脱手、止损。

在这个口若悬河、满嘴跑火车的巴西合作伙伴的忽悠下，我国企业贸然入坑，随后发现根本无法兑现与政府承诺的投资建厂规模，在已经适用了税收优惠政策的前提下，不得不吞下好几亿元罚金的恶果。其实，这个巴西合作伙伴信誉不佳，已经上了巴西失信系统的"黑名单"，不得已用自己儿子的名义注册了多家公司，以逃避司法追究。

在巴西做生意的营商环境是怎样的？巴西到底是满地黄金还是一地鸡毛？

第四章 探秘巴西——五条靠谱的生意经

巴西不是"新手村"！

> 巴西的法律体系如浩渺深海，各种规则如暗流涌动，法令细密，政出多门。对于企业来说，唯以合规作灯塔，重视法律风险，用法律保驾护航，才能行稳致远。
> ——华东政法大学国家安全研究院
> 海外利益保护中心主任赵懿先

营商环境暗流涌动、法律规则纷繁复杂

巴西为大陆法系国家，法律体系起源于罗马法，在被殖民统治时执行葡萄牙法律体系。巴西法律体系主要基于法典和联邦立法权力以及州、市立法机构颁布的立法。如国会负责颁布法典等，而各级政府均有不同权限的立法权，并在自己的权力范围内颁布规章。

巴西是实行三权分立的多党制国家，法院的判决需要正确适用现行法律。当没有具体的法律规定时，法院根据判例、类

推、习惯和一般法律原则等做出裁决。

与外国投资有关的主要法律包括《巴西外国资本法》《巴西外资管理法施行细则》《巴西劳工法》《巴西公司法》《巴西证券法》《巴西工业产权法》《巴西反垄断法》《巴西环境法》等。巴西法律制度已高度法典化，如颁布了《巴西民法典》《巴西商法典》《巴西民诉法典》《巴西刑法典》《巴西刑诉法典》等。这些法律不仅适用于监管外资企业，对本国公司同样适用。其规则林林总总、法令细密，企业在合规问题上必须如履薄冰，才能降低经营风险。

举例而言，巴西本国企业也严格遵守环境法的相关要求，例如巴西国家石油公司遵循的质量、健康、安全和环境标准（QHSE）管理体系已成为行业标准和国家标准。按照法律规定，巴西施工现场和办公营地的所有废弃物都必须严格分类存放和处理，废弃木料的堆放都有严格要求，必须整齐规范；爆破完的岩石必须运走不留现场。为保护野生动物通道畅通，施工作业带每隔一公里就要留下一个不焊接的连头，待完成通道两侧管道下沟回填后施工机组再折返连头施工。而仅这一项每个通道的成本就要增加几万元。同时要按月提交环境报告，并按程序要求拍摄照片提交政府进行监督。巴西政府对环境监管也绝不手软。2011 年 11 月，著名的雪佛龙公司在巴西海上钻井平台发生海底漏油事故，遭遇了巴西政府 106 亿美元的索赔要求。业主同时也会把 QHSE 执行情况作为是否续约的重要指标。此外,作业区居民同企业签订的社区协议、通行许可、听证等都能左右项目的推进情况。

此外,巴西不同党派、参议院与众议院议员对法律草案的不同意见以及立法、行政、司法在日常生活中的制衡、博弈都是中资企业在经营中需要仔细注意的部分。让中资企业无所适从的情况可能比比皆是:例如,竞争对手发动游说力量,促使部分议员启动修改法律、法规程序,制定有利于自身但能精准打击对方的精巧规则,是常见的情况;再如,竞争对手通过利用司法审查机制,将原本的商业竞争诉讼化;当员工的涨薪要求不被应允时,员工能够利用一系列法律机制来免费起诉雇主;存在在某一州合法合规,到另一州或在联邦层面就不合规等规则冲突。

华东政法大学国家安全研究院海外利益保护中心主任、金砖国家法律研究院巴西及葡语项目主任赵懿先副研究员在一次访谈中指出,巴西投资法律体系呈现了以下四个特点:(1)较少运用立法直接限制战略部门的外国投资,更可能的情况是加强监管机构对投资业务的监督,用较低效力层级的立法确保中国企业遵守当地法律;(2)经济保护行政委员会有权分析和阻止威胁公平竞争的并购,防止形成卡特尔,政府部门自由裁量权较大;(3)灵活运用国家安全条款来审时度势地"挑选投资者";(4)大多数措施的一个共同特点是,采用模糊的门槛和关键基础设施的宽泛定义,为以保障国家安全以外的理由,对跨国公司进行限制提供了空间。

这些都是中资企业在巴西运营中需要特别注意的地方。越是模糊的规则，越存在更大的不可预测性、不确定性，反而企业更要做好合规，避免出现"欢迎投资，但不保护投资者"的"关门打狗"之势。

巴西合作伙伴靠谱吗？

在巴西做生意，合作伙伴是一个"绕不开"的话题。这里的合作伙伴不是严格的法律定义，而是泛指，不仅包括通常意义的合伙人，还包括合资人或者巴西的股东以及公司相关的法定代表等。

我国很多"走出去"企业的运营以业务导向为主，但风险意识不强，在海外投资的初级阶段轻视合规和背调，吃了不少亏。而今，随着企业出海的不断发展，企业越来越成熟、谨慎，重视法律风险防控，不做拍脑袋的决定。

为何说对于走进巴西的中资企业来说，合作伙伴是个"绕不开"的话题呢？这是由于巴西法律规定，无论是在巴西设立的有限责任公司还是股份有限公司，所有外国配额持有人（法人实体或自然人）、非巴西居民的股东（法人实体或自然人）都必须设立一名在巴西实际居住的法定代表，这里的实际居住包括了拥有巴西国籍、永久居留权等情况。这名法定代表有权代表配额持有人或股东接受诉讼文书的签收、送达，有权管理其在巴西的资产,并代表其与税务机关交涉,等等。①

因此,在巴西,除非是个人、夫妻档做小本买卖、小作坊这种街头原生态模式,只要涉及正式的准入市场,设立海外公司,就必然要遵守《巴西公司法》的相关规定。工商登记、税号申请、银行开户、办理业务许可证等各个环节,除非股东或中方高管等"先遣部队"已经通过取得巴西永久居留权或者高管签证等方式,常驻巴西,因此可以直接到政府各相关部门亲自签署有关文件外,大部分企业都会选择授权委任巴西的法定代表办理公司成立和运营的前期工作。

所以很多中资公司采取同时授权两名法定代表的方式,当中方代表人等待获得巴西永久居留权签证时,由巴西当地居民执行法定代表的工作,也就是开头说的一种形式的合作伙伴,待中方人员获得签证后再取消巴西籍代表的法定代表资格。

除了法律强制性规定外,具体到每家公司的巴西法定代表的授权范围要依据授权委托书。授权委托书必须具体、准确地描述授权事项,不可泛泛地一句话带过。

你的公司,会签署"超级授权委托书"吗?

在实务中,巴西律师常常向中资企业提供格式化的授权委托书,这种格式化的授权委托书包括的授权事项远远超过了《巴西公司法》第119条规定的外国股东必须指派一名实际居住在本地的法定代表"接收诉讼文书送达"这

---

① 这名巴西的法定代表履行代表职责的范围的法律依据还包括了《巴西民法典》关于民事授权的一般规则和《巴西公司法》关于股东的法定权利。

一范围，而是扩张到了包含公司注册所有事项，甚至还有参与、处置、转移公司资产的权限。

巴西律师的逻辑是：既然是代表股东行使权利，那么就应当对应《巴西公司法》第109条规定的股东的全部法律权利，如参与、处置、转移公司资产等内容。否则，授权委托书包括的授权事项就不具备与股东代表身份相对应的"权力外观"，在设立公司、办税、银行开户等环节容易受到相关政府部门或机构的质疑或拒绝。

中资企业甲：

愿意接受这种"超级授权委托书"，一方面是考虑到差旅和派驻员工的成本太高，特别是巴西的国语是葡萄牙语，本身聘请小语种员工就比较难，国内既懂巴西法律又会葡语的人才更是凤毛麟角，如果公司设立之前，仅仅是意向阶段，就配备团队在巴西驻地工作，在成本上不划算；另一方面是认可了巴西律师的说法，在大时差跨越的背景下，如果授权范围过窄，无论是开国际会议还是往来邮件，若一事一议、一事一批，均太耗时费力，沟通成本高，会降低办理进度。再加上考虑到不少巴西律师是按小时计费的，来来回回写邮件也算法律服务时间，在成本上就更不划算了。

中资企业乙：

自己感觉反正也不懂巴西法律，还不是专业人士给啥签啥，干脆给个大范围授权，省得麻烦。再者就是觉得设立公司又不等于大规模投钱,能有什么损失。本质上来说,这些企业法律风险意识较为淡薄。

中资企业丙:

特别是很多国有企业,其法务部门大都给出了相反的意见,认为这种实务中的"超级授权委托书"范围广、风险大、后续隐患多,建议删除这些授权事项,并严格按照国内公司的合规和风险防控流程一步步进行。

擅长拉美和涉外业务的国内律师汪蕴青[①]则给出了另一个思路,建议对巴西实务中的"超级授权委托书"参考股权代持协议的方式进行约束,与巴西本地代表签署承诺赔偿函,规定巴西本地代表在违反实际股东意愿时需承担相应的赔偿责任,以确保对于超过授权范围或者未经授权人同意的违约行为造成的损失巴西本地代表能够被追责。[②]

律师给出的根据公司设立前、初步运营中、清算关闭阶段分别控制授权范围的建议是非常合理的。通过限定授权范围、约定赔偿责任、约束巴西代表的相关行为,以一系列法律安排预先防控风险是十分必要的。

[①] 汪蕴青,余本军. 中资企业在巴西设立子公司授权本地法代的必要性与风险性分析//杜涛,赵懿先. 金砖国家法律研究:第6卷. 北京:光明日报出版社,2024:111-117.

[②] 把巴西的本地代表类比为国内的公司名义股东,把他们的行为比照为我国法律实务中的股权代持行为的方式仍有待探讨。因为巴西公司法律制度中不存在名义股东的概念,没有区分法定所有权和实际控制权,也不允许持有不记名股票,因此不能完全照搬国内股权代持协议的方式。

网上流传较广的一个案例就很有代表性[①]:

> 某家电集团在国内为行业三强,在中企500强排行榜上位居前列。2011年该集团发现巴西工业基础薄弱,市场上不存在与集团产品有同类竞争优势的本土品牌,因此,该集团把进入巴西市场视为重要部署。
>
> 进军巴西市场,对于制造业企业来说有三种方式,(1)贸易,通过整件产品出口;(2)绿地投资,在巴西设立组装厂,出口产品零部件,并在当地完成组装;(3)并购,购买一家巴西目标公司,获得公司控制权,将自身技术优势与本地运营相结合。考虑到整件产品出口的税费成本,最后,该集团选择了绿地投资也即在当地建厂方式。
>
> 随后该集团选择了与巴西的Eduardo先生成为合作伙伴,主要是看重其广泛的政界人脉关系以及行业运营经验,并最终确定了各占50%的股份。起初2~3年,巴西合资公司取得了10%的市场份额,利润在6 000万美元左右,业务蒸蒸日上。然而到了2014年,工厂所在的土地被政府收回,工厂停产,生产线、办公楼均被查封,多个债权人向圣保罗法院提起破产保护,公司还面临着与100多个经销商之间的诉讼。合作伙伴Eduardo先生全身而退,而该集团不得不面对超过5亿美元的损失,还不算前期投资的血本无归。破产清算程序长达10年,在这期间

---

① 郑辉."一带一路"国别介绍——巴西.金杜律师事务所,2020-08-20.

该集团被迫花重金聘请律师和会计师来处理后续问题。

该集团踩坑的主要原因是漠视巴西法律，例如：（1）不聘请巴西律师，以至于公司章程撰写中混淆了监事会与董事会的角色。根据葡语版本，巴西合作伙伴大权独揽，而中方则以为对方的权限仅仅是董秘的角色，虽然另一份协议中约定了法定代表为该集团董事长一人，但巴西公司法中并无与中国公司法对应的法定代表概念，因此相关约定合同变成了废纸一张。（2）根据法律规定，所有董事会决议均需以葡萄牙语进行，并在公司注册登记部门进行注册方有法律效力，但巴西合作伙伴阳奉阴违，开会时表现出对中方的赞同，但事后根本没走注册流程。（3）轻信对方推荐的不入流的审计机构，误将巴西审计当成中国式年审走过场，于是巴西合作伙伴轻而易举地与外部审计机构勾结，将公司收益非法转移到海外。

从本质上而言，从巴西法律规范的完善程度和中巴两国涉外法律服务人才的专业程度来看，关于巴西代表授权委托书的法律风险是完全可以预判和掌控的。关键还是在于我国赴巴西投资企业的管理层需要提高风险防控意识，绷紧合规弦，在这个意识之下选择靠谱、专业的巴西律师团队，筛选、指派合适的、有信誉的法定代表，而不是随便靠熟人推荐贸然决定，就能防患于未然。

行业相关法律审时度势、常修常新

不熟悉巴西法律体系运作过程的人，会有一种错觉，感觉巴西的法律改革忽快忽慢：有时候，一项法律改革全国上下拉拉扯扯，10年、20年过去了还不一定能推出来；有时候又雷厉风行，一项法律规则说变就变。

其实，与巴西各重要行业相关的法律规则改革慢，是因为涉及面甚广，从利益相关者之间的博弈、谈判到最终社会各方达成共识是非常艰难的。立法草案从形成、修订到成为法律最终颁布，一轮轮下来，要经历漫长的过程。

然而，一旦巴西各方，甚至仅仅是民意，感觉受到了外部威胁，或是某些集团采用了行之有效的游说公关，那么，对外政策的调整，特别是针对某一具体情况的政策性规范，无论是修改还是新解释都能很快通过。

这是中资企业特别需要注意的特点，要未雨绸缪，不打无准备之战。

例如，中国与巴西在过去10年间，农业投资发展迅速。2010年重庆粮食集团（简称重粮集团）在随中国代表团参加在巴西举行的金砖国家领导人会议期间，宣布了重粮集团决定投资57.5亿元与巴西合作共建20万公顷优质大豆基地的计划，称首期将投入22.03亿元在巴伊亚州科伦蒂纳市(Correntina)建设10.8万公顷大豆基地,以解决我国对大豆等国内需求较高的农产品的稳定种植。然而,就在这一投资计划公布四个多月后,巴西引人瞩目地颁布了外资限购限租土地令,对其1971年10月7日通过的第5709号法令进行了重新解释。根据新的规定,外国人、外国企业或外资控股的巴西企业不得在巴西购买或租赁50莫都乐①(módulo)以上的土地,在一个城市所持有的土地不得超过该市面积的25%,同一国籍的外国人不得拥有超过所在市面积10%以上的土地。

时任巴西驻华使馆公使衔参赞的达蒂亚娜·罗西多(Tatiana Rosito)女士称:该法令此前酝酿已久,针对的是所有外来土地投资者,与重粮集团的投资计划并无关系,不过,当时重粮集团对此项目的高调宣发,确实引起了巴西不少民众的反感。②

直至博索纳罗时期,"中国买下了巴西"的言论仍不绝于耳。

上面的案例是中资企业在并购投资中遇到的。而下面江淮汽车在巴西建厂一波三折的案例,则是绿地投资的代表。

作为中国自主品牌车企在巴西市场的拓荒者,江淮汽

---

① 莫都乐,土地面积单位,因所处地理位置而异。1莫都乐最小为5公顷,最大为110公顷。

② 郭洁. 中国企业在拉美的农业投资:案例与评析. 中国国际战略评论,2016(00):136-149.

车 2009 年进入巴西市场，2011 年就以年销量 3.8 万辆的数字位列中国汽车品牌在巴西的销量冠军。奇瑞的年销量是 2.8 万辆。在 2011 年上半年，中国对巴西的汽车出口总量达到了 5.3 万辆，形成了井喷之势。

然而好景不长，2015 年江淮汽车在巴西市场的销量骤降到 5 024 辆，2016 年上半年缩减到 1 000 辆。（彼时，中国对巴西整车出口总量仅为 1 302 辆。）中国车企遭遇的不仅仅是巴西政治、经济上的巨变，更多的是遭遇了竞争对手在法律上的"精准阻击"。

2011 年在某些外国资本的游说下，巴西出台了一项进出口政策，将国产化率低于 65% 的进口汽车的工业产品税提高 30%，以期缩小其汽车进口规模。而豁免配额的计算依据是过去汽车进口数量。这样，称霸巴西市场多年的老牌外资进口车辆并不受影响，因其占有市场率常年走高，所以，只要按照过去规模继续进口就成了。而类似江淮、奇瑞等后起之秀，根据其算法，却享受不到豁免配额的优惠。新政策出台后，奇瑞汽车在巴西的月销量由 3 000 辆一度跌至 259 辆。

最初，江淮汽车有意在巴西巴伊亚州设厂，宣布总投资额达 6 亿美元，原定年产能 10 万辆，并于 2013 年投入生产。由于承诺将在巴西进行本土化生产，当地政府同意给予江淮汽车两年缓冲期，江淮汽车将继续享受免除工业产品税的优惠，汽车最高进口量可达 2 万辆。然而，江淮汽车在巴西的本土化合作建厂历程并不顺利。从 2014 年 4 月开始,由于合作伙伴 SHC 迟迟不能提供厂房,江淮汽车的设备投资无法继续跟进,建厂项目暂停。[①]

江淮汽车在绿地投资中对建厂困难预估不足,针对外国传统车企的游说集团又无应对之策,最终只得实行战略性收缩,抱憾前行。

随着越来越多的中资企业交学费,近年来,中国投资者投资谨慎度和整体专业性均大幅提升,在巴西选择目标公司或合资者方面有了长足进步。我们欣慰地发现,中资企业踩坑的少了,成熟度更高了,甄别合作伙伴的能力越来越强了。

上面两个案例代表了 10 年前中资企业走出去的困境,而下面的内容则反映了近期新生代、高科技、互联网企业是如何积极地拥抱变化,不畏巴西法律规则的深海暗流,迎风破浪的。中国在大数据、互联互通、人工智能等多个技术前沿处于领先地位,巴西十分希望能够借鉴、合作,促进本国互联网、智慧城市、电商平台等发展。虽然巴西互联网发展仍有很大的进步空间,但巴西有关行业、产业的监管立法已经颁布出台,不仅没有大幅落后,反而在规则制定上走在了世界前列。

例如,2018 年 8 月 14 日,巴西颁布了《一般数据保护法》(Lei Geral de Proteção de Dados),并于 2019 年 7 月修订

---

① 崔小粟. 江淮巴西建厂一波三折 折射中国车企"走出去"之困. 中国经营报,2016 - 08 - 20.

且正式命名为巴西《个人数据保护法》(No. 13853/2019, Lei Geral de Proteção de Dados Pessoais, LGPO)，该法在强制性数据泄露通知等方面比欧洲立法走得更远，并规定了多项原则，以确保个人数据，如姓名、健康状态、政治观点、性取向、IP地址等相关的任何内容得到保护。该法要求公司必须任命一名数据保护官（DPO），以确保公司符合法律标准。数据保护官必须与巴西国家数据保护局保持联系，同时确保公司合规地管理其用户数据。此外，该法规定未能满足法律要求的公司将被处以最高2%的年营业额的罚款。

2020年9月21日，在巴西《个人数据保护法》生效三天后，位于巴西利亚的联邦和地区检察官办公室基于该法针对位于米纳斯吉拉斯州的一家数据服务公司提起了第一起公益民事诉讼。根据起诉书，被告公司持有并出售了50万名圣保罗居民的个人数据，包括他们的姓名、电子邮件地址、电话号码和家庭住址。它将这些数据出售给其他经营实体用于营销目的。

联邦和地区检察官办公室诉称该公司存在非法处理个人数据的行为，这对数据主体的权利造成了损害，并寻求初步禁令，以迫使该公司在巴西法院审理此案之前不继续泄露其收集的个人数据。该禁令包括要求冻结用于出售信息的网站域名。需要强调的是，联邦和地区检察官办公室设立了一个专门负责数据隐私和人工智能的部门，作为第一个专门致力于保护巴西公民个人数据和隐私的机构。[1]

相应地，中资企业在这一前沿议题上的合规工作做得很到位。例如，巴西华为很早就颁布了多个白皮书，以及一系列《遵从性指导》，详细解释说明了已经在巴西开服的华为云是如何满足巴西《个人数据保护法》等法律和监管要求的。强调客户在使用华为云的过程中，拥有对其内容数据的全面控制权，可以决定内容数据存储的区域、决定其内容数据保护的策略等，并围绕着该法的数项基本原则，一一做出对应解释。同时，对政府云计算的安全要求提供了充分保障。[2]

法院判决路遥遥，仲裁利好要用到

据不完全统计，企业选择通过诉讼程序获得最终判决的平均时间长达6年，还不包括判决执行的时间。

一个国家能否迅速解决民商事纠纷，合同的执行及其效果，也是衡量市场经济能否充分蓬勃发展的重要因素。被中国企业家戏称的巴西营商环境几大"天坑"，除了税务、汇率、劳工纠纷之外，一定还有一个法律执行。法律成本，特别是纠

---

[1] 赵懿先，胡嘉芸. 巴西个人数据保护法//张继红. 个人数据保护法国别研究. 北京：北京大学出版社，2023；第八章.
[2] 华为云巴西LGPD遵从性说明. 华为云计算技术有限公司，2023-12-20.

纷解决成本，是企业在巴西经营中务必要计算在内的部分。

巴西司法系统十分完备，包括联邦最高法院（Supremo Tribunal Federal）、国家司法委员会（Conselho Nacional de Justiça）、高级法院（Superior Tribunalde Justiça）、联邦区域法院（Tribunais Regionais Federaise Juízes Federais）、劳动法院（Tribunais e Juízes do Trabalho）、选举法院（Tribunais e Juízes do Eleitorais）、军事法院（Tribunais e Juízes Militares）、州法院（Tribunais e Juízes dos Estados e do Distrito Federal e Territótios）等。

然而，巴西司法程序冗长，效率低下。2014年巴西全国共有7 000多万个案件在审，平均每位法官每年要审理4 000多个案件，这对于巴西司法工作人员来说，实在不堪重负。

据不完全统计，企业选择通过诉讼程序获得最终判决的平均时间长达6年，还不包括判决执行的时间。世界银行调查的巴西最重要的两大经济城市圣保罗、里约合同强制执行的时间稍好于全国水平，以不到2万美元为诉讼标的的商业纠纷，从起诉程序一审至判决执行（假设被诉方不上诉），需花费731天，强制执行成本占索赔额的20.7%，律师费用占12.6%，诉讼费和执行费占8.1%，因此计算下来，起诉方真正能够拿到手的只有58.6%。

从司法程序质量来看，首先，并非每个大城市都有专门审理商业案件的法院或法庭，但均设有小额索赔程序，许可各方进行自我陈述，允许起诉方申请财产保全，随机分配法官。

从审判案件管理的角度来看，以送达法律程序文书、提交答辩状、证据交换、一审、提交终审判决五个指标来衡量，巴西的很多地区都无法做到50％以上的时间遵从度。巴西法律也没有明确规定可以批准的最长延期审理的时间。

根据世界法治项目的调查，2022年，32％的巴西人报告说在过去两年中遇到了法律问题，主要是消费者保护问题和债务解决问题。在接受调查的有法律问题的巴西人中，只有不到30％的人获得了建议，有16％的人报告说很难或几乎不可能找到解决问题所需的资金。在巴西，超过52％的受访者在解决法律问题时至少经历了一次困难。最常提到的困难与健康有关——39％的受访者在处理法律纠纷过程中经历过与身体或压力有关的疾病。

近些年《巴西民诉法典》的改革，新的《巴西仲裁法》和新的《巴西调解法》的颁布，使得当事人有了更多元的可选纠纷解决机制。例如，2008年通过优化、更新民诉法程序，使得合同纠纷案件执行更为便捷；2013年一些大城市的地区法院引进了电子系统来处理民事纠纷立案，加快了审理节奏，有助于合同的强制执行；司法系统的多项改革均有志于提升巴西民商事纠纷解决的效率。

此外，巴西法院拥有专门的处理起诉事宜的电子平台，诉讼费用也可以通过电子方式支付。从公开性角度而言，各级商业案件判决，包括上诉案件与最高院审理的商事案件，都能通过官方公报、报纸或互联网形式向公众提供。巴西也有专门的诚信名单系统，被纳入黑名单的公司的票据、银行账户均无法正常使用，且该名单可在网上查询。

2015年后，巴西相继颁布了新的《巴西仲裁法》和新的《巴西调解法》，对于合同执行来说，为双方当事人提供了更多元化的纠纷解决机制。作为推进对外投资便利化进程的举措，为提高在巴西经营的能力和水平，中资企业可以选择诉讼之外的替代性纠纷解决机制。①

巴西全国有近亿个积压案件。如上所述，企业选择通过诉讼程序获得最终判决的平均时间长达6年。相较而言，巴西仲裁程序的默认规则是180天之内结案，体现了巨大的成本优势。

此外，巴西近年来一直试图将自身打造为仲裁友好的司法管辖区，无论是在仲裁程序方面还是在承认与执行仲裁裁决方面，整个司法系统均体现出对仲裁的大力支持，因此仲裁不失为一种新选择。

中资企业选择仲裁有哪些利好规则可利用？

1. 跟谁签？避免法院的地方保护主义

除了常规商事仲裁平等民事主体，自2015年7月起，巴西的政府部门或国企，例如电力公司、煤气公司、能源公司等均可以签署仲裁协议，成为仲裁当事人。

允许政府部门或国企签署仲裁协议意味着，我国企业

---

① 赵懿先，魏丹. 巴西仲裁立法改革：友好型仲裁机制的优化. 武大国际法评论，2016（1）：22-40.

在谈判时可选择的空间更大,为避免法院的地方保护主义倾向,可以协商仲裁地及适用法律,以获得更为有利的争端解决机制。

2. 选谁裁？更大自由度,可选中国人当仲裁员

在巴西,法律充分尊重当事人的意思自治,仲裁员的数量、任选方式均可由当事人自行协商决定。2015年法律修改以后,即使选用了机构仲裁的方式,也明确赋予当事人在仲裁机构提供的仲裁员名单之外任意选择的权利。

这一修改对中资企业更为有利。例如,以往巴西著名的仲裁机构,巴西-加拿大商会仲裁调解中心在其仲裁规则中规定,当事人只能在该中心提供的仲裁员名单内选择。若类似名单中缺乏熟悉中资企业情况的中国仲裁员,可能对我方企业不利。而今这一规定因与新法律冲突而无效。

巴西对仲裁员的专业资质没有要求,也不禁止外国人作为仲裁员。因此中资企业在仲裁时可以考虑选择中国专业人才作为仲裁员参与审理,以避免沟通不畅或地方保护主义产生的不利影响。此外,巴西替代性争端解决机构数量超过100多家,都适用任选规定,这使仲裁员选择的范围变得更广。

另外,在案件审理过程中,无论中外律师均可为当事人代理案件,没有必须由巴西籍律师出庭的要求。仲裁使用的语言也可以协商。

3. 在哪裁？降本增效、便利化

即便是外国仲裁机构做出的仲裁裁决，只要该裁决是在巴西境内做出的，就被视为在巴西国内仲裁，为终局裁决，不可上诉，可在巴西境内立即得到执行。

这对于中资企业赴巴西投资非常有意义，特别是中国投资者通过兼并收购的方式控股时，有可能通过收购葡萄牙、西班牙等其他国家的公司从而曲线打入巴西市场，此时由于公司背景的多元化，在产生纠纷时可以合理考虑选择国际商会等常设国际仲裁机构，也可以选择金砖国家争议解决中心等机构，选择在里约进行仲裁。

这种以巴西为仲裁地的仲裁安排，既可以满足我方企业对仲裁公正性的考量，又可以被视为巴西国内仲裁，免去了国外仲裁裁决承认的程序，直接获得司法机构的执行，从而降低了成本。特别是投资者在巴西有需要保护的资产时，选择在巴西仲裁也可以避免法院承认裁决书在时间上产生的拖延。

根据观察，自1996年《巴西仲裁法》颁布以来，巴西上层司法系统一直保持克制并审慎运用司法审查权，不仅公布了所有已审理的外国仲裁裁决承认与执行的案件，同时尽力避免产生对巴西公司的保护倾向，体现了专业、公正、透明、高效的原则。在这一利好背景下，中资企业可以考虑运用这一替代性纠纷解决机制，来确保自身权益最大化。

巴西经营中的"拦路虎"

> 巴西的大税法体系极其复杂,所消耗的人工和时间堪居世界之首。
> ——世界银行2020年《巴西营商环境报告》

税法合规门槛高

巴西的大税法体系极其复杂,所消耗的人工和时间堪居世界之首。联邦、州和市三级政府的税收自成体系,造成税种的重叠、税种过多且不合理的现象。由于税收与财政收入密切相关,涉及多个政府部门和诸多利益集团,因此在博弈过程中,税收相关政策变动概率较高。

在税务制度方面,巴西在全球200多个国家和地区中,几乎一致位居税务制度最复杂、税制友善度最低的国家,长期排在第181~184名。每年企业必须花在缴税上的时间成本为2038小时,也就是说,以每天8小时处理税务问题为例,一家企业平均要花费255天才能完成。十余年来巴西税制一直维持在时间成本为每年2 600小时的水平。而缴税所占利润的比重更是高达69%，鲜有下降的可能。

世界银行营商环境报告采用田野调查的方式，假设在当地开办中等规模的公司，这一公司设定的营业额为人均收入的1 050倍，毛利率为20%，约为人均收入的59.4倍。通过这一公司试验，并以此衡量巴西联邦、州和市三级政府强制征收的、适用于标准化企业且对财务报表产生影响的各种税项和派款。

根据世界银行的调查，在巴西，企业每年要花363小时来处理雇主支付的社会保障款事宜，这笔款项的法定税率是20%，占利润的22.56%。年应税利润超过240 000雷亚尔的企业，同时每年需要花至少486小时来处理企业所得税以及附加税事宜。更夸张的是，企业需要花费1 189小时才能完成增值税的申报工作，其法定税率为19%。总的来说，每家中等规模的企业，每年要花2 038小时来完成缴税工作，其税负占总利润的69%。

因此，在巴西进行实体经营的中国企业务必考虑好税负及人工成本，预估风险。在投资巴西时，无论如何要选择当地口碑甚佳的会计师事务所来打理税务问题，完成申报工作，否则各种行政处罚可能会使投资者不仅血本无归，而且面临巨额赔偿。

曙光在前：2024 年税改扬帆起航[①]

> 2024 年税改启动，巴西地方政府税收混战状态有望缓解；税法规则逐步统一；税种设定即将简化。在热带雨林般茂盛、杂乱、充满危险的税法丛林中探险的企业将迎来希望之光。
>
> ——巴西祎思（IEST）合伙人田宾

巴西作为一个联邦制国家，在现有框架下，26 个州加上一个联邦区都有各自的税法规则；与此同时，5 000 多个城市也都有自己本市的税法规则。三个层级各自稽查各自管辖的税收。2024 年的税改政策会尽可能地促进州政府和市政府在联邦的大框架之下进行税法规则的微调。

在现有政策下，税法规则繁杂冗长，联邦政府、州政府和市政府三个层级也经常会有利益上的冲突。巴西在税收方面经历了漫长的"税务战争"，或者说是地方性税收竞争。举例来说，各个州和市政府会出台一些税收减免优惠政策以给予企业不同的补贴，鼓励招商引资。然而，一个州所给的税收优惠，

[①] 本节感谢 IEST 创始人田宾，主要内容根据其 2024 年 2 月 29 日的讲座内容整理分享。

在其他州并不被认可。州与州之间政策相互"打架",从而导致了作为纳税人的企业两边遭殃。

例如,由于税金是交给目的地州的,因此生产地州的税收优惠的幅度会减小。如果是基于各州提出的现行优惠政策而选择厂址,优惠政策大多会在10年内减少。

因为根据2024年税改要求,10年后在哪个州建厂的整体税负都会差不多。比如选择马瑙斯免税区的企业就可能需要再考虑,虽然目前马瑙斯会保持现有规则,但吸引力则有可能下降。此时,需要考虑的核心问题应以消费市场在哪、客户在哪、物流成本、用工成本和招聘高级人才的便捷度为主。

虽然联邦政府曾经出台要求各州统一税收优惠政策的法律规定,禁止各州提出单独的优惠政策,但各州并不严格执行,还是各自为政。

另外,纳税人之所以非常被动,是因为按照现在的规则,一单交易极有可能同时涉及联邦税和州税。如果认定为联邦税,联邦政府当然很欢迎,但州政府会反对,认为纳税人计税错误,应该向地方政府多交税。由于在联邦体制之下,各州都有自己的管辖权,每一级政府都想多收税,纳税人夹在中间就很可怜,无论怎么做都没有办法达到合规要求。

此外,巴西的每种税都有不同的计税规则,无形中增加了合规的成本和难度。企业仅仅在"发票能不能抵税"这一事项上就需要花费大量精力和时间，而且会面临巨大的风险。

举例来说，以圣保罗州的流转税细则来看，关于税基减免和税率差异的条款就有好几百页，纳税人学习了好几百页的规则之后才能了解一个产品是否享受税收优惠这样一个小问题。这样的工作量，即便企业聘请了会计师事务所，也是巨大的。这才仅仅是圣保罗一个州。如果想使业务覆盖全巴西，那么就需要把巴西全境的相关规则都了解清楚。

对于任何企业来说，花在税务合规上的成本都是极为巨大的。有些企业即便聘请了会计师事务所，也会因为这个行业鱼龙混杂、水平高低不一而难以判断所购买的服务是否专业可靠。仍以车企为例，在巴西涉及整车的税是由非常多的不同州政府之间的规则决定的，有些州政府要求企业签订文件才能享受优惠，有些政府则不做要求。这些具体内容都需要查阅每个州的政府规则才能有所了解。

在税改前，巴西共有五种与收入相关的税，包括工业产品税（IPI，价外税，0～30%）、社会一体化税（PIS，价内税，3.65%）、社会保障金融贡献费（COFINS，价内税，9.25%）、流转税（ICMS，价内税，18%）和服务税（ISS）。目前没有针对无形资产的征税。与代缴 ICMS 相关的跨州交易的规则和流程极为复杂。税改后，上述五种间接税将统一为二部增值税，分别由联邦和地方两个级别的机构进行管理。从 2026 年起，联邦政府将开始征收商品和服务贡献费（CBS），州和市政府将开始征收商品和服务税（IBS）。

税改后税率会相对统一，计提规则将大幅简化，跨州交易将变得更为便捷，企业工作量也会大幅减少。此处以建筑行业为例。建造一套房子，在购买建材的过程中可以在 ISS 上设计抵扣，但每个市政府都有自己不同的看法，规则五花八门，非常复杂麻烦。

又如，消费品或与消费者相关的产品，在巴西现有的法律框架下，都需遵守代缴税政策。当进口商将商品卖给零售商时，税务局强调监管诸多零售商太麻烦了，要求在进口商环节就替零售商代缴税。如果商品在同一个州不同的市零售，相对还不复杂。一旦跨州，零售商认为某地销量不好，想转到其他州的时候，相关的税也得跟进调整，已经由进口商代缴的税就需要重新处理。一边是找本州退税，一边是向另一个州重新交税，重新计算下一次销售环节的税款。零售商表示想卖 a 价格或者 b 价格，州政府也许会不同意，觉得零售商改来改去损害了税收。

在跨州交易过程中，时常会发生一些州认为商品税款没交，就直接扣货、扣运输车辆的问题，销售人员为了避免麻烦，不影响客户利益，也不管对错，就无奈地把税先交了。例如，要把商品分别卖给圣保罗和里约，就需要在两地分别申请注册号，分别缴税，特别是有时候还必须在特定银行缴税，繁文缛节很多，企业运行十分麻烦。

而本质上，正是复杂的计税规则阻碍了现行的消费品流通,成为巨大的制度性障碍。如果这一套规则被取消,跨州的交易就会变得便捷,整个巴西的商品流通,包括物流运输服务等各个方面都会有巨大的简化。税改后,企业只需负责开票,政府间税金怎样分配、是否补贴、不同地区的发展基金安排都是政府内部工作,而不再是企业承担的问题了。

以电商为例,企业在税改后,不需要在 26 个州和联邦特区分别注册,也不用梳理所有的规则,卖一笔交一次税的情况会得到改善。税收制度的大幅优化,将有利于解决电商小微企业做不大的问题,因为以目前复杂的税收制度,做大就会死。当营业额超过一定数目后,简易计税法就不再适用,小微企业的相关优惠也无法享受了。在转税制的过程中,成长中的企业根本没有人力和物力去应对普通规模企业的交税规则。于是有的企业选择用拆分成多家企业的方式,把收入分开,但税务稽查时会强调只要是同一个品牌、同类产品,这样的避税策略就无效。

在诸多税率中,巴西的商品销售税率是非常高的,目前在 30% 和 60% 之间,与服务相关的税率在 8% 和 15% 之间。这意味着当企业卖一辆汽车的时候,如果销售金额是 10 万雷亚尔,其中大约 5 万雷亚尔是税负。

2024 年巴西税改的新框架还没有完全确定未来的税率,但有传闻认为将在 25% 和 28% 之间浮动,大概率是 27.5%。根据修宪条款的具体规定,每一个州和市级政府都可以在联邦立法机构给出的上、下限浮动范围内自行规定税率。虽然与世界上其他国家相比，这仍然是一个比较高的税率，但是从巴西自身的情况来看，已经是比较大的调整幅度了。

  本次税率改革的结果是价外税。换言之，如果商品的价格是100元，税率是25%的话，价外税的含义是税款等于100元乘以25%。而在改革之前，当产品价格在发票上显示的是100元时，意味着这100元已经包含了30元左右的税。在改革成价外税之后，对于贸易行业和制造业来说意味着未来税收会有比较大的降幅。

  税改后，税法规则也会实现大幅简化，大多数情况下企业都可以计提进项税，对于企业来说工作量会小很多。

  例如，对于教育、健康、医用设备和药物、公共交通、农产品、鱼类、农业、原材料、食物、卫生用品和艺术活动会有60%的税收减免。另外一小部分行业会获得完全的税收减免，比如，图书现在是完全免税，未来也还是会完全免税。

  一些特殊行业，例如金融、房地产、医疗、保险、燃油，会通过补充法来进行规定，对于低收入家庭可能会安排返现政策。一般来说这些规定会在不超过180天的期限内予以公布。

  此外，与税收联系紧密的就是金融业规则，金融业规则对整个巴西市场的影响是巨大的，金融业也是巴西经济的主要推动力之一。目前改革金融业的具体规则尚未公布，影响和涉及的范围仍有待评估。

  关于税改，巴西已经形成共识，特别是经济发展的情况已经不能匹配如此混乱的制度，再不改就乱套了。而之所以税改的呼声持续了20多年但迟迟没有效果，是因为各州政府存在利益分歧，要保障自己更多的利益。

例如，弱势州相对来讲人口比较少或者消费力比较差，在税改框架下，会遭受巨大损失，而怎么去弥补这个损失，是各级政府一直在扯皮的原因。因为未来税金的分配，是根据接下来几年各州政府收入进行的前期分配。为了确保未来多收钱，一些州就采取了现在上调税率的情况。

> 例如，里约州2023年的基本商品税率是20%，到2024年则调高到22%，成了全国最高的税率。另一个州则把香烟、武器、酒精饮料、智能手机、钓鱼用具等商品的税率提升了2%。

在各方博弈下，最后本次税改形成了50年的漫长调整期。从2026年开始，将会征收新的商品和服务税，自2029年起逐年递增10%的税金，以新税法计算，直到2033年完成。2029—2078年将会有50年时间用来调整出发地和目的地之间的税金。目前来看，巴西税改勾勒了一个大的方向，具体规则仍有待清晰解读。

总体来讲，税改的意义深远，对巴西经济有非常正面的提升作用。巴西之前的合规门槛很高，企业因为不了解税制而要交的学费很多，甚至有很多时候由于政府各有坚持的立场，在丛林般的税法规则下企业无论怎么做都是错误的。税改后，市场的确定性、可预期性大幅增加，税务战争会大幅减少，不会再有多如牛毛的税收政策，对于企业来说安全风险会大幅降低。

强大的劳动者保护机制

2024年巴西最低工资标准提升到每月1 412雷亚尔，以目前的数据来看，大致可以购买34公斤牛肉或70公斤鸡肉或30公斤奶酪或236公斤大米。

以目前数据来看，一个月公交通勤月票大概为220雷亚尔；一个85平方米的公寓的水、电、供暖、垃圾处理等月花费为375雷亚尔左右；手机包月10GB数据和通话大概为94雷亚尔；60Mbps或以上速度的月网费大致为104雷亚尔；Levis 501或类似款式的1条牛仔裤大致为259雷亚尔；Zara或H&M的一件连衣裙大致为233雷亚尔；1双男士商务皮鞋大致为323雷亚尔；幼儿园学费每月每人大约为1 517雷亚尔；非市中心的三居室租金大致为2 347雷亚尔；市中心购买商品房的价格大致为8 779雷亚尔/平方米。

根据近几年的数据，在巴西，单人月生活平均花费在包含房租的情况下大致为4 318雷亚尔，而无须支付房租的一家四口的月花费大约为10 208雷亚尔。

——2024年巴西生活成本指数Expatistan网站数据

如果认真研读巴西《联邦宪法》(1988年),会发现巴西是一个非常强调人本主义、扶弱济贫、重视保护弱势群体利益的国家,会把类似的、详细规定人的权利的相关原则,纳入宪法条款,作为这一国家根本大法的组成部分。例如《联邦宪法》第5条、第170条确立了国家促进消费者保护的义务,并将其列入公民基本权利进行保障。

既然对消费者权益保护都提升到这样的高度,就不难理解,更重要的劳动者权益保障将在这个国家,至少是制度文本层面有多么强的重要性了。

灵活散漫的性格和包容的文化软氛围加上强大的、硬性的劳工制度支持,如同坚实的两翼,这无疑大幅增加了正式制度下企业的合规运营、人力资源管理的成本。

到岗难:请继续人性化、灵活化吧

在疫情全球大流行后,巴西不少企业也曾采取人性化的、灵活上班的方式,允许员工居家办公。然而,在拉美乃至世界范围内较早放开疫情管控的巴西,在宣布疫情大流行结束后,员工返岗的积极性与中国国内大相径庭。

不同于我国国内弥漫着一种鼓足劲头、齐心协力追赶失去的时光、迅速提升产能、拉动经济增长的热烈氛围,巴西员工的心态和节奏都是慢悠悠的,员工有各种各样的理由不愿意回到办公室工作,而代表员工利益的委员会则坚定地站到了员工一边。尽管工资如数按期发放，但员工返岗率不高。

"好的，请等待一下，我们委员会需要组织员工讨论这一议题。这个问题不能直接答复，请等待员工自己组织的讨论，后续会拿出整体意见。"

一个月过去了，委员会答复："请给员工一些过渡和适应的时间，公司是不是可以考虑逐步返岗方案？五个工作日中有一天到岗怎么样？有没有觉得马上返岗对员工来说变化挺大的？"

"啊？很难接受是吗？好的，我们再启动讨论吧！"

又两三个月过去了。"讨论结果怎么样？""嗯，我们认真研究了公司提供的疫情防护措施和资方需要返岗的迫切需求，表示理解。经过不懈努力和认真讨论，不如我们改成五天中到岗两天如何？"

这种讨论效率和让步强度让部分中国公司非常惊诧并难以适应。

为什么居家办公返岗难成了巴西一些企业的普遍现象？这与2022年9月巴西对《统一劳动法》的修订补充有关。该法定义了何为远程工作或远程办公，并有一系列具体规定。① 根据该法，受远程工作或远程办公制度约束的雇员可"按工作日

---

① 根据该法，远程工作或远程办公是指通过使用信息和通信技术，在雇主办公场所之外提供其性质而言不构成外部工作的服务。而远程办公与电话推销员的工作性质有所区别。雇员即使是定期到雇主处所开展需要雇员到场的特定活动，也不影响远程工作或远程办公制度。允许实习生和学徒采用远程工作或远程办公方法。

或按产出或任务"提供服务。除非个人协议或集体谈判协议中有规定，否则在雇员正常工作日之外使用技术设备、必要的基础设施、软件、数字工具或互联网应用程序进行远程工作的时间不构成待岗或待命时间。[1]

新修订的法律还适用于选择在本国领土外进行远程工作的巴西入境雇员的雇佣合同。[2] 在确保法定休息时间的前提下，个人协议可规定雇员与雇主之间的沟通时间和方式。

如果雇员选择在合同规定的地点之外进行远程工作或远程办公，除非双方另有规定，否则雇主不负责因雇员返回现场工作而产生的费用。此外，修订后的法律规定，雇主在为可通过远程工作或远程办公开展的活动分配空缺时，必须优先考虑残疾雇员和有子女或受司法监护的四岁以下子女的雇员。

巴西对劳工的全面保护及很高的保护力度举世闻名，特别是选举体制使得左派政党执政时更加倾向于保护工人利益，做出并兑现更多竞选承诺，获得更广泛的支持。当执政党或国家元首出现轮替、国内政治经济形势不稳时，政府都更倾向于借助对工人更为友好的劳动保护政策寻求支持。

以劳动者保护机制为例，巴西曾在 2013 年延长了解除冗余雇员的通知期。而在 2017 年则扩大了享受失业救济金保障的对象，具备连续一年工作经验的员工即可申请。

---

[1] 关于劳动法中的待岗、待命有专门的规则予以说明。
[2] 但 1982 年 12 月 6 日第 7064 号法律所载规定除外，该法律规定了受雇或被调往国外提供服务的工人的情况，除非双方另有约定。

涨薪是惯例

巴西工会组织力量强大，政治地位高，社会地位高。工会既包括雇主工会也包括劳动者工会，总计2.5万个。工会组织成立后可获取工会税，每个工会成员缴纳的工会税相当于劳工一天的工资，2006年工会税达10.73亿美元。几乎每个行业都有行业协会与工会，既有联邦层面的，也有本州本市层面的。工会对公司有很大的影响力和约束力，不少行业工会会定期（通常是每年上半年）向本行业公司提出工资上涨幅度、最低标准工资、福利待遇等内容。

……基于XXX的经济发展状况，建议贵公司在XXX时间给员工增加薪水。通过我们对通货膨胀的评估、对CPI的考量，我们建议全员涨薪的浮动比例为$X\%$，以增进员工的获得感、工作积极性。

…………

——某地行业工会定期向公司发送的模板邮件

相信很多公司都收到过类似邮件，虽然这不是法律的强制性规定，但几乎成了惯例。而公司是否盈利，并不在涨薪的考虑因素之内。如果不涨呢？也许行业工会会选择支持离职的员工向公司提起诉讼，不仅诉讼相关费用全免，还有海量的劳工律师提供全方位服务。

这一制度环境极大地激发了员工起诉公司的积极性。而根据访谈调查，在司法系统实践中，判公司胜诉的比例极小，即便公司做好了相应合规，基于保护弱势群体的国家理念，法官依然会较多地支持员工个体。

此外，巴西实行的社会养老保险的高福利政策，推动政府连年提高最低工资标准。如前所述，2024年巴西最低工资标准提升到每月1 412雷亚尔。

随着物价的上升，最低工资标准的提升和工会不断提出工资上涨要求是明确可预测的。因此，企业需提前做好这部分成本开支的预算，以避免更大的损失。同时，这一法定最低工资并不当然适用于各州，即法律允许不同行业制定更高的最低工资标准。例如过往里约的最低工资标准为每月1 001雷亚尔，高出全国最低工资线近30%。

工会本身也可以代表成员谈判本行业的最低工资标准。法律也明确规定了工资支付方式：（1）按月支付，不得晚于5个工作日；（2）应以雷亚尔支付，外币支付视为未发放工资；（3）工资支付必须发放工资条并由雇员签名，经员工同意则可以以银行账户的形式发放。

另外，巴西为了保护本国居民就业，工会、劳工部和移民局均有极为严格的法律规定，尽量禁止外来劳工的进入。因此，中资企业无法使用在非洲等地的投资模式，自带大量中国海外劳工生产经营，而必须聘用巴西人。所以中资企业应尽量做好前期工作，特别是属地化经营、员工培训尤其是高管培训等内容，以适应当地的管理要求。

  例如，巴西劳动法曾规定：雇用的巴西籍员工至少要达到三分之二比例；薪资总额中的至少三分之二要发给巴西籍员工；如果巴西籍员工与外籍员工受聘于同一或类似工作，巴西籍员工的工资不得低于外籍员工；如果巴西籍员工与外籍员工受聘于同一或类似工作，解雇时应先解雇外籍员工。①

从解雇成本来看，世界银行营商环境报告显示：在巴西，如果工作满 1 年的工人被解雇，解雇通知期的成本约为 1 个月月薪；满 5 年的成本约为 1.5 个月月薪；满 10 年的成本约为 2 个月月薪；解雇费用本身平均为 2.1 个月月薪。非因员工本人原因解雇需多给社保金和工龄保障金的 40% 作为赔偿。

并且员工获解职通知后 30 天内，每天可只上半天班，另外半天用于外出找工作。工会领导成员、企业安全委员会成员在任期内不得被解雇。企业安全委员会成员由全体职工选举产生，允许连选连任。

如果是员工主动辞职，则企业必须支付其工资余额、休假工资、各种补贴。工作合同终止的，如员工连续工作满 1 年，则需到工会办理备案登记手续，辞退员工应提前通知工会。

根据我国企业在巴西的实践评估，解雇员工平均需花费 N+3 的补偿。例如，过了 3 个月，就得支付员工半年多的钱作为补偿，在成本上十分划不来。但这些费用只是法律规定的

---

① 如需参考，仍需查阅最新规定。

非常小的一部分，实际操作中会有更高的成本和更为复杂的情况。特别是考虑到巴西工会强大的谈判能力、民众对外资的抵触情绪以及巴西本身盛行的积极国家主义政策，我国企业稍有不慎就会陷于非常被动的局面。

2008年我国某工程公司作为总包商的巴西管道施工现场遭遇工会组织分包商雇用的员工罢工，现场工作全部停止。对方提出增加食品补贴、年底分红增加至14个月月薪、给外地员工增加10天休假、全体员工发薪水当天放假一天等要求。最后以分包商同意工会全部要求才结束罢工。

2009年，巴西一州工会要求分包商增加30%危险区域补贴，未获分包商采纳。该工会遂以701名工人的名义提起了701个劳动诉讼，被告包括了分包商、总包商和总包合同管理人三方。

同年，另一巴西子公司接到工会通知，要求提高电工、加油工以及营地医生的工资，该公司未予重视，结果遭受当地劳动执法部门罚款。罚款后该公司才请专业机构评估以上岗位的危险程度并做出评估报告，而后提高了岗位工资才解除了危机。

在巴西，务必积极应对劳动纠纷，认真了解工会提出的诉求，引发罢工时应核实工会是否符合罢工发起程序、召开罢工会议的程序和人数是否符合法律强制性规定，提前做好危险岗位的评估工作，对雇佣、解除劳动合同、增加薪资的法律要吃透，仔细研究工会协议和政策。

另外，鉴于巴西严格的社会保障和福利制度，除法律规定的养老金、医疗补助、生育津贴、意外险等外，许多本地公司还会参加私营医疗、牙医和住院保险计划等，这也是需要提前计算的人力成本。如上所述，社会保障金总额为总薪酬的20%，还有强制参加的工伤赔偿计划，费率为1‰～3%。巴西工人在工龄达到25～30年时即可享受退休金，退休金占雇主的缴费比例则另有算法。

拒绝PUA，尊重地方性知识

> 模棱两可，就是巴西文化中最重要的特征之一。
> ——巴西企业管理学院教授费尔南多，
> 美国得克萨斯大学泰勒分校教授米格尔

动荡中的个体：选择看得见的

混乱不是巴西特色，更不是巴西底色，而是任何一个国家在经济发展过程中大概率会经历的社会阵痛或者社会变迁的规律性特点。社会浪潮中的巴西民众首先选择看得见、摸得着、稳稳当当到手的实惠。

改革开放后中国在经历了数十年高速发展后，国内民众和企业普遍相信"努力就会有收获"，相信知识改变命运，强调中国速度，践行中国效率，在大局观下纪律性好、服从性高，只要对未来抱有希望，多数人能够认可高强度、快节奏的工作。

然而这样的中国模式，在巴西大概率会遭遇水土不服。巴西人性格中的灵活、包容、平和、随意不仅仅是由地理环境决定的，想深入理解巴西人的处事风格，还要看到社会结构、发展层面的深层次原因。

自媒体人"花总丢了金箍棒"的团队在 2023 年 11 月发布了其制作的中国企业出海的纪录片《深海》，第三集聚焦巴西。他们看到的圣保罗，一边是贫民窟，人员混杂、危险肆虐，一边是世界上拥有最多直升机停机坪的超时尚街区。摄影团队的日常出行、办事，都需要带着保镖，而警察局旁边就是毒品街，形成了一种魔幻的场景。而充当中国拍摄者私人保镖的是周末和休假时出来兼职赚外快的军警。其团队不禁感慨，巴西经济发展参差不齐，政策法规异常复杂，社会环境更是混乱而离奇。

事实上，巴西贫富差距较大，全国高等教育覆盖面不大，会说英语本身就很难得，高精尖的专业技术人才更是难觅。卢拉总统第三次上台时，仍以解决全国饥饿问题为己任，让广大巴西民众能确保一日吃到三餐，获取一定量的优质蛋白。在全球经济下滑、增速缓慢甚至停滞的背景下，阶层固化问题更加凸显。很难想象当一部分民众还在面临饥饿问题时，他们有动力有能力突破重围，通过知识改变命运这条道路实现阶层跃升，也许还不如踢足球、当足球明星看起来更有希望。

政府工作人员利用周末和休假时间跑出来挣点外快这种现象在中国改革开放初期也屡见不鲜。这种周末接私活，自力更生、自谋出路的场景是不是也很眼熟？这并不能说明巴西的魔幻、矛盾甚至是政府体系的腐败。

任何一个国家的民众都有朴素的追求美好生活的愿望。如果我们把目光拉回到中国改革开放之初，再与当下的巴西社会状况进行横向比较，就会更容易理解哪些是发展的必由之路，或者说是经济蓬勃发展过程中必须付出的一定的社会治理成本，这本身就是有规律的。

巴西普遍面临如下困境：社会阶层上升渠道狭窄；对外经济以大宗商品为主体，很容易受全球大环境影响；由于在地缘上处于美国的"后花园"，因此汇率波动频发，被美国以金融方式洗劫财富的频率高、影响大；重要的实体经济均被欧洲、美国的大资本控制，针扎不进、水泼不进；作为单个人的个体，有生之年经历了多次经济危机以及货币贬值、汇率过山车的刺激。试问在如此情形下，一个普通的巴西人又能看到多少未来？又需要多少资源才能支撑他和家庭渡过难关，走向这个美好的未来？

巴西被看作是拉美最大的市场，全国 2 亿多人口，大多奉行享乐主义的消费习惯。很多公司必须实行半月薪制，需要把一个月的薪水分成两次发给员工，这样员工才能及时偿还高额的信用卡账单。有的员工在拿到工资的当天，就高高兴兴地跑到街区最高档的餐厅大吃一顿。不攒钱的背后，也许是货币不具有稳定性、时常贬值下的明智选择。

在对可预期性、确定性普遍悲观的情绪下，如果企业人力资源的负责人与巴西员工谈薪酬结构，比如将工资方案拆解为基础工资加上灵活绩效的方式，补充一个浮动部分，即便是业绩最优秀的那一批员工，大概率也会拒绝这种"高风险"的工资构成，宁可少拿，绝不担惊受怕。

可见，当激励性薪酬都未能打动巴西员工时，再对员工进行 PUA，一定会遭遇惨烈的失败，甚至是法律的制裁。

例如，在巴西推行加班文化，是严重违反劳动法的强制性规定的。甚至要求员工在下班之后在手机上随时待命，能够按照中国时差开会、及时回应领导的要求等，对于巴西人来说也是不可思议的，同样具有潜在的合规风险。

按照巴西人不直接冲突的性格,他们也许既不反驳也不反对,但背后可能会怨声载道。如果再进行"Push",也许员工会转头就向工会投诉,甚至直接提起诉讼。

尊重"模棱两可"的地方性知识

模棱两可,是文化熔炉和民族特性的表现;小方法、灵活、实用主义也是巴西人弥合"纸面上的法律"与"行动中的法律"沟壑的折中途径。但这不是中资跨国公司的合规要求。

同样,还应尊重地方性知识和文化。

巴西是一个移民国家,也被很多人称为"种族大熔炉",因此无论是在文化还是历史上都与欧美紧密相连。从文化角度观察,巴西一直深受欧洲文化的影响,与欧洲大陆保持着紧密的关系。在右翼军政府统治期间,则与美国走得更近,整个拉美地区都被外界视为美国的后花园。例如,大多数人普遍喜欢好莱坞电影、欧美巨星演唱会,在欧美流行的时尚也会很快风靡巴西。

从法律制度的角度观察,巴西的大部分法律继承和发展了以葡萄牙法律为基础的大陆法系制度,并融合了英美法系注重衡平法和判例法的特点。巴西在立法上紧跟世界前沿理论,许多具体条文的规定甚至要高于欧盟法律的标准。①

从经济产业的形态来看，巴西很多重要的产业和市场都被西方发达国家的资本家实际控制，具有一定的垄断性。与国际资本的深度融合并没有带来民众的富足和国家的繁荣，反而给整个国家刻上了资本大出大进、饱受困扰的伤痕。正如路易斯·卡洛斯·布雷塞尔·佩雷拉（Luiz Carlos Bresser Pereira）于1985年所指出的，这并不妨碍巴西继续处于欠发达、依赖性强和结构严重失衡的状态。②

国家发展的历程以及社会所处的语境构成了巴西独特的地方性知识。在员工特性和企业文化层面，费尔南多和米格尔的《企业文化与巴西文化》一书总结了巴西的企业文化中有小方法（jeitinho）、权利和阶层差异（desigualdade de poder e hierarquia）、灵活性（flexibilidade）、实用性（plasticidade）、个人主义（personalismo）和形式主义（formalismo）这六个特点。③ 这六个特点以强烈的模糊性为主线。模棱两可，就是巴西文化中最重要的特征之一。

首先，这种模棱两可体现在日常工作中是指避免人与人之间发生激烈的冲突。巴西员工非常看重友善的工作环境，因此，上文中提到的拒绝"PUA"，就是这一特点的表现。

---

① 赵懿先，胡嘉芸. 巴西个人数据保护法//张继红. 个人数据保护法国别研究. 北京：北京大学出版社，2023；第八章.

② Fernando C. Prestes Motta e Miguel P. Caldas. Cultura Organizacional e Cultura Brasileira. Atlas, 1997.

③ 田宾. 关于中国企业在巴西用人的一些思考（四）：关于人员搭建的一些浅见2. IEST巴西商业，2021-03-22.

其次，注重人际关系的友善。它表现为在人员选用上不那么排斥任人唯亲，或者说允许亲切的大家族的存在，形成了一种特殊的"巴西方式"。例如，巴西社会在填补组织和就业市场的职位时往往更倾向于任人唯亲。玛丽亚和莉莉安娜分别在一家巴西大型国有企业和一家巴西大型银行中发现了这种大家族的模式。①

> 巴西员工习惯在工作世界中建立个人社会关系网络，通过发现共同的足球队或家乡，甚至是共同的兴趣爱好，将人际关系个人化。他们会将工具理性领域、个人领域中的一些实质理性和情感性带入家庭世界，即人的领域。

这种熟人的相处模式通过将人际关系个人化使巴西人获得了更多的安全感，并使各种自我防御机制发挥作用。这与费孝通先生在描绘《乡土中国》时谈到的中国熟人模式既有相似之处，又有非常大的区别。以至于不熟悉巴西文化的一些中国企业家误认为巴西是一个可以通过贿赂等方式来搞关系的地方。这可能是对巴西的最大误解之一。

最后，这种模糊性体现在"小方法"这个特点上。巴西人的模糊性有利于另辟蹊径，其中包括创造和创新，但也包括发现和培养"小方法"，将非正式的社会关系作为一种社会资源，

---

① Fernando C. Prestes Motta e Miguel P. Caldas. Cultura Organizacional e Cultura Brasileira. Atlas，1997.

第四章 探秘巴西——五条靠谱的生意经

取得法律上的成功。原因是,脱离社会实践的法律需要规避。这种"纸面上的法律"和"行动当中的法律"有所脱节,是许多国家都不可避免的一个问题,最初就是由美国的法学家针对美国法律运行的状况提出的,而并非巴西独有的特色。[①] 这也使得一些不甚了解情况的企业家误认为可以侥幸规避法律的漏洞,通过钻空子占到便宜。

费尔南多和米格尔的书引用查尔斯·汉普登-特纳（Charles Hampden-Turner, 1992）的研究发现,就企业行政管理水平而言,巴西在 29 个样本经济体中行政管理才能相对较低,与希腊、西班牙和马来西亚相当,高于葡萄牙。巴西员工的积极性和对公司的认同程度却略高于平均水平,但低于日本、中国台湾、韩国、丹麦、瑞士、奥地利、荷兰和新加坡。就管理人员的授权意愿而言,巴西排在日本、瑞典、美国、挪威、丹麦、新西兰、德国、荷兰、马来西亚、芬兰、瑞士、澳大利亚、比利时和卢森堡、中国台湾、韩国、加拿大、新加坡、英国和中国香港之后。

但是一定要尊重地方性知识,尊重当地的文化,才能最大限度地发挥企业的管理效能,而不是发出一声声"咳,他们民族人就那样！"的感慨。真正的尊重是一种发自内心的深厚情感,饱含理解与认可。

---

① Yixian Zhao, *The Evolution of the Land System in China: Politicized Law?* London: Wildy, Simmonds & Hill Publishing, 2014.

全球资源、本地交付

> 深入的本地化：让我们一起建立、拥抱"附近"。
> ——受德国马克斯·普朗克社会人类学研究所
> 所长项飙《重建附近》访谈启发

我们可以粗略地把到巴西投资经营的企业分为三类：第一类企业以大型国有企业为主，在巴西聚焦能源资源、基础设施建设，投资规模大，与两国政府合作互动多。这一类大型国企做到了项目的标杆和典范，无论是在 ESG、合规还是风控方面都有着非常丰富的经验。第二类企业以华为、格力、奇瑞等汽车厂商为代表，这些企业中有不少早年间就到了巴西，经过十余年的调整、探索，最终站稳脚跟，实现了稳定盈利。这一类企业注重本地生产、注重与本地的经销商紧密合作，采用的是 B2B 模式，不完全面对终端消费者，需要了解巴西当地消费者的消费偏好，但不直接涉及人文或与当地文化的深层次嵌入。第三类企业主要以互联网公司、游戏公司为主，既采用 B2B 模式，又采用 B2C 模式。当把内容作为信息呈现形式时，就包罗了各种各样的行业形态，比如电商、卖货、微课、短剧等等。

尽管业务形态不同，但这三类企业在巴西成功立足都有一个重要的共同点，那就是秉持长期主义。

自媒体《深海》纪录片指出："与想象不同，这个时代中企出海并不是'派几个航母编队，雄赳赳、气昂昂，严阵以待，大军压城，高屋建瓴，杀伐果断'，镜头里深海区危机四伏、暗流涌动，才是企业面临的常态，那些深海区是有海怪的。"在这种背景下，企业很多时候是"委曲求全、靠运气、靠韧性来维持的"。面对异常多变复杂的局势环境，驶入深海区的企业唯有保持足够的耐心、如履薄冰，再加上一些运气，才能避免折戟沉沙，才有机会生存下去。

拉美曾经是很多中国企业出海的滑铁卢。巴西广阔的市场让开拓者心驰神往，然而它复杂的国情又常常让它们黯然退场。一些公司建厂后遭遇了巴西25年来最严重的经济危机，经济上的大衰退加上巴西多达58种税收制度、高昂的物流成本的压力，使得一些来自中国的车企、手机企业选择撤出巴西。只留下了少数的幸存者。

联想集团巴西工厂高级项目经理余隽说道："用时间来换空间，希望通过暂时牺牲利润来抢占市场份额，这种策略在巴西并不好用。例如盲目推进旨在在巴西市场上占有两位数的市场占有率的策略，又如对巴西PC市场的吸收率预测错误，等等。"随后，联想用了8年时间来缩减产能、减小规模，探索如何使产品符合当地化的要求。最终，当他们发现巴西市场呈现的特点是低产量、多品种时，国内庞大的统一规模市场的成功经验就不能复制了。

两国私企的底层逻辑：步步为营还是高歌猛进？

中国与巴西两国虽然体制不同，但都既拥有对国民经济社会起到重要作用的国有企业，同时又拥有大量蓬勃发展的私营企业。仅从私营部门来看，巴西本地企业家与中国出海企业家所秉持的基础信仰有所不同，这与企业自带的"运营基因"有关：积极拓展海外市场的企业家大多天然携带着"闯荡、拼搏"的冒险家特质，而在本地土生土长的企业家可能更多的讲究一个亲切熟悉，甚至带一点田园牧歌式的情调。企业家对本地市场经济是否有信心以及经济能否在较长时间内少波动、多稳定的认知，决定了企业运营策略是否偏好稳扎稳打。

简单来说，巴西人做生意的心态是步步为营的，一定要看到眼前的利益，确保不亏损。他们不接受画饼，也不接受所谓的"用市场占有率来换利润"等中国人常见的经营策略。生意人普遍有一种心态：如果要合作，那么当下一定要有一个稳固的、看得见的收益。

在产能配置上，在产业链上下游需求配合方面，巴西人非常不赞同全面铺开、急火猛攻的策略。他们作为合作伙伴也许会反问:"我今年既定的目标已经完成了,为什么要给我更多的订单?我没有做好挣更多钱的准备。"

"再上几条生产线吗?不,我们没有办法预测明年或者后年的经济形势,猛上需求,到时候资产浪费了怎么办?"

出海巴西的企业一定要理解这一点,只有认真观察自己同一产业链上下游的巴西本地企业如何做出投资策略,才能更好地建设和铺垫中资企业海外经营的业务战略和业务节奏。

因此,除了法律的强制性规定外,还要对巴西的工作节奏、价值观有正确的预期。一些中资企业视996习以为常,如同学者项飙所观察到的,大多数中国人处于"悬浮"状态,像蜂鸟一样不停地扇动翅膀,让自己维持停留在空中。当下的生活不构成意义,只是一个手段,虽然目标和未来都是不明确的,但总会盲目地相信,艰苦奋斗,持之以恒,总有一天会守得云开见月明。

而巴西则呈现了一种活在当下、回到当下的松弛感,希望一周就上三天班,期待公司多搞各种各样的人文关怀活动。工作在巴西人的生活甚至生命当中的定位是完全不同的。

另外要对巴西员工的素质和能力有正确的预期。中国人在高考红利的加持下以读书为荣,尤其重视学好数理化。教育的内卷,使人们常常有一种错觉:那就是无论是公务员体系还是发展卓越的大公司、大厂都是人均985,硕士是门槛。

而巴西人接受高等教育的比例显然不算高，英语普及率较低，逻辑思维能力、数学运算能力等都和中国有很大的不同。所以在巴西运营企业要注重细水长流，不可能期望整个巴西团队快速形成战斗力，而是应以传帮带、促进和帮助人才成长为主线。

在巴西运营，要始终遵循市场并尊重当地规则的另外一个底层逻辑在于，要认识到巴西有很多行业实际上是被西方资本控制和垄断的，比如快消行业，以及中资企业非常艰难地打开市场之前的汽车行业。此外，互联网行业也曾经被美国的谷歌和Meta所垄断。过去，巴西的商业生态相当固化，容易出现赢者通吃的现象，每一个行业都有一两家头部企业做得很好。

以影视行业为例，这一两家头部企业就包含了电视台、视频网站、影视公司、拍电影的宣发公司、艺人经纪公司等全部业态。无论是电影演员、电视剧演员、主持人、影视制作人、导演还是制片人都是同一家公司的员工。一家头部公司可能有自己的摄影棚，自己制作、输出给自己的电视台和下游的大型视频网站，也就是产业链上下游处于集成状态。

相对来说竞争较为充分的大概是社交媒体内容平台，比如WhatsApp、Instagram、YouTube、TikTok、Kwai等等。竞争促进了市场的活跃度，从而可以使得企业更为灵敏地反映当地用户的需求。

这种头部企业通吃、较为固化的集成状态与巴西社会阶层的两极分化、既得利益势力高度固化密切相关。它们一方面垄断了较高的利润率，一方面又不用面临过于激烈的对外竞争。

反过来说就是巴西的很多行业缺乏产业带，缺乏产业配套，制造业有空洞，产业基础薄弱，用工成本高。这也就印证了为什么到巴西发展的中国制造业企业，在扎根过程中都经历了较为漫长的时期。

在这样复杂的环境之下，也就不难理解为什么巴西人信奉绝对不做亏钱的生意这一原则了。巴西人非常偏好稳定可靠的商业模式。他们坚持短期盈利是启动项目的根本，并且另一个底层逻辑就是：绝对不相信大力出奇迹。

> 任何一个行业的巴西人都不会说，"我觉得你这是个大机会，我先投点钱下去，大家一起把盘子做大，我们再慢慢来。"巴西人选择一笔一笔地算清楚。例如，确保能赚20%~30%的利润才会做，平进平出也是不能接受的。

出海秘诀：以成为真正的巴西企业为荣

中国企业"出海"在东道国成功立足、蓬勃生长的秘诀在于：成为真正的本地企业，通过调用中资企业的全球资源完成完全符合本地市场需求的商品或服务的交付。这一扎根的秘诀在巴西尤为管用，接受我们访谈的企业家大都谈到了本地化经营的重要性。

学者项飙提出了一个观点：要建立自己的"附近"，去观察周围的声音。他强调每个人的梦想、生活是被身边环境所构建和影响的。脱离了个体，脱离了生活的环境与联系，那些远大的设想就会变成空想。在这里，我们借用这一人类学的理念向大家展示，中国出海巴西的企业是怎样成为真正的当地企业，又如何贯彻以成为真正的巴西企业为荣这一经营理念的。

深入的本地化：让我们一起建立、拥抱"附近"

以巴西互联网广告市场为例，在访谈中我们发现巴西的广告形态较为传统，电视和户外媒体的广告占比非常高。而在互联网广告市场方面，巴西受到了国际全球性大互联网公司的洗礼，它的语境是被类似谷歌和 Meta 这样的公司所定义和主导的。无论是广告的形态还是检验的经验，都非常欧美化。巴西广告人才队伍也较为保守，在人员结构上，更偏关系导向、大客户导向，而不是侧重效果导向。巴西民众熟悉欧美文化，欧美的歌星在巴西开演唱会几乎场场爆满，全国上下弥漫着热情。这一现象典型地展示了欧美"文化高地"的势能向巴西倾下的过程。

然而巴西民众对中国的了解还非常有限。近些年，巴西豪车榜上 TOP 3 增加了中国新能源车的身影，特别是年轻人对电车的科技感和豪华配置爱不释手。这种通过实物形成的感知，慢慢地使巴西民众对中国有了更深刻的印象和更深入的了解，但文化上的熟悉感仍需较长的时间来培养和形成。

广告销售这一业态形式非常需要精准地理解本地需求和抓住本地文化的内核，需要非常频繁地跟客户沟通，这些都离不开巴西当地员工的努力。在这种情况下，做巴西互联网广告的运营就特别需要前端的巴西本地广告销售人员和后端负责推荐算法的中国工程师，降低沟通成本，减少沟通损耗。

例如，巴西员工非常习惯用发邮件的方式进行正式的沟通和交流，工作风格特别稳健，对过程和严谨性要求很高。巴西有的广告团队平均年龄为五十几岁，是非常看资历的。而中国互联网大厂的员工平均年龄为三十几岁，拥有不错绩效的新人很多，熟悉使用内部聊天工具，@一下，期待及时反馈，积极负责，响应速度飞快，对市场和运营抱有较强的敏感度和好奇心。

怎样解决这一问题？快手给出的第一个答案是双向出差。邀请更多的巴西员工来北京出差，邀请更多的中国同事到巴西出差。比如一个团队的leader，在一年之内去了巴西三趟，每趟都长达1~2个月的时间。相互的频繁出差能够迅速拉近人与人之间的关系，形成紧密团结的"附近"，有助于两国员工更加熟络。成为熟人之后，工作效率会提高很多。

快手给出的第二个答案是建立召开定期的结构性视频会议的机制，以某个主题将大家聚集起来，关注每个人为什么是这样感受和理解的。当场说出主要问题，现场就做出相应的反馈和回应，从而能够更好地提升解决问题的效率。

快手给出的第三个答案是我们文中反复强调的不急不躁地培养巴西的人才，把一部分巴西同事先带起来，派一批中国同事长期驻扎在巴西，特别是懂葡语的同事。在商业实践中探讨中国已有的解决方案能否用于解决当地巴西客户的实际问题，以 case by case 的方式，让巴西的员工有获得感、成就感、自我价值感。通过培养好学的、有传播能力的巴西员工，既可以让他们进而培养更多的巴西同事，也可以让他们介绍更多志同道合的巴西人加入公司。实践就是最好的老师。

正如纪录片《深海》所言，本地化的目的不是制造割裂，而是实现更好的联通、更好的共生。适应，共生，进化，在复杂的、不完美的、多元化的、动态的过程中不断深入。每一位员工都是普通人，而普通人聚在一起，认认真真地建立自己的"附近"，就干成了一件非常复杂的事儿。最终，这个过程既培养了人，也锤炼了企业的跨区域的协调管理能力，使企业蜕变成真正的国际化企业。

真正的本地化：摈弃传统跨国公司的统一标准

在巴西成功运营的企业，对本地化的理解越来越深入，其中一个重要的表现就是摈弃传统跨国公司的统一标准。例如,很多大型国际化欧美跨国公司出海的方式就是全球布局,有一套非常统一的标准,不分重点地分布到全世界每个角落。例如,谷歌和Meta,通过运用自己公司的全球化标准,要求东道国的当地公司对标,完全按照美国本土公司的方式管理和运营。如果东道国的公司难以适配这种要求,那么它们就认为是这个国家有问题,是当地的人有问题。

然而,出海5.0版本的中国企业,以快手和极兔为例,奉行的是非常坚定而深入的真正本地化战略。这些企业并不是粗暴地用一套全球标准框死,也不是简单招一些巴西高管,设定了绩效就放手不管,而是要求所有人都要非常了解巴西,更好地结合中国的技术优势和巴西的本地化市场,把相应的团队部署在最佳的地方,要求中国的高管和员工了解巴西,帮助巴西同事一起解决问题。它们能够兑现平均每年出差巴西100天的承诺,比如极兔的巴西CEO在巴西读了一个MBA学位,以巴西为家。它们的团队坚持常驻,立起了业务不成不归家的flag,与一些公司高管把外派巴西三五年只当成短暂的跳板、刷刷履历的情形截然不同。这种精神也感染了巴西员工,使得他们发自内心地认为,这是一家巴西的公司。类似地,快手公司也通过各种努力,让巴西同事感受到公司非常尊重巴西的地方性知识,在这样的公司努力工作是有未来的,而且有很强的归属感。

本地化就是深耕、融入的过程，本就不应该带着所谓降维打击的视角来做这件事。每个国家国情不同，政治、经济、社会、技术（PEST）存在差异，加上在全球化中的生态链不同，必然要求企业用不同的策略去应对，会不断失败不断调整，不能指望一蹴而就。需要做的是沉下身子，调研、分析、给出方案并执行，要耐得住失败和寂寞，怀有积极乐观的心态——秉持长期主义。

本地化经营的初期版本是放权，给在巴西当地的中资企业分支很大的自主权，雇用较多的巴西高管来负责直接管理员工，尽量较少干涉巴西团队的运营决策、市场开拓方式，而是以提供支持和提供资源为主。

而到了今天，本地化经营有了更深刻而丰富的内涵，那就是以成为真正的巴西企业为荣，按照当地人的思维方式进行思考，商品和服务的创新完全围绕着当地人的意趣、需求来展开，学习和理解本地特有的文化，尊重甚至是迎合本地人的习俗，培育、保护、弘扬当地的传统，特别是倾听年轻一代自身独有的想法。不以中资企业技术先进或组织高效作为理念的灌输者，不以追求快速获得高增长率为唯一目标，而是尊重巴西人的想法，协助巴西民众成为他们想成为的更好的自己。

总体而言，巴西拥有丰富的资源和不断增长的经济，超过2亿的人口，既是南美洲最大的国家，也是巨大的消费市场。作为一个全球化、相互关联的多元化市场，巴西为全球企业家提供了富有吸引力的机会。

第四章 探秘巴西——五条靠谱的生意经

巴西不仅是能源、矿产、农业的巨头之一，是咖啡和橙子的主要出口国，是最大的糖、大豆和牛肉生产国之一，巴西在移动应用程序开发和金融技术等行业，也正在以惊人的速度增长。巴西政府和社会努力营造一种使商业能够获得新技术的环境，以帮助公司实现现代化、提高行业效率。这些举措均为国际公司创造了独特的机会。

虽然对于外国企业来说，在巴西做生意可能是一个复杂的过程，特别是需要处理很多法律要求，并在模糊、冗杂的规则丛林中探险，但越来越多的企业转向巴西寻找新的合作伙伴和客户。这个庞大而多样化的消费市场为来自各行各业的外国公司提供了许多令人兴奋的商业机会，并产生了越来越多的新客户。

对于赴巴西发展的中资企业来说，成功立足需要处理好以下三项挑战：

（1）注重巴西法律中各项复杂全面的规则，特别是与合作伙伴相关的内容，充分认识到合同相关纠纷解决效率低、周期长。

（2）了解税务和监管要求，预估税务合规的难度，预判联邦与州之间、各级地方之间可能的税务战争。

（3）理解巴西法律体系自始至终贯穿着对弱势群体保护的强大理念，无论是劳动法对员工的保护，还是民商事法律对消费者的保护都近乎严苛。

虽然全球企业在独自进入巴西市场时面临着重大挑战，但通过向巴西扩张，全球企业可以享受到许多好处。除了能够进入庞大的消费市场、获得多样化的市场机会以及利润丰厚的国际贸易机会之外，在巴西经营的外国公司还可以通过南方共同市场（MERCOSUR）贸易集团内拉丁美洲国家之间的区域贸易协定，享有成员国间有利可图的贸易机会和关税减免。

总结在巴西成功发展的企业的经营秘诀，可以发现以下三条锦囊妙计：

（1）步步为营，小火慢炖，坚持长期主义，不搞"大力出奇迹""牺牲利润占领市场"，经营策略要建立在彻底的市场调查和专业建议之上。

（2）尊重地方性知识，了解巴西"模棱两可"的文化底色，认识到巴西人的"小方法"是对过度法律主义和形式主义的深刻回应；"灵活"是巴西人创造力、团队合作的相关特质，但严格的守法、合规则是为全球化中资企业保驾护航的根本底线。

（3）深入本地化，以成为真正的巴西企业为荣，以服务、成就巴西人民为本。重视巴西合作伙伴、资深成员在公司中的权力结构；拒绝对巴西员工PUA，维护好与本地高管之间的人际关系，投入额外精力来提供具有竞争力的、因地制宜的福利待遇，以吸引和留住其行业的顶尖人才。

小故事　以"老铁"之名扎根巴西

2023年，中国短视频内容模式加速出海，深刻影响全球商业版图。从网络热舞"科目三"到戏剧化短剧，再到短视频、直播带货，被中国市场验证成功的商业模式，正加速在巴西等海外市场攻城略地。

在海外，这是一片细分赛道众多、天花板又很高的蓝海。仅就小众赛道——短剧而言，市场规模一年翻十倍并不遥远。数据显示，目前，中国短剧应用的海外市场规模约为 1.5 亿美元，预计到 2024 年该市场将迅速增长至 15 亿美元。

新需求带动新增长，不仅为当地民众带去了高性价比、方便快捷的互联网红利，也加速了中国品牌从"云端"走到线下，扎根巴西这块沃土。

以"老铁"之名，先交个心

很多人对万里之遥的巴西不甚了解，但有一点却是公认的：巴西是足球王国，巴西人 DNA 里刻着对足球的痴迷和热爱。

不到巴西的人体会不到这种狂热，快手国际化运营负责人程稷对 2022 年世界杯期间巴西万人空巷的场景记忆犹新："整座城市的交通是瘫痪的，都停下来看球，酒吧里全是人，类似的场景在中国不太可能看到。"

因此，足球成了快手跟巴西"老铁"交心的重要联结。2021 年美洲杯期间，快手海外产品 Kwai 成为赛事独家线上社交合作伙伴，也是第一个赞助美洲杯的短视频社交平台。

虽然大赛很短暂，但 Kwai 通过短视频、直播把球迷沉淀为自己的"老铁"。在巴西，巴甲联赛的影响力不输世界杯、美洲杯，球迷对家乡球队有很高的忠诚度。随着巴甲豪门福塔莱萨、弗拉门戈相继入驻，Kwai成了球迷日常追踪球队动态、收看赛事内容的窗口。Kwai甚至探索将国内颇受欢迎的"村超""村BA"等民间运动IP落地巴西，进一步扩大影响力，跻身当地主流媒体之列。

目前，Kwai在巴西的日活用户超过了6 000万，用户的口味和需求更趋多样化，在足球之外还需要有更多优质内容，才能广交朋友。在国内火爆的短剧成了开拓巴西的急先锋。

Kwai在巴西做短剧出海比很多人想象的都要早，已经有三年多时间，逐渐摸索出了不少运营心得。跟国内短剧重古装、武侠、玄幻等风格不同，巴西人更爱追家庭剧、情感剧。Kwai入乡随俗，没有生搬硬套国内的剧本，而是跟巴西的创作者一起头脑风暴，策划更对巴西人胃口的剧本，以引起观众强烈的情感共鸣。

"我们基于国内的经验和方法论，尝试在巴西构建更有趣的基于短视频平台的商业模式和行业生态。"程稷分享快手发挥自身内容优势、完成本地化运营经验时称。

他介绍，家长里短、男女情感冲突是巴西观众特别喜闻乐见的桥段。一开始，Kwai会先找一些巴西演员来拍摄，将国内成熟的内容方法论、剧本概念脉络传授给当地团队，为他们设计商业模式。等内容推出并获得了相当高的关注度之后，巴西很多创业者都看到了这样的机会，再主动复制，拓展出短剧生态。

星星之火可以燎原，通过"传帮带"，Kwai 挖掘出一大批有意愿、有潜力的短剧达人，等他们拍摄短剧的技能点被加满后，再结合自己对本地文化、用户洞察的理解，生产巴西人更爱看的内容，也就消弭了文化上的心理鸿沟，让短剧真正融入了巴西主流文化。

短剧这种全新的营销场景很快获得了巴西企业的青睐。此前，巴西不少黄金广告位长期被跨国公司、大型银行等机构垄断，中小企业、新秀品牌缺少露脸的机会。Kwai 则为这些企业匹配合适的达人、短剧资源，将产品卖点巧妙地融入短剧。

例如，巴西最大的啤酒公司安贝夫就将喝啤酒的段子植入短剧，用创意撩拨消费者心弦，极大地加深了消费者对品牌的记忆；语音聊天软件 Soul Chill 投放的短剧播放量超过了 3 600 万，完播率近 27%，远高于普通广告内容的完播率。

诸如此类的案例不胜枚举，Kwai 的诸多交心之举敲开了巴西用户的心门，也打开了巴西市场的大门，从"空降兵"变成了巴西用户离不开的"引路人"，为深耕巴西、长期经营打下了坚实的基础。

留下来，扎根巴西

在当今世界舞台上，论国土面积、市场广阔度、政局稳定性，巴西绝对是不容忽视的重要力量。极兔等中国出海新锐不仅来到巴西，更要扎根这块沃土。

无独有偶，足球也是极兔扎根巴西、拉进跟用户感情的重要抓手。在很多人的印象中，阿根廷足球是巴西的宿敌，不过有一个人超越了这种偏见，他就是梅西。2022年世界杯，梅西打破欧洲球队对冠军的长期垄断，带领阿根廷夺冠，是大力神杯时隔20年重回美洲大地，在巴西收获了大批球迷。当时，梅西是极兔的全球品牌形象代言人，这让巴西用户重新认识了极兔速递。

而在足球之外，极兔用贴心的服务换来了用户的点赞。虽然巴西是南美第一大国，但物流行业却长期处于群雄割据状态，数量众多的小快递公司实力有限，只能覆盖面积不大的区域，客户服务还停留在邮件问答阶段，时效性较差，沟通不便，显然无法满足用户的期待。

2021年6月，极兔正式入驻巴西，虽然入局的时间比较晚，但在行业内率先建立了覆盖巴西全国的呼叫中心，响应了用户需求。极兔速递巴西CEO王强表示，巴西地处热带，有大面积的热带森林，这些地区道路基建比较落后，不少地方还是土路，如果遇上大暴雨，积水会导致道路泥泞、寸步难行。

"特殊原因导致的快递延误，呼叫中心会提前告知卖家，避免让他们的客户焦急等待。巴西人也知道会有天气、罢工等原因导致快递延误，只要你提前告知，绝大多数人都表示理解，不会再投诉。"王强说。

市场打开后，如何更好地留下来？极兔用"结硬寨、打呆仗"的方法站稳了脚跟。

中国国内用户早已习惯了"包邮＋运费险"的服务，但在巴西,想要一件包邮却不是件容易的事。虽然进入巴西市场才三年,但极兔却以经营百年企业的标准在做规划。

在当地,很多快递公司只服务区域市场,这对电商从业者来说不是个好消息:如果想要做全国的生意,就需要对接多个快递公司,仅在发货环节,就需要给不同的包裹贴不同的面单,还要分区存放货物,费时费力不说,还不好靠量大争取优惠的运费。

初来乍到的极兔出手不凡,一口气在巴西全国建立了15家分公司,跟巴西邮政一起成了唯二能够覆盖巴西全境的快递公司。"即便是偏远的热带雨林地区,有时候要公路转飞机,再用汽车运到码头,渡河后再用车派送到目的地,极兔也会保障送达。"王强说。

通过跟极兔合作,巴西电商创业的门槛大大降低,不仅不用再跟一家家快递公司谈合同,连包邮门槛也大幅下降。此前,有的订单需要100雷亚尔才包邮,极兔的到来将门槛降到50雷亚尔甚至更低。

在享受巴西市场红利的同时,极兔也在回馈当地。目前,极兔在当地直接雇用的员工超过了5 000人,带动的间接就业数以万计,仅注册的提供最后一公里派送服务的司机就超过了20 000人。当极兔转运中心开业时,多地政府一把手亲自到场剪彩,可见极兔在巴西的本地化运营获得了当地政府的高度认可。

"极兔人走到哪里就会在哪里扎根,即使在与中国相隔万里的巴西也不例外。许多来巴西开拓市场的中国员工把家人都接过来了,有的甚至找了巴西人结婚成家。当地的关键岗位也在逐渐本地化,越来越多巴西人承担起管理职能。"王强说。

建桥铺路,去有风的地方

独乐乐不如众乐乐,在巴西市场成功站稳脚跟的 Kwai 和极兔,化身为跨越太平洋的桥梁,帮助越来越多国内企业出海淘金。

据王强观察,巴西的人口中位数非常年轻,是一个充满活力的国家,目前还处于电商"黄金时代"的起步阶段,巨大的消费潜力让这里成了充满无限可能的庞大市场。

"以前巴西人只有在线下买不到某样东西时,才想起来网购,现在越来越多人习惯于网购了。加上巴西移动支付的普及、包邮门槛降低,这是一片创业的热土。"王强说。

与此同时,中巴两国产业互补性强,中国的 3C、小家电、服饰等产品深受巴西人欢迎,叠加直播"所见即所得"的优势,迎合了消费者的需求,转化率很高。

不过,巴西跟中国毕竟远隔重洋,加上语言不通,中国企业想要出海巴西,一个靠谱的引路人必不可少。就极兔而言,覆盖巴西全境的投送能力、跟中国国内无缝衔接的工作语言,可以在尽可能短的时间内帮助中国商家完成系统对接和联调,让生意尽快落地。而极兔在巴西积累的经验,也成了中国企业走出去的宝贵的避坑指南,能让后来者少走不少弯路。

在整个产业链条中，物流配送处于末端，想要做大蛋糕，就少不了上游的源头活水。Kwai 就承担了"开源"的角色，跟极兔配合打好出海组合拳。

程稷观察到，很多在国内验证成功的产业到国外都属于"天花板"式存在，有明显的代际领先优势，把国内成功的商业模式移植到海外，很有可能生长出新的增长曲线，窗口期只有三到五年，机会稍纵即逝。因此，提前布局的先发优势至关重要。

而目前，巴西的流量成本相对便宜，只要商品质量有保障、有价格优势，在 Kwai 引流、极兔配送的保驾护航下，就很容易成为爆款。

"对陌生的市场心存恐惧很正常，但快手跟极兔已经有成功开拓的经验，有我们在前面开路，机会还是很大的。"王强说。

近年来，随着中国影响力的提升，"软性"产品的出口成了一大亮点。中国游戏开发商第七大道翻新了经典游戏《弹弹堂》，借助 Kwai 的宣发，在巴西圈粉无数。Kwai 为《弹弹堂》海外版 DDTank Origin 上线了话题挑战赛、魔法表情包等全新玩法，并结合"情怀回忆杀"，不断激发社区分享和创作活力。话题吸引了 2 800 多条视频投稿，播放量超 1.05 亿次，带动的搜索下载与内容影响力远超第七大道的预期。

"我们一方面提供增加流量的能力，一方面提供本地化能力。"程稷表示，"有了多个游戏营销出海的成功案例，国内更多中小游戏研发商也可以通过同样的策略顺利出海,为其业务提供新增量。"

在短剧方面,2023年,Kwai还在巴西自制了热门悬疑探案短剧《福尔摩斯》,提供广告植入、定制剧情等营销服务,并匹配S级明星参演、A+级达人参演、头图冠名、尾部鸣谢专区等多种权益,品牌方可以根据自己的钱包做选择,做到了丰俭由人,为中国品牌出海巴西提供了多样化的营销工具。

目前,Kwai在巴西逐渐形成了围绕体育、短剧、综艺娱乐等成熟的本地化内容的推荐算法和创作机制,构筑起与其他社交媒体平台不同的差异化内容壁垒。在优质内容运营和海外市场增量的加持下,快手通过海外商业化2023年实现客户数增长87%,总消耗增长超过400%。快手出海渠道负责人陈浩曾透露,2023年Kwai出海代理取得了455%的高速增长。

出海并非平台的"单打独斗",Kwai、极兔躬身入局,化作一座桥梁,在一站式助力中国品牌开拓海外市场、促进优势互补的同时,实现了平台与品牌的互惠共赢,开启了中国企业出海逐风的新时代。

05
第五章

牵手巴西
——从站稳脚跟到美美与共

中国到巴西，究竟有多远？

立足空间，巴西，被誉为"距离中国最遥远的国度之一"。从北京到里约热内卢的距离约为 18 801 公里，要跨越约半个地球。从广州出发，经过欧洲或非洲转机，抵达巴西全程需数十小时。

回顾合作，两国同路相伴，不知不觉已过半个世纪。

巴西社会学泰斗弗雷雷曾言，巴西是"热带中国"。2023 年 1 月，载有 6.8 万吨巴西玉米的货轮抵达广东麻涌港，这是我国首次散船进口巴西玉米，标志着巴西玉米输华走廊正式打通。

2023 年，巴西总统卢拉和众议长里拉先后访华，两国各层级、各地方、各领域的互访也络绎不绝。还是在 2023 年，巴西对华出口首次突破 1 000 亿美元，中国连续 15 年成为巴西最大贸易伙伴。若泽·雷纳多·卡尔瓦略是巴西主流媒体 247 新闻网的政治评论员，在接受新华社采访时，他对这些数据娓娓道来。

农业、能源、科技、文化……分属地球东西半球、距离上万里的两个"同路人"，为何坚定地选择了彼此，并在短短半个世纪内携手创造了"南南合作的典范"？

风寒忽再起，手冷重相亲。却就红炉坐，心如逢故人。人间正道上，中国和巴西是同路人。

第五章 牵手巴西——从站稳脚跟到美美与共

那么远，这么近

> 相知无远近，万里尚为邻。
> ——张九龄《送韦城李少府》

感觉对了，24小时的航程，眼睛一闭一睁，换了个半球等天晴；心意相通，万里路，脚步一深一浅，行必至。在这个全球化日益加剧的时代，中国和巴西，这两个大国因为共同的目标和相似的挑战携手并肩。那么远？这么近！正是这种看似遥不可及却又亲密无间的国际友谊的生动写照。

为何靠近？

No man is an island, entire of itself; every man is a piece of the continent, a part of the main.
——John Donne, "No Man Is An Island"

随着全球政治经济环境的冷却，各国开始重新审视和调整自身的国际策略，中国和巴西自然也被卷入了全球化的洪流。

同样作为新兴的发展中大国，它们面对的不仅是后疫情时代的考验，还有西方世界的围堵。

这个冬天不一般

2008年全球金融危机过去十年之久，各国经济才稍有起色。不料，2020年初世界又进入"至暗时刻"。疫情大流行产生的巨大冲击以及防控措施造成的经济停摆使世界经济陷入严重收缩。根据世界银行的估算，全球经济2020年收缩5.2%，是第二次世界大战以来程度最深的经济衰退。疫情重创全球经济，各国政府在应对公共健康危机之余，还必须应对刺激经济恢复元气的巨大挑战。

全球地缘政治分歧和社会分裂加剧，各国都自顾不暇，大多选择明哲保身，生怕陷入大国斗争的漩涡。受影响最大的国家是那些疫情最严重以及严重依赖全球贸易、旅游、大宗商品出口和外部融资的国家。中国作为疫情较早暴发和持续防控时间较长的国家，巴西作为严重依赖进出口贸易的发展中大国，自然无一幸免。

这次的全球政治经济寒冬对于2015年就陷入经济动荡和政治风波的巴西来说是雪上加霜。在2015年12月，巴西正处于时任总统迪尔玛·罗塞夫连任后的第二年。这一时期，针对她的弹劾诉讼开始启动。与此同时，国有的巴西国家石油公司（Petrobras）曝出了一起重大腐败丑闻，多名公司高管涉嫌腐败被逮捕。由于该公司对巴西国内生产总值的贡献率超过

10%，这场丑闻随即导致整个行业陷入瘫痪。巴西经济陷入长期衰退，财政赤字居高不下，通货膨胀持续高企，导致巴西的主权信用评级被降至"垃圾级"。根据《世界经济论坛2015年全球竞争力报告》，巴西的竞争力排名下滑了18位，跌至第75名（共140个国家）。这一时期，巴西发现自己在重要的国际问题上逐渐被边缘化，对国际上的各种地缘政治冲突问题，巴西都显得无力参与。

随着疫情在全球范围暴发，巴西成为拉丁美洲疫情最为严重的国家之一。其公共卫生系统面临巨大压力，且因长期缺乏投资而愈加脆弱。经济活动的收缩导致数百万人失业，社会不平等和贫困问题显著加剧。尽管巴西政府试图通过紧急财政措施来缓解经济衰退的影响，但财政赤字和公共债务的激增进一步削弱了国家的财政稳定性。同时，由于全球贸易停滞和大宗商品价格下跌，巴西的出口遭受重创。外部融资条件的紧缩以及全球投资者对新兴市场投资信心的下滑，导致巴西的融资成本上升，外部债务压力增大。巴西政府和企业面临巨大的挑战，不仅要应对疫情的直接冲击，还要努力摆脱经济衰退、高财政赤字、通货膨胀压力以及国际信用评级的下降等多重困境。

此时的中国，尽管迅速采取了防控措施，依旧陷入了内外交困的局面。在短时间内，生产暂停、消费下降、失业率上升。随着疫情反复，关于防控措施、经济发展以及个人生活空间关系的平衡问题引发诸多讨论。在国际上，传播着关于中国的一些负面言论，疫情被政治化、污名化，中国外交遭遇严峻挑战。此外，国际旅行限制和贸易壁垒进一步加剧了全球经济的不确定性，影响了中国的经济复苏。

何以靠近？

"物以类聚，人以群分"。中国和巴西幅员辽阔，中国领土南北跨越纬度近50度，东西跨越经度60多度；巴西领土南北及东西跨度均约为40度。正是这两片兼容了亚热带气候多样性和文化多样性的辽阔土地，滋养了同心而不同性，相融而不相同的中国五十六个民族及巴西多元的混血基因。基于此而孕育出的文化包容性也成了中巴两国建立互信的文化基石，而两国在民族融合与发展的进程中所面临的机遇与困境的相似性也天然地拉近了中巴两国同样作为多元文化载体的距离。

我们"长得像"吗？

千万不要以外貌来判断一个人是不是巴西人，因为白皮肤、棕皮肤、黄皮肤、黑皮肤的人都有可能是巴西人。

巴西的多元族裔人口构成源远流长，承载着丰富多彩的历史传承。在地理上位于南美洲的这片土地，曾是美洲原住民的栖息之地。然而，这片宁静的土地在公元1500年迎来了葡萄牙殖民者，这一时刻成为巴西多元族裔历史的开端。此后，非洲黑人、欧洲白人、亚洲黄种人不断涌入，"混血巴西"诞生。

同样，中国也是多民族国家。历史上无数次的民族迁徙与融合，使各民族既相对聚居又交错杂居，民族成分和称谓纷繁多样。新中国废除民族压迫制度后，许多原来不敢公开民族成分的少数民族成为新中国民族大家庭的一员，丰富了中华民族文化的多样性。

此外，在这两个距离遥远的多民族国家之间还有一条关键纽带，那就是华人华侨。据官方资料记载，1900 年 8 月 15 日，圣保罗州庄园招聘的首批 107 名中国劳工抵达巴西。这是巴西官方有据可查的华人首次抵达的日子。[①] 不过，整个 19 世纪，巴西输入的华工人数非常少，只有 1 万人左右。[②] 19 世纪，巴西政府为解决劳动力匮乏的问题，曾多次向清政府提出引进中国劳工。1879 年，巴西政府派出外交使团到中国谈判，商谈输入华工问题，但遭到中国政府的断然拒绝。1893 年，巴西解放非洲奴隶的第五年，巴西政府再次派出特使辣达略来中国谈判，再次失败。20 世纪初，也仅有少量来自台湾、广东、浙江的华人移民来到巴西。但是中国改革开放后，中国各类型新移民群体大量出国，中国移居巴西的人口开始迅速增长。新移民大部分来自广东、福建、浙江、江苏、上海、北京等经济比较发达的省份，小部分来自中国中西部省份。[③] 如

---

① 东西问｜埃迪尔·萨莱斯：我为何提出设立巴西"中国移民日"？. 国务院侨务办公室网站，2023 - 08 - 23.
② [巴西] 束长生. 巴西华人移民：历史、流动与认同. 剑桥：剑桥学人出版社，2023.
③ 高伟浓. 巴西的中国大陆新移民：基于人口增长数据的探讨. 八桂侨刊，2022 (4)：52 - 62、83.

今，在巴华侨华人已经从 19 世纪的不足万人发展到 30 多万人，成为巴西社会的重要群体。①

我们"性格相合"吗？

脾性相投方能一见如故。中巴的密切交流与合作离不开两国人民对彼此文化的了解，更离不开两国文化价值观的求同存异与相互理解。

"文化"这一概念包罗万象。霍夫斯泰德将"文化"定义为"一个群体的成员区别于其他人群的心智的集体程序"。"心智"涵盖了一系列既定的思考、感知和行为模式，以及由此而来的信仰、态度和技能等多种要素，而其中最为核心的是价值体系。不同国家的不同文化塑造了该国的民族性格和国民的行为方式，文化上的相似性可以促进跨文化交际互信，而文化上的差异则可能造成沟通困难甚至冲突。那么中巴两国在哪些方面气质相似？图 5-1 给出了基于霍夫斯泰德文化维度理论的民族性格。下面对其中三个维度进行简要分析。

关于不确定性。 不确定性规避指数（uncertainty avoidance index，UAI）指社会在多大程度上能容忍未来的不确定性。指数越低，政府效率越高，反应速度越快，越会迅速出台新的规则以应对不确定性。换言之，不确定性规避程度高的社会会更加努力控制未来的不确定性因素，行事风格相对保守，在宗教

---

① 东西问｜埃迪尔·萨莱斯：我为何提出设立巴西"中国移民日"？. 国务院侨务办公室网站，2023-08-23.

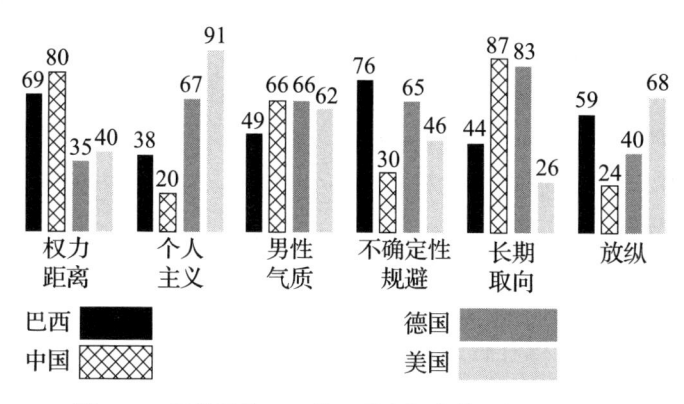

第五章 牵手巴西——从站稳脚跟到美美与共

	巴西	中国	德国	美国
权力距离	69	80	35	40
个人主义	38	20	67	91
男性气质	49	66	66	62
不确定性规避	76	30	65	46
长期取向	44	87	83	26
放纵	59	24	40	68

图 5-1　民族性格——基于霍夫斯泰德文化维度理论

与哲学上倾向于相信绝对真理与完整理论。在这一指标上，巴西得分 76，而中国得分 30。从理论上来说，这是因为儒家思想具有极强的道德教育观，这也在一定程度上导致中国人倾向于规避风险和不确定性。但同时值得注意的是，中国人也更能适应非结构化、模棱两可的局面，在非正式的规则中更加游刃有余，对未来更有信心。以中巴关系为例，中文和葡萄牙语分别属于高语境和低语境。在高语境文化中，交流双方通常能够通过非言语因素、上下文和人际关系等多种方式理解对方所表达的含义和情感。在交流时常常不明确表达信息，而是通过暗示、隐喻等方式来沟通。因而，中文高语境的语言特性应用在中巴的交互场景与合作中，刚好能够对中国人相对保守的性格做一定弥补，使得两国在行事风格上逐渐契合。

关于集体观。个人主义/集体主义（individualism and collectivism，IDV）是描述个人融入集体的程度。每一种文化都同时具备个人主义和集体主义的特征，但通常会有一种占据主导地位。在个人主义盛行的文化中，人们关心自己和个人目标的程度高于群体成员和群体目标。而在集体主义占主导的文化中，人们更强调集体利益而非个人权利，人们的行动受到习俗和传统的影响较大。中国（20）和巴西（38）个人主义的得分均较低，相对而言都被认为是集体主义国家。这一相似性也促进了中巴两国在行业及民生层面的合作。例如，在新冠疫情期间，两国共同推动新冠疫苗和口罩供给惠及全国人民，卢拉访华后还签署了推动基础设施建设、加速数字经济发展的惠民的互惠条例等。在社交媒体领域，中国内容电商和短视频社交软件成功出海巴西也离不开巴西人民对于集体文化的认同和强烈的社交需求。

关于男女分工。男性气质/女性气质（masculinity and femininity，MAS）揭示了社会中对于男性和女性角色的期望与分工。男性导向的文化强调竞争、成功、成就和权力，女性导向的文化则强调合作、关怀、优质生活和平等。霍夫斯泰德调查的 53 个经济体中巴西得分 49，处于平均水平。中国得分 66，被认为是一个更具阳刚气质的国家。虽然分数具有相对差异，但从参与评分的整体样本来看，两国的男女性气质得分相对接近且处于中等水平，在社会的男性与女性地位权衡上具有相对平衡的文化特征。这反映了两国更加强调社会平等和社会秩序的整体平衡，不过分强调男性或女性的角色期望差异。同时，这样的社会更重视人际关系和合作，同时也鼓励个体追求事业成功,强调文化包容性与适应性。因此,有了平等互信的底色,中国相对显著的阳刚气质并不会起到阻碍作用。相反,在双方交涉的过程中反而发挥了主动性,成了促成中巴合作达成的催化剂。

巴西和中国相似的文化特征决定了两国相互契合的人文内涵,相互包容和理解的民族性格,犹如江河汇流,相融向荣。两国相互认可且契合的文化正如缓缓流淌的江水,推着中巴合作的小舟徐徐前行,愈行愈远。

能否相互取暖?

> 风寒忽再起,手冷重相亲。却就红炉坐,心如逢故人。
>
> ——白居易《重向火》

"志合者,不以山海为远;道乖者,不以咫尺为近。故有跋涉而游集,亦或密迩而不接。"所谓道不同不相为谋,道相同相聚与谋,道相近相望以助。中国与巴西的合作,不仅因地理位置的遥远而显得特别,更因为共同的大国地位、相似的政治理念和对经济发展的共同追求而紧密相连。在国际舞台上,他们是彼此的靠山;在经济发展中,他们是彼此的合伙人;在"敢问路在何方"的每一个勇敢而又迟疑的时刻,他们相视而笑,"爱你和我那么像,缺口都一样"。

我们的诉求一样吗?

自 1974 年 8 月 15 日中国与巴西建交以来,高层交往频繁。双方于 1993 年建立战略伙伴关系,于 2012 年升级为全面战略伙伴关系。中国和巴西分别作为东西半球最大的发展中国家,虽相距万里,却具有诸多共通性。中巴合作的"压舱石"不仅仅是资源、市场互补的优势,更在于二者在全球多极化发展的宏观局势中拥有共同诉求,具备共同发声的条件和实力。

例如,中国和巴西均在发展中国家中享有强大的号召力,愿共同推动现有全球治理体系变革以提升发展中国家在国际事务决策中的参与度。中巴反对挤兑发展中国家的国际地位,各国应在发展中国家共同进步的基调中实现强国梦,推动与传统强国平等共存。卢拉总统 2023 年访问中国时提到,巴方愿同中方加强战略协作和协调合作,为推动发展中国家摆脱不公平规则束缚、实现更加公平平衡的发展做出贡献。

又如,中国和巴西同为金砖国家(BRICS)的重要成员国,代表了新兴经济体的发展态势和未来动向,也共同影响着金砖国家未来的合作前景。金砖机制成立 17 年以来,金砖国家始终秉持开放包容、合作共赢的金砖精神,团结协作谋发展,勇于担当促和平,致力于构建更紧密、更全面、更牢固的伙伴关系,正日益成为促进全球发展、完善全球治理体系的战略伙伴,成为践行真正的多边主义、推动经济全球化的主要引擎。

再如，巴西所倡导的全球治理理念——不干涉主义和平等的国家关系，和中国秉持的全球治理观——多边主义和公平正义的国际秩序不谋而合。2015年，巴西派遣部队参加了远在黎巴嫩和刚果民主共和国的维和行动，同时在诸多关键的全球治理领域扮演了重要的角色，如气候变化、核扩散等。巴西始终践行和平负责的国际行为，从未煽动或促成过任何重大国际危机，并愿意寻求外交途径和平解决冲突。

21世纪初巴西的整体国力迅速增强，其在政治地位和外交影响力方面显著提升，参与全球治理的能力和意愿也相应提升。在2023年第三次当选后，卢拉总统以周边历史传统区域和发挥巴西大国作用为基础，将推动建立公正合理的全球治理秩序置于其外交议程的核心位置。卢拉总统提出将被动的"参与式自主"外交政策转变为"多元化自主"外交政策，从大力提升南南合作，2023年带领巴西重返拉美和加勒比国家共同体并团结拉美国家发声，到担任二十国集团轮值主席国，在为期一年的任期中承诺将围绕与饥饿贫困和不平等做斗争、可持续发展以及全球治理改革3个中心主题展开工作，均体现了巴西希望在世界事务中发挥领导性作用的意愿。

我们有机会一起搞钱吗？

中国是全球第二大经济体，同时也是全球货物贸易的领导者。巴西则是拉丁美洲和加勒比地区最大的经济体之一，两国在全球经济格局中扮演着重要的角色。多年以来，中国一直是巴西最重要的"贸易好拍档"。二者之间的贸易额一直保持着迅猛增长。中国已连续15年成为巴西最大的贸易伙伴,巴西则是我国第九大贸易伙伴。中巴贸易合作展现出了强大的韧性。

中国市场对巴西至关重要,对华贸易为巴西经济发展注入了强大动力。博索纳罗执政期间,巴西贸易开放取向逐渐明朗,尤其是在推动南方共同市场开放方面取得了显著成果。中巴贸易关系具有强烈的互补性。近年来,巴西外贸在中国市场需求的支撑下稳步恢复,为巴西应对疫情冲击、加速经济复苏提供了关键支持。尽管中巴之间曾经发生过或多或少的经贸摩擦,但双边贸易已成为巴西外贸的重要推动力。未来,中巴贸易合作也将更加紧密且向好发展。

中国的资本和技术将为经贸发展注入新的动力。随着更多中国企业在全球范围内寻求更广泛的国际产能合作,巴西作为与中国产业互补性强的市场成为重点合作对象。中国已经成为巴西主要的投资来源国之一,并在对巴西的投资中增速最快。在中国资本的推动下,巴西的基建、交通、农业、电力等行业将迸发出更大活力。同时,更多中国企业将先进的生产线、技术和管理经验整体输出到巴西,通过并购、合资、参股等方式,不仅追求经济效益,也推动巴西本土技术进步和科技创新,增加社会福祉。

中国和巴西在应对气候变化、寻求可持续发展方面具有共同的目标。中国作为发展中国家,具有人口密集、气候复杂、

第五章 牵手巴西——从站稳脚跟到美美与共

生态环境脆弱等特点，容易受到气候变化的不利影响，不利的气候变化对中国的自然生态系统和经济社会发展构成了现实威胁，尤其是在农牧业、林业、自然生态系统和水资源等领域，以及沿海和生态脆弱地区。因此，适应气候变化已经成为中国急需应对的任务。而巴西作为世界上最大的农产品出口国之一，气候稳定对其农业也至关重要。同时巴西的亚马孙雨林被誉为"地球之肺"，对全球气候起着关键的调节作用，气候和生态多样性紧密挂钩。此外，巴西有大量人口聚集在沿海城市，保护沿海地区免受海平面上升影响成为应对气候变化的一项重要任务。

中国高度重视应对气候变化，并积极采取行动建设人与自然和谐共生的中国式现代化，提出了努力争取 2060 年前实现碳中和的目标，又创新性地提出了共同体意识、新发展理念、人民至上、生命至上的原则。中国强调全球是一个命运共同体，主张国际社会共同应对气候挑战。中国还建立了由国务院总理领导的国家应对气候变化及节能减排工作领导小组，以及省级的相应领导小组，这都表明中国对于协调合作应对气候变化的重视。

巴西现任政府也将生态保护重新提上议程。现任总统卢拉撤销了 2022 年的一项鼓励在亚马孙地区开展小规模采矿的法令，重新启动了《法定亚马孙地区森林砍伐防治行动计划》，并寻求国际环保资金的注入，重启博索纳罗总统期间被冻结的亚马孙基金，为预防、监测和打击亚马孙地区森林砍伐提供支持。

现任政府为受到非法采矿入侵的原住民群体提供免费医疗的行动也和中国倡导的"人民至上、生命至上"理念不谋而合。

2023年4月，两国政府发布《中国-巴西应对气候变化联合声明》，表明两国将携手应对气候变化。两国领导人都认同气候变化是当前最大的全球挑战之一，认为应对气候危机有助于构建人类命运共同体。该声明承诺在多个领域深化双边合作，包括绿色经济转型、智慧城市、绿色基础设施、可再生能源、电动汽车、绿色技术创新等，在中国-巴西高层协调与合作委员会（简称中巴高委会）下拟设的环境与气候变化分委会也将推动气候投融资领域的政策对话与经验分享。

在全球经济衰退和贸易保护主义蔓延的背景下，中国政府以更大的决心和勇气推动新一轮改革开放，致力于建设高水平市场经济和开放体制，在促进两国经贸发展方面充分发挥了政策红利的作用。通过不断优化营商环境，采取多种措施促进经贸发展，中国在全球经济及多极化格局下的地位逐渐提升。随着"一带一路"倡议的推进以及《区域全面经济伙伴关系协定》（RCEP）的正式生效，中国对外贸易发展形势愈加乐观。未来，中国将继续推动和扩大区域经济合作，积极与拉美国家签署自贸协定，以开放的态度推进中国和巴西间的合作。

我们能成为战友吗？

在单边主义和保护主义抬头的当下，中国和巴西在多边关系中的全局性、战略性、全球性影响日益突出。中国和巴西是"意气相投"的全球多边合作的倡导者，多边主义的践行者。在此方面基本立场一致，都积极参与联合国、世界贸易组织、金砖国家等多边机制，主张通过国际合作、对话和协商解决全球性问题，反对单边主义和霸权行为。

巴西现任政府鼓励多边外交，为高度依赖外部需求的巴西经济创造稳定的外部环境。卢拉上台后，大力提升南南合作、推动联合国改革和关注区域一体化，不断拓展多边关系新内涵。此外，其外交政策风格也较为务实，主张回归传统的多边主义，积极发展与中国、美国、欧盟等国际伙伴的合作关系，加强南方共同市场、金砖国家等多边机制的作用。

进入21世纪，中国的多边主义实践也更加主动和积极，提出"一带一路"倡议，倡导建立亚洲基础设施投资银行，加强与"一带一路"共建国家的经济、文化和人文交流，通过基础设施建设和产业合作促进互利共赢。中国提出的"人类命运共同体"本身也蕴含了多边主义的理念，旨在超越传统国际关系理论中国强必霸、零和博弈的思维定式，实现共赢发展。

中巴两国通过积极参与多边主义，为全球治理体系注入了更大的多样性和包容性，将更好地反映不同国家的利益和贡献，推动全球治理向更加民主和公正的方向发展。

大道之行也，天下为公[①]

> 你知道吗？今天的巴拉那瓜港生机勃勃、呈现繁荣景象，曾经却遭遇海事基础设施不足和服务缺乏等发展困境。
>
> ——一位在巴拉那瓜港工作的员工

基于现实情况，任何国家的交往都需要建立在一定的合作之上。中国与巴西的合作本质上是两国自身对利益和发展的追求的现实结果。所谓"寸有所长，尺有所短"，中巴在基础设施、能源与矿业、农业新兴产业领域的合作构成了双方坚实的底座。

中国如何在巴西"牵线搭桥"？

同大多数发展中国家一样，巴西也面临着基础设施普及率低、收入分配不均等现实挑战。作为南美洲最大的国家，巴西国内基础设施整体情况落后，除了城市化程度较高的几个地区

---

① 语出自《礼记·礼运》。

外，其他大部分地区基础设施匮乏。尤其是在交通基础设施领域，水陆交通和航空线路的建设并不完善，目前巴西仍未实现全国道路联通。交通不便成为阻碍物流、货运等发展的主要问题。这也是巴西国内物流成本极高的原因之一。近年来，基础设施建设成为巴西政府的重点发展领域，但因资金不足，进展缓慢。在这一背景下，基础设施供给与需求的不匹配为中国投资巴西提供了契机。

巴西国内地域广阔，气候多样，地理条件复杂，基建成本高。相较于西方国家，中国不仅资金实力雄厚，而且在建设经验和技术水平上都处于世界领先地位，成为巴西的优先合作对象。2023年4月，卢拉对中国进行国事访问时表示，巴西政府正在推动旨在改善国家基础设施的投资计划，其中包括港口、机场、高速公路、铁路和能源等领域。"同中国在这些领域的合作投资有很大的发展空间。"[1]

中国在巴西"牵线搭桥"很快见了效。由中国投资建设的巴拉那瓜港就在当地留下了深刻的印象。一位在巴拉那瓜港工作的员工尹科诺穆说："你知道吗？今天的巴拉那瓜港生机勃勃、呈现繁荣景象，曾经却遭遇海事基础设施不足和服务缺乏等发展困境。"[2] 巴拉那瓜港是巴西最大的农作物出口港和第二大海运港口，对内辐射巴西南部、东南部和中西部各地区，对外连接南美其他国家、欧盟与亚洲国家。自2012年起，中

---

[1] 巴西总统卢拉：中国是一个令人印象深刻的发展榜样. 光明网，2023-04-13.

[2] 中巴携手合作建良港. 中国网·一带一路网，2023-02-08.

国交通建设集团上海航道局巴西公司（以下简称中交上航巴西公司）开始负责巴拉那瓜港的清淤维护和基建疏浚工作。据巴西当地媒体报道，2022年1—9月，巴拉那瓜港谷物运输量累计超过300万吨，较前一年同期的65万吨增长显著，其中玉米出口涨幅最大，高达425%。①

惠及民生也是目标之一。巴西北大河州若昂卡马拉市因土壤原因，地下水又苦又咸，当地居民不仅饮用不到干净的水，而且取水也难，经常要到很远的地方才能找到一点浑浊的水。这不仅拉低了当地居民的健康和生活水平，也限制了当地的经济和教育发展。2023年2月16日，由中国国家电网有限公司建设的巴西苦咸水淡化公益项目顺利投产并移交当地政府。当地居民在投产仪式上回忆起中国技术到来之前的情景："以前我们得很早起来，全家去比较远的河边取水，到家时只剩一半了。河水在下雨后咸味才会减弱。我们尝试过挖几口简单的水井，但找不到水源。"② 而如今，中国交付给巴西的新技术——新能源＋智能一体化供水技术，能实现日均产出80吨符合世界卫生标准的纯饮用水，切切实实地为当地解决了用水难的问题。当地人爱德华回忆道："项目建设按照环保部门要求，需要在堤坝上铺种绿植以防止水土流失。这种绿植在当地非常普遍，很多人家门口就有，于是我提出发动村民捐献，得到村民们的积极响应，不到4天就有近1 500株绿植铺满了整

---

① 中巴携手合作建良港. 中国网·一带一路网，2023-02-08.
② "一带一路"在地生活丨汩汩清泉润人心 苦尽甘来美梦圆. 中国一带一路网，2023-11-13.

个堤坝,不仅节约了费用,还极大地提高了工作效率,加快了工程进度。"①

当然,中国投资不仅建好了路和桥,顺便还带来了各种"配件"。中国的格力、三一重工、江淮汽车、嘉陵摩托等大批汽车制造业到巴西设厂,为巴西提供了更多可供选择的交通工具,与基建投资相互呼应。当前,基础设施建设仍是中国在巴西投资的第一大领域。在未来,无论是合作意愿、投资实力还是技术能力,中国都仍将是巴西的最优选择之一。

中巴为什么能"燃"起来?

中国和巴西的互动之所以很"火热",在很大程度上是能源在"助燃"。

巴西有丰厚的能源家底,而中国有持续的购买力,两国一拍即合。巴西是南美洲最大的国家,辽阔的地域优势使得成长于其上的巴西在资源方面具有得天独厚的禀赋。自 2000 年以来,巴西"挖矿"的过程犹如开挂刷金币。新的深海油田,包括盐上层系列油田和大西洋地下发现的巨大油田等,不断被勘探、挖掘,较大的油田储存量高达 300 亿桶以上。而中国正处于能源结构改革的阶段,对传统能源的购买需求还较大。中国与巴西之间的石油合作具有天然的选择优势。

---

① "一带一路"在地生活丨汩汩清泉润人心 苦尽甘来美梦圆.中国一带一路网,2023-11-13.

在这种相互需要的推动下，中巴在传统能源的开发工作中开始携手共创佳绩。特别是在石油开发领域，中巴石油企业采取了一系列行动。如中国海油收购并投产的海油开发项目 Buzios5 作为世界上最大的深水盐下油田，产油量高达每日 60 万桶。其中项目所采用的浮式生产储卸油装置（FPSO）由中国于 2022 年 7 月在中国完成改造，于 2023 年 2 月正式送达巴西油田现场，设计储油能力达 140 万桶①，能够满足高效率的开采需要。当然，中巴之间的合作成果远不止如此，类似的大型油田合作项目还包括里贝拉、布兹奥斯、阿拉姆等。尽管未来我国新能源开发工作不断完善，对石油等传统能源的需求或许会适当降低，但在传统能源开发技术的合作上中国和巴西仍然有话可聊。

中巴的另外一个燃点是矿业领域的合作。中巴两国矿业合作的起始时间和中巴建交时间几乎同步，中国可以称得上是巴西最主要的买主。"中国是巴西最大的铁矿石、锰和铌进口国，第二大铜、天然气和饰面石材进口国，第四大铝进口国，以及第五大高岭土进口国。中国经济形势向好有利于巴西矿业回升。"② 举个有名的例子——巴西淡水河谷。截止到 2024 年，双方已经合作了 50 多年。淡水河谷首席执行官爱德华多·巴尔托洛梅奥在纪念向中国出口矿石 50 周年大会上曾感慨道："淡水河谷何其有幸。"③ 双方的交往一直十分稳定。除了本身

---

① 中国海油宣布巴西 Buzios5 项目投产. 证券日报网，2023 - 06 - 01.
② 未来 5 年巴西矿业喜忧参半. 中华人民共和国自然资源部网站，2023 - 02 - 08.
③ 共话中国经济新机遇｜综述：从矿石到产业——淡水河谷结缘中国半世纪彰显中巴经贸合作活力. 新华网，2023 - 09 - 04.

矿产的进出口之外，两国能合作如此长的时间，关键还在双方都在致力于满足对方的发展需求。巴西淡水河谷在这一点上做得相对较好。例如，自开始调整产业结构以来，中国在钢材炼化方面的环保要求提高了，淡水河谷也逐渐根据中国的需求调整自身策略，在共同制定绿色低碳政策方面一直不断努力。①2023年3月淡水河谷与宝武集团签署的生物炭开发合作协议，就是双方共同推进减少炼钢碳排放的一个合作案例。②

另外，随着时代的发展，新能源也成为最近双方合作升温的原因之一。中巴两个发展中大国正在经历绿色转型革命，新能源发展已被纳入国家经济发展规划。巴西国内的气候和生物条件对开展新能源合作项目有极大的挑战性，特别是热带雨林及其生物多样性的特点使得诸多国家对此望而却步。而中国在经验和技术方面具有较强优势。圣保罗州立大学哲学与科学学院教授路易斯·保利诺曾称赞道："中巴两国在可持续发展领域的合作对两国乃至世界发展都具有重要意义。"③截至目前，中巴已经在风能、太阳能、水能、生物发电等方面开展了合作。一些合作项目不仅促进了经济发展，而且产生了良好的社会效应，如中巴新坦基风电项目能够满足巴西43万户左右家庭的年用电量。在未来一段时间内，新能源合作有望成为为中巴关系赋能的又一个重要领域。

---

①② 共话中国经济新机遇｜综述：从矿石到产业——淡水河谷结缘中国半世纪彰显中巴经贸合作活力．新华网，2023-09-04．

③ 全球连线｜巴西人眼中的中国"绿色能量"．新华网，2023-04-12．

中巴为什么要一起"吃饭"?

中国拥有世界最大、最具潜力的农产品消费市场,巴西则是世界最重要的农产品出口国之一。中巴农业合作具有悠久的历史渊源。200多年前,中国和巴西便在农业领域开始合作。1812年,巴西皇帝下诏引进中国劳工到里约热内卢附近的茶叶种植园工作。1900年,又有一批华人迁移到圣保罗从事农业活动。自中巴建交以来,中国与巴西的经贸关系取得了飞速发展,其中农业合作占据重要地位,大豆及大豆制品的地位又尤为突出。这种重要地位不仅表现为双方农业贸易额的逐年增大以及相互间农业投资的增多,还体现为两国日益频繁的农业科技交流以及农业合作机制的不断完善。[①]

我们可以通过相关数据直观地观察到这一趋势。在1974年两国建交伊始,中国与巴西农业贸易额只有1 742万美元,到20世纪90年代两国年均贸易额已增至14.94亿美元。进入21世纪,两国贸易额逐步攀升。2013年,中国首次超过欧盟成为巴西最大的农产品出口目的地。2022年,中巴双边贸易额达1 714.9亿美元,同比增长4.9%,中国连续14年成为巴西最大的贸易伙伴。在农业方面,双方主要农产品交易量保持在高位,中国持续保持巴西大豆、牛肉、鸡肉、猪肉等农牧产

---

① 刘明,原珂.中国与巴西农业合作发展的现状与前景.对外经贸实务,2014(12):26-30.

品第一进口国的地位。海关总署公布的数据显示,2022年,中国进口大豆9 108.1万吨,来自巴西的进口量达到5 440万吨,占比达59.73％。同年,中国共进口牛肉268.8万吨,从巴西进口110.5万吨,占牛肉总进口量的41％。① 具有高度互补性的农业合作,成为推动两国贸易快速增长的重要引擎。

在信息技术高度发达的数字时代,电子商务飞速发展,其在中巴贸易中扮演的角色也愈发重要,为中巴农业贸易创造了新机。据海关总署消息,巴西是拉美地区最大的电商市场,其广阔的市场前景吸引了众多电商平台入驻。2023年2月,中国首条金砖城市跨境电商空运专线"厦门—圣保罗"开通,满足了中国和巴西两国跨境电子商务业务不断增长的航空物流需求。这条"空中丝绸之路"自开通以来运行稳定,将广受中国消费者欢迎的海鲜、水果等拉美生鲜产品源源不断地运送到中国市场。据海关总署统计,截至2023年8月16日,该航线已执飞90架次,共计搭载进出口货物7 225.1吨,其中,出口跨境电商清单数量达799.1万单,出口载货率达100％。②

袁隆平把玉米种到了巴西

可以说,袁隆平把玉米种到了巴西,为全球农业贸易与投资创造了新的发展机遇。在巴西,每5颗玉米种子中就有 颗

---

① 大豆、牛肉、鸡肉、猪肉……,中国成了巴西这些农产品的最大买家.界面新闻,2023 - 04 - 17.
② 得"天"独厚 中拉共绘农业合作新画卷.人民网,2023 - 10 - 16.

来自隆平农业发展股份有限公司（以下简称隆平发展）。2019年，隆平发展筹建中巴农业产业园，致力于生产适应巴西多样化气候与土壤条件的农作物种子，帮助当地农场主提升种植效率、产量和质量。目前，该公司的玉米种子在巴西的种植面积达400多万公顷，在当地市场份额超过20%，是巴西排名前三的玉米种业公司。此外，隆平发展还推广了农业综合产业链新模式。隆平发展以隆平巴西公司为支点，以中巴农业产业园为载体，整合全球资源，打造以种子为核心的综合产业链，链接全球数以万计的上游研发公司、中间生产企业、末端销售运输网点等。

2021年5月，袁隆平逝世，巴西南里奥格兰德州水稻研究所技术主管伊沃·梅洛在接受记者采访时说："获知袁隆平教授逝世的消息，我很难过。他留下的遗产必将被世世代代铭记。"梅洛说，杂交水稻技术对减少全世界营养不良的现象具有重大意义，"袁教授的成就为我们留下了一笔科技财富，为全世界消除饥饿做出了贡献"。

"中国-巴西农业科技产业园区"——南美最大的玉米、大豆种子研发中心和供应集群何以落成？

2017年，中信集团旗下隆平高科与中信农业产业基金联合收购巴西玉米种业资产，成立隆平巴西公司。经过几年的发展，公司经营在实现长足发展的同时，也为当地创造了大量就业机会。在隆平巴西公司总部，中信集团副总经理、中信农业科技董事长王国权表示,种业是农业的基础与核心,隆平巴西公司建立起了种质资源、育种技术交流合作平台,有效提升了科技研发水平,目前公司玉米种子在巴西市场的占有率稳居行业前三。

埃迪米尔森·利纳雷斯从事玉米遗传基因改良工作已有40年的时间,如今担任隆平巴西研发总监,他对中巴间的农业科技合作抱有很高期待。"巴西和中国之间的合作非常重要,增加了种质技术知识互补。两国都有着非常大的土地面积,有着多样化的气候、海拔和农业用地,我们的技术能够扩大服务于两个国家不同的地区。"他说。除了种子业务外,隆平巴西还牵头建设了"中国-巴西农业科技产业园区",邀请中国优质农业产业链企业来巴西拓展业务,为入驻企业提供财务、法律、行业咨询等支持。2022年5月,项目协议在巴西正式签约落成,这意味着中巴农业多双边合作格局正在逐步形成。

中粮集团打通中巴"玉米走廊"

巴西是世界上第三大玉米生产国,同时也是世界上第二大玉米出口国,玉米年出口量超过4 000万吨,约占全球玉米出口的四分之一。2020—2022年三年间,我国知名粮食企业中粮集团从巴西累计进口农产品3 400万吨,进口总金额达190亿美元,并保持着增长态势。2023年1月,中粮集团首次散船进口巴西玉米6.8万吨,标志着巴西玉米输华走廊正式打通。与此同时,中粮集团不断筑牢中巴农产品运输交通网。目前，桑托斯港是拉丁美洲最大的港口，承担着巴西 28% 的对外贸易物流，中粮集团在该地持有并运营两座大型码头。依托全产业链、一体化的发展模式，这两座码头已成为整个桑托斯港运营效率最高的农产品出口"中转站"。巴西农民从田间收获的大豆、玉米等农产品，以更快的速度从这里被送往世界各地。

"新兴之火"可以燎原吗？

> 以数字技术为出行和支付注入新活力，以提高新能源车普及率助力绿色发展，以创新让人们的生活更加方便、更可持续，既是我们的事业，也是我们的期待。
> ——中国企业滴滴旗下 99 出行平台创新总监蒂亚戈·伊波利托

中巴如何合力推动可持续发展？

当被问到中巴之间什么合作最有活力时，那就不得不提可持续发展了。众所周知，气候变化及气候极端现象已经成为 21 世纪全球面临的最大挑战之一，各国政府在可持续发展框架下通过国际合作才能解决。

巴西拥有丰富的自然资源和矿物资源，这对巴西经济发展至关重要。但同时，亚马孙雨林的砍伐、土地的过度使用以及其他不可持续的经济活动直接或间接地导致了热带雨林生态系统的崩溃、气候变化和生物多样性下降等问题。巴西作为拉美大国，在全球环境问题上有必要发挥重要作用。为履行国际承诺、参与全球环境保护行动、缓解国内环境压力和保护资源，巴西意识到了可持续发展的必要性和紧迫性。

中国经济飞速发展，但是在经济高增长的同时，也面临着不小的环境问题，如空气和水污染、土地退化等。此外，中国是世界上人口最多的国家之一，巨大的人口规模对资源需求极大，而中国的人均资源相对不足。在这种情况下，寻求更环保、更可持续的发展道路，减少对不确定或逐渐枯竭的能源资源的依赖，改善环境质量和生态系统健康，确保能源供应的可持续性，降低经济的脆弱性是必由之路。

中巴两国对于可持续发展都有共同的目标和愿景，同时两国在自然资源、科学技术等领域具有互补性，因此两国在可持续发展领域可以展开紧密合作，实现互利共赢。

新能源汽车。传统的燃油汽车会排放大量二氧化碳。在燃料成本居高不下、可持续发展理念日益深入人心的背景下，巴西国内消费者越来越青睐更"清洁""绿色"的汽车，汽车电动化的发展趋势不可逆转。同时，巴西政府也积极鼓励新能源技术发展，2016年通过了《促进可持续交通》法案，海外新能源汽车厂商在关税、消费税等税收方面享受巴西的激励政策。中国新能源整车技术处于国际先进水平，中国车企近年加快布局巴西市场。

比亚迪是中国新能源汽车的领先者，凭借产品口碑、新能源技术和开展本土化合作快速赢得巴西市场份额，成功进入巴西市场。

首先，比亚迪以产品实力打响品牌口碑。2014年10月14—19日，在第十一届巴西国家科技展上，比亚迪旗下纯电动大巴K9与纯电动出租车e6亮相科技展，凭借其自身先进的新能源技术和产品，赢得了在场科技爱好者的一致喜爱。其实在当年的7—9月，比亚迪纯电动大巴K9就已经在巴西公共交通运输公司（TCB）进行了试运行。数据显示：K9的运营成本比传统燃油大巴减少了75%，良好安全的试运行结果也让TCB信任比亚迪的技术，并计划在市公交运输系统中引进K9大巴。在时任中国驻巴西大使李金章先生的见证下，TCB与比亚迪签署了纯电动校巴的谅解备忘录。

其次，比亚迪与当地厂商展开积极合作，实现了生产本土化。2015年5月，比亚迪与巴西最大的巴士车身制造厂商马可波罗正式签约，双方将在纯电动校巴领域展开战略性合作。5月22日，比亚迪与巴西坎皮纳斯市（位于圣保罗州，巴西第十大城市）签订投资协议，计划建立太阳能工厂，主要用于太阳能板的生产。2018年，比亚迪纯电动叉车也成功进入巴西市场。2021年，比亚迪正式进军巴西乘用车领域。2022年10月，比亚迪与巴西最大的经销商集团Saga合作在首都巴西利亚开设了首家门店。

同时，比亚迪也在布局巴西本地化生产的蓝图。2023年7

月4日，比亚迪宣布，将在巴西巴伊亚州卡玛萨里市设立大型综合生产基地，其中包含三座工厂，即新能源乘用车整车生产工厂、电动客车和卡车底盘生产工厂，以及专门的磷酸铁锂电池材料加工工厂，总投资额约为45亿元人民币。这一举措也是比亚迪在美洲市场发展的重要里程碑，有助于加快新能源汽车在巴西本土的生产制造和普及。

2023年是比亚迪在巴西口碑、市场双丰收的一年，旗下新能源汽车以70%的市场占有率在巴西纯电车市场高居榜首。12月2日，比亚迪"海豚"汽车获得巴西汽车杂志 *Autoesporte* 颁布的年度汽车大奖，该奖项是巴西全国汽车行业最重要的奖项之一。凭借这一殊荣，比亚迪成为首个获得该杂志年度汽车称号的中国品牌。

除比亚迪外，奇瑞也是很早就入局巴西汽车市场的中国车企。2011年7月，奇瑞就投入4亿美元在巴西圣保罗州的一座小城建造了现代化汽车工厂。同时，奇瑞也是首家在巴西投资建厂的中国乘用车企业。2014年，奇瑞巴西工厂落成投产，并宣布将在巴西投资40亿美元用于建设"奇瑞汽车园"，一举成为当时中国汽车品牌在海外建厂的最大投资者。

深耕巴西市场多年，奇瑞在巴西拥有多种热销车型，部分车型甚至还成为巴西政府的采购用车之一。多年经验让奇瑞能够更快速敏锐地捕捉到巴西本土消费者的诉求和需求。奇瑞汽车国际有限公司相关人员表示，奇瑞在巴西售卖的很多车型都会根据巴西消费者的需求进行有针对性的本土改造，比如使用乙醇与汽油双燃料发动机等。

目前奇瑞是巴西汽车市场增速最快的中国车企之一，市场份额超越了日产和雪佛兰，并且在新能源、新产品、新技术等领域都积极开展新项目。近年来，奇瑞在清洁燃料、动力总成、三电技术等领域不断深耕积累，新能源汽车也成为奇瑞出口巴西的重要车型。①

可再生能源。中巴两国一直以来都在能源领域保持密切的合作互惠关系。近年来，两国在可再生能源领域开展了更多更大的项目，助力两国能源转型进程。2015年，两国签署《中华人民共和国政府与巴西联邦共和国政府2015—2021年共同行动计划》，将生物能源、生物燃料、纳米技术、农业科学、气候变化、新能源技术等作为两国科技和创新领域中优先合作的方向。同时，两国高校之间也展开了紧密合作，合作开发藻类制生物柴油，共同研究甘蔗制生物质能的水解效应，以及发展燃料电池新能源汽车、促进酶法制备生物柴油产业化等。

目前，中巴两国可再生能源合作项目主要集中于水电领域。国家电网积极参与该领域与巴西的合作，已先后中标巴西±800千伏美丽山水电特高压直流送出一期、巴西特里斯皮尔斯水电送出一期及二期、谢罗宾水电等多个重大项目，将满足巴西大部分家庭人群的年用电需求。2015年11月，中国三峡集团巴西公司中标两座水电站特许经营项目，此次竞标成功后，三峡巴西公司也成为巴西本土第二大私营发电企业。2016

---

① 推崇"绿色"出行 中企深耕巴西新能源车市场.科技日报，2022 - 04 - 12.

年 10 月,三峡集团以 12 亿美元(含债务)收购了杜克能源巴西公司 100% 的股份。截至 2018 年 10 月,三峡巴西公司已在巴西拥有 17 座水电站、11 个风电场和 1 家电力交易公司,成为巴西第三大发电公司。2018 年 11 月,中国公司阿特斯阳光电力集团与其他公司共同建设巴西霹雳波(Pirapora)太阳能光伏电站,该光伏电站是拉丁美洲最大的太阳能电站之一,将大幅增加巴西光伏发电比例,降低巴西国内输电成本。

数字助力中巴合作腾飞

要说中巴之间什么合作最有前景,数字经济当仁不让。而其中,快手布局巴西是一个生动案例。

快手海外版 Kwai。快手 2017 年开始布局海外市场,2019 年正式进入拉美市场,并把重心放在了巴西。2023 年 10 月 26 日,在第五届中国巴西经济发展战略对话线上研讨会上,快手高级副总裁、国际化业务负责人马宏彬表示,"中巴数字经济合作前景广阔,数字经济对产业的改造将撬动经济的腾飞",并强调快手海外业务将会 all in 巴西。在耕耘巴西市场的过程中,快手向巴西注入了大量投资,并实施了完善的布局策略。时至今日,快手海外创收一半以上来自 Kwai,月活跃用户已经超过 6 000 万。可以说,快手已然成为巴西重要的短视频平台。那么快手如何在短短几年时间内抓住了巴西短视频市场呢?

也许,短视频内容的本土化是一手妙招。中国与巴西地理、文化、历史均差异过大，快手在中国主推的乡土内容肯定无法照搬到巴西市场，打开巴西市场的关键就是短视频内容本土化。快手积极洞察调研巴西短视频用户的内容喜好，深挖巴西本土文化，根据得出的结论，量身为巴西用户打造出适配的视频内容。例如，巴西电视剧很像早期泰国电视剧，叙事节奏很快、故事情节狗血、人物关系错综复杂。发现巴西人对这一内容的喜好之后，Kwai 积极尝试情景短剧的短视频内容形式，一下子抓住了巴西用户的喜好，频频打造出爆款视频。趁热打铁，Kwai 也成立了 TeleKwai，专门制作发布情景短剧。此外，针对巴西人对体育尤其是足球的狂热，Kwai 还加大了与体育内容相关视频的创作与产出。目前，Kwai 以情景短剧、体育等内容为主，以其他垂类内容为辅，同时也在积极拓展新内容垂类。

与此同时，由于巴西短视频市场欠完善，Kwai 在巴西建立了本地团队，还与本地用户、广告代理商、多频度网络（MCN）机构等合作方积极展开深入交流，帮助这些合作方高效快速地建立视频拍摄流程和框架，同时持续加强巴西与中国团队的交流与沟通，实时掌握巴西市场情况。

除了打造本土化的视频内容之外，Kwai 也致力于与巴西本土文化和优质 IP 进行合作以增加品牌曝光度。比如，以赞助冠名等方式先后与巴西福塔莱萨足球俱乐部、巴西狂欢节、真人秀 A Fazenda 等展开深入合作。2021 年 5 月，Kwai 成为美洲杯足球赛事独家线上合作伙伴，也是首个赞助美洲杯的出海短视频社交平台。此次与美洲杯的合作在短期内为 Kwai 带

第五章　牵手巴西——从站稳脚跟到美美与共

来了巨大的流量曝光,到 7 月美洲杯结束时,Kwai 平台日活跃用户和同时在线人数均创下新高。

除了短视频之外,拉美也是全球电商发展的新热土,是前途大好的蓝海市场。快手敏锐地察觉到了这一信息,火速布局推广其在巴西的电商直播业务。2021 年 5 月,Kwai 联合虾皮购物网站共同推广电商业务;同年 10 月又推出面向巴西的广告平台 Kwai for Business,为下一步购物广告和电商直播业务打下基础。[1] 同时,Kwai 也正式成为巴西国内首个与零售公司合作开展电商直播业务的平台。[2]

同舟共济"难不难"?

> 同舟共济扬帆起,乘风破浪万里航。
> ——刘安《淮南子·兵略训》

1974 年 8 月 15 日中国与巴西正式建交,自此之后中巴两

---

[1] 快手"五战"出海,重整海外业务剑指巴西. AMZ123 跨境导航,2022-09-20.
[2] 快手助力巴西数字经济发展,短视频和直播在巴西有三大发展机遇. 央广网,2023-10-31.

国关系飞速发展,成为手挽手肩并肩发展的好兄弟好伙伴。两国外交关系连跳两级,1993年建立战略伙伴关系,2012年又提升为全面战略伙伴关系。回顾这些年,中巴两国就好像一起升级打怪的最佳拍档,携手面对风云变幻的国际局势,乘风破浪披荆斩棘;虽然在这段冒险旅程当中有低谷有迷茫,但是中巴两国始终坚定地走在一起。

中巴两国分别是东西半球最大的发展中国家,也是南南合作的推动者。同为南方国家,中巴两国用实力打脸了众人对"难上加难"的刻板印象,南南合作并不仅仅是抱团取暖,而是"众人拾柴火焰高"。南南合作一点也不难!

我们都是成熟的"大人"

一个成熟的"大人"具有自己的思考能力,能够管理好自己的情绪;显然,在处理双边关系上,哪怕面对意识形态上的分歧,两国也自始至终能够坚持友好发展的互惠政策,保持密切的外交往来。

辨知能力是关系稳定的基石

1993年11月,江泽民主席访问巴西,两国领导人就建立长期稳定、互利的战略伙伴关系达成共识。这是中巴双边关系上的一个里程碑,对进一步推动两国友好合作具有重要意义。在此框架下,两国领导人统筹规划,不断充实两国战略伙伴关系的内涵。不仅如此，两国领导人和政府高层积极展开对话和高级别互访，使中巴关系持续、稳定地向前发展。

当然，不可否认，2019年1月1日博索纳罗就任巴西总统后，中巴两国双边关系曾面临过巨大挑战。由于博索纳罗政府的意识形态偏差，巴西似乎摇身一变为"trouble maker"，跟随美国追逐"退群"热潮。这个时期，人们一提起巴西，都是一言难尽。博索纳罗那些极其偏激的外交理念并不能代表巴西主流社会的价值观，彼时，巴西政府内部也存在反对总统的声音。除此之外，巴西政商界的实务派人士也在努力修补总统激进外交政策所造成的损害。

但即便在这种情况下，中巴合作大局仍然整体向好，两国高层仍倾向于通过沟通来应对分歧。在双方的共同努力下，中巴两国之间的高级别会议有条不紊地推进。比如，2019年5月，时任巴西副总统莫朗访问中国，与王岐山副主席举行会谈并沟通主持中巴高委会第五次会议，更新《2015—2021年共同行动计划》及《2012—2021年十年合作规划》。同年7月，中国外长王毅访问巴西，并与巴西外长阿劳若举行第三次两国外长级全面战略对话，就推动双边关系迈上新台阶达成高度共识。

2019年10月25日，博索纳罗访华，这是他上任之后首次访华，也标志着中巴关系实现平稳过渡。来华期间，博索纳罗一改其先前在竞选阶段对华的敌对态度，转而充分认同与中国继续深化发展全面战略伙伴关系的理念，并表明要将发展对话关系放在巴西外交的优先方向。不仅如此，两国领导人还就农业、能源、矿业、贸易等多个领域交换意见并达成共识，共同见证了多项双边合作文件的签署。

高层交往成为中巴两国外交关系深化的指明灯，引导两国走出低迷，重新迎接光明未来。

弥补能力是重修旧好的关键

2023年1月1日，务实派卢拉正式就任巴西总统，着力解决遗留问题，提升巴西的国际声望，并修复中巴关系。在外交政策上，卢拉提出将要带领巴西"重回世界舞台"，推行多边主义，加强拉美地区合作机制，深化与金砖国家合作，推动建立新的全球治理模式。在对华关系上，卢拉于2023年4月12日至4月15日对中国进行国事访问，意在重启巩固与中国的关系，并表示期待中巴能够在绿色能源、基础设施建设等领域展开更加深入的合作。此次访华，巴西组建了豪华代表团，成员包括商人、州长、议员和部长等。在访问期间，两国企业达成了20项新的商业合作协议，涵盖能源、基础设施、农业、汽车、信息技术等多个领域。

企业如何"打辅助"？

随着两国外交关系的稳中向好，双边贸易也蓬勃发展。自2009年以来，中国已连续15年成为巴西第一大贸易伙伴和出口目的地；巴西也是中国在拉美的最大贸易伙伴和最大直接投资目的国。据中国海关统计，2023年中巴双边贸易额达到了1 815.3亿美元。

"妈妈"让我和你玩

中巴两国建交以来都高度重视双边贸易的发展，2004年成立中巴高委会，这是中巴加强对话与交流的重要机制；同年5月在两国政府的积极倡议和推动下，由两国企业家共同组建的中国-巴西企业家委员会正式成立，旨在加强两国企业间对话与合作，发展中巴经贸关系；2010年、2011年，中巴两国分别签署共同行动计划和十年合作规划，明确2012—2021年双方在科技与创新、经济合作等优先合作领域的重点项目；2012年中巴关系更上一层楼，提升为全面战略伙伴关系，在经济投资贸易、科学技术创新等各领域深化合作。

2015年5月18日至21日，李克强总理对巴西进行正式访问。访问期间，双方签署了两国政府《2015—2021年共同行动计划》。不仅如此，中巴两国还就不同领域签署了互惠政策和条约，以便利两国贸易往来与合作。如果说两国政策是经贸合作的司令，那么企业无疑是听令的将士。在两国双边政策的指引下，各领域企业各显神通，不断加强两国多领域合作。

农牧业。一直以来，农牧业都是中巴双边贸易往来中的重要一环。两国的农产品在出口类型上各有侧重，中国主要出口加工类农产品，但是规模较小；而巴西则以咖啡、大豆等大宗农产品为主，规模也更大。

2014年和2023年中巴两国的联合声明都高度重视两国农牧业贸易和进出口，并肯定了农业及农产品贸易方面的合作具有战略意义和战略高度。

作为全球布局、全产业链国际化的大粮商，中粮集团多年来积极响应相关政策，不断拓展与其他金砖国家的合作，创新合作模式，实现多方合作共赢。一直以来，中粮集团都将巴西作为海外投资布局的重点国家。2014年，中粮进入巴西大豆重要产区马托格罗索州，建立了大豆加工、仓储和物流网络，并成为该州最大的大豆出口企业。中粮国际还提出"可持续大豆采购"政策，开展大豆可追溯项目，通过增强农产品的可追溯性，建立了无毁林和无植被破坏的可持续大豆供应链。[①]

此外，巴西还是我国牛肉、猪肉和禽肉进口的重要提供国。随着经济发展和国民生活水平的不断提高，我国肉类消费量持续增长。2015年，中巴续签两国政府关于动物卫生及动物检疫的合作协定，重申将完善巴西牛肉、猪肉和禽肉企业注册程序，以扩大双边贸易。当年，仅有29家巴西肉禽企业具有出口中国市场的资质；而截止到2024年3月12日，巴西共有106家肉类企业获得向华出口的批准。

数字经济。巴西互联网还处于蓬勃发展时期，很多国内

---

① 中粮集团以新模式深化金砖国家间农业合作.企业观察网，2023-09-20.

第五章　牵手巴西——从站稳脚跟到美美与共

优秀的项目在巴西都没有对标,因此中国互联网纷纷把视线投向巴西,希望能在这个遥远国度的互联网市场中抢占先机。

阿里巴巴国际站速卖通早在 2010 年就进入巴西,2013 年开始正式运营。根据 E-Bit 数据,截至 2013 年底,在巴西开通不到一年的速卖通已占据巴西 20% 的市场份额,约有 200 万用户,位列第三。① 2014 年习近平主席对巴西进行国事访问,与巴西总统共同见证了《阿里巴巴集团和巴西邮政合作备忘录》的签署。阿里巴巴与巴西国有邮政服务公司 Correios 携手,帮助巴西小企业通过阿里巴巴网站使用阿里巴巴支付宝电子支付系统在中国销售产品。② 在 2022 年中国国际服务贸易交易会上,巴西出口投资促进局与阿里巴巴集团签订框架协议,双方约定在速卖通开设"巴西制造"专属国家馆,促进巴西产品通过阿里巴巴国际站一键卖全球。③

早在 2017 年 1 月,滴滴出行就开始购买 99 部分股权(99 是巴西乃至整个拉美领先的移动出行企业,且与 99 签约的全是城市中的注册出租车),并且先后派出 IT 人才前往巴西,和 99 的同事共同完善产品。2018 年 1 月上旬,滴滴出行正式宣布收购 99,并对软件进行全面升级革新:开发私家车业务,在提高司机体验上,还开发了地图来预先判断区域安全性、帮

---

① 全球热议阿里巴巴上市首日. 新华网,2014-09-20.
② 阿里与巴西邮政 Correios 结盟 以拓展在巴西市场. 环球网,2014-07-22.
③ 中国服务贸易"走出去",百家巴西企业入驻中国电商平台. 北京日报,2022-09-03.

助司机避开危险区域，且通过大数据不断优化派单算法、精准派单。

基础设施建设。在基础设施建设领域，巴西与中国有着长期合作历程和良好的合作前景。2017年中国与巴西达成了价值200亿美元的基础设施基金协议，对推动巴西铁路建设具有积极意义。近年来，在港口基础设施建设、电力基础设施建设、陆路交通基础设施建设等领域双方都有深入合作。招商局集团和中国交通建设集团在巴西建立的南北两大物流平台——巴拉那瓜港和圣路易斯港，提升了巴西南北港口效率，为便利商品运输发挥了重要的推动作用。2017年9月招商局集团以8.6亿美元收购了巴西第二大港口巴拉那瓜港90%的股权，2018年2月双方正式交割股份，2019年又引入中葡基金、中拉基金两家公司对港口进行战略投资。该港口位于巴西经济腹地东南面的沿海地带，地理位置优越。以巴拉那瓜港为起点，可以在物流、高速公路、临港保税园区和城市社区综合开发等方向寻求投资机会。同时，该港口也是巴西南部唯一有铁路连接的码头和第二大集装箱及最大冷藏箱码头。招商局集团以此为起点给巴西带来了综合物流、交通基建、园区开发等方面的发展机会和社会效益。从2018年起着手扩建的码头和堆场，在2019年完工之后大大地改善了巴拉那瓜港效率低下的现状。见证了这一切过程的伊科诺穆说："随着中国设备的到来和疏浚工程的启动，港口拥堵等问题才逐渐得到解决。"

第五章　牵手巴西——从站稳脚跟到美美与共

"大人吵架"不关"小孩子"的事

坚固的友谊往往会受到苦难的历练。虽然博索纳罗在竞选期间对中国企业和投资大吐口水，但这并未影响到两国企业继续合作的决心与信念。中巴两国企业在合作中共赢互惠，经贸往来越发紧密。近两年，巴西对外贸易总体呈现下降趋势，但是对华贸易各项指标变化趋势明显好于巴西对外贸易总量的同类指标变化情况，中国市场对巴西的重要性进一步凸显。与对外贸易总量各项指标相比，2019 年巴西对华贸易的出口额、进口额、贸易顺差和贸易总额均得到增长，且在 2020 年前三季度中，巴西对华出口同比增长 14%，占巴西对外出口总额的 34% 以上。中巴贸易的逆势上涨，对双边关系的"稳定器"作用更加明显。2019—2022 年，全球正处于极度特殊的时期，中巴两国外交关系也出现了波折，但是由于中巴合作内生动力强劲，务实合作前景广阔，中巴两国企业间的合作丝毫不受影响，依旧积极进行。

博索纳罗上任后对华态度的转变其实也与巴西企业有关。作为中巴贸易的引领、参与方，巴西国内的行业联合会对博索纳罗批评中国的言论表示强烈反对，博索纳罗也开始意识到了中国对巴西贸易的重要性，毕竟巴西 30% 的出口都是面向中国的。不仅如此，中国也是巴西主要投资来源国之一，中国与巴西之间的经贸合作和投资领域的纽带紧密而又牢固。

我和你，心连心

两个相隔甚远的国家能够结下如此深厚的情谊，这当然离不开两国人民的手牵手、心连心。只有两国人民具有相亲相近的想法，两国的友谊才会深刻而长久。

你的语言我也会

文化是一个国家、一个民族的精神标识和智慧结晶，因此在某种程度上，语言就是一个文明、一个文化的缩影，记录着古往今来。

中国与巴西本是相距遥远的两个国家，但是近年来，随着两国人民的交流日益活跃，民间的相互认知也不断深化。最突出的一点就是语言互学。1960年中国还只有一所高校开设葡语课程，而现在在中国，已经有120多所高校开设葡语课程。中国传媒大学等高校甚至把葡语作为主要的授课内容，葡语也不再是国人未曾听说过的"小众"语言。随着更多的人学习葡语，越来越多的巴西音乐、巴西影视剧、巴西文学也被翻译成中文，引入中国。语言不再是阻隔中国人了解巴西的障碍，相反，它成了一座桥，让我们通过文字和语言认识到了热情的巴西、多彩的巴西。

在巴西，学习中文也成为潮流。中巴高校已共建了12所孔子学院。学习中文的热潮成功引起了巴西的"中国热"，更多的学者、专家投身到中国文化、经济发展等领域的研究当中。近年来，随着两国经济贸易的健康良性发展、中国各大企业纷纷出海巴西，在巴西，不仅学生们会学习中文，一些已经工作的人也会在业余时间学习中文来提升自己。功利一点来说，对于巴西本地人而言，学习中文其实就意味着能够拥有更多的就业机会。现在，很多巴西本土的高校也已经开设了中文课程。所以，如果有一天你在巴西旅游，遇到一个英语不利索但中文特地道的巴西人，别惊讶，这没什么稀奇的！

你的文化我欣赏

提起巴西你会想到什么呢？是热情似火的巴西人，是俯瞰全城的基督像，是肆意疯狂的狂欢节，还是宛如艺术的巴西足球？这些都是巴西，都是巴西绚丽多彩文化的缩影，但真实的巴西远比这些更加多元丰富。近年来，巴西驻华使团牵头举办了多种活动，如巴西电影展，用电影的方式更加直观地向中国观众展示巴西的文化、社会、历史、人文、景观等。此外，在我国也出现了不少巴西菜馆，让人们能够品尝到黑豆饭、烤肉等巴西特色菜品。

同样，在中国驻巴西使团及巴西华人的多方努力下，越来越多的巴西人也在了解学习中国文化。由巴西华人开设的华文学校，不仅会教学生们认汉字，还开设了不少艺术课程，如中国民族舞蹈、中国绘画、中国武术等，在海外传递中国艺术与文化。

你的产品我信任

两国多年来的经贸合作离不开彼此间对各自产品的信任，俗话说"非巴西松子不吃，非中国制造不买"。

巴西农牧产品深受中国消费者的喜爱。依据农业农村部发布的关于 2023 年 1—12 月中国农产品进口主要来源地情况，2023 年巴西蝉联中国主要农产品进口来源地榜首，大豆、牛羊肉、坚果等农牧产品持续进入中国。其中最有知名度的可能就是巴西松子了，虽然价格较为昂贵，但是消费者还是愿意为它"一掷千金"。

中国制造在巴西也树立了良好口碑，从日用品再到高科技产品，中国制造早已与巴西人民的日常生活密不可分。如果我们浏览巴西版虾皮、希音和速卖通等购物网站，我们很容易看到非常眼熟的热卖商品。看看发货地或者卖家名称，这可不正是咱们中国的商品嘛。由于巴西制造业的空心化，其产品款式单一，价格也较高，所以大部分日用小商品基本都依赖进口。而我国又恰好是轻工业强国，物品不仅丰富还更加好用，价格又非常低廉。看到机遇的中国人，用"义乌"小商品打开了巴西日用品市场甚至巴西电商市场，在多届巴西小商品展上大获成功。中国的 3C 产品也在巴西市场大放异彩。你以为巴西的硬通货是货币雷亚尔吗，其实是我国的小米公司产品呢。其实小米进军巴西市场并不一帆风顺，早在 2015 年小米就将视线瞄准了遥远的巴西，但是当时准备不够充分，没能顺利进入巴西市场。2019年小米重整旗鼓，宣布重回巴西。凭借着日益上涨的品牌知名度、过硬的产品和完善的售后服务，小米成为巴西手机市场中的翘楚。近年来，越来越多的中国品牌出海巴西，巴西人也开始使用、认可、信赖中国品牌、中国制造。

可以说，中巴友谊的小船之所以能犹如巨轮般自如航行，源于中巴两国政府的顶层设计和规划，同时也得益于基层企业和民众的深耕与厚植。在这种背景下，中巴两个"南南"国家尽管面临波折、挑战、冲突，仍然能够彼此羁绊且并肩前行。中巴两国为"南南"合作递上了完美的答卷，"南南"合作一点也不难！

我们的未来

> 长风破浪会有时，直挂云帆济沧海。
> ——唐·李白《行路难·其一》

中巴两国合作潜力巨大，互为重要的经贸伙伴。近年来，中巴经贸合作不断深化，双边贸易稳步发展，投资合作日趋活跃。借助中国国际进口博览会这一平台，巴西企业积极深耕中国市场，巴西阿萨伊浆果、马黛茶、特色风味果汁等进入中国消费者视野。

巴西出口投资促进局连续 5 年参加上海进博会，2022 年带领多家巴西食品饮料企业在食品及农产品展区参展，积极寻求与中国伙伴的合作机遇。该局主席维亚纳表示："中国是巴西最大的贸易伙伴和主要投资来源国，深化对华合作对巴西经济社会发展至关重要。"巴西动物蛋白协会总裁里卡多·桑丁表示，该协会在历届进博会上积极推广巴西产品，希望更好地抓住中国高水平对外开放机遇，在农副产品贸易上加强与中国的合作。巴西南里奥格兰德州农业联合会主席杰德奥·佩雷拉表示："中国有着世界上规模最大、成长最快的中等收入群体，对高质量消费品的需求越来越大，这对巴西农产品出口来说是重要的机遇。"

2023 年 4 月，中巴双方发表《中华人民共和国和巴西联邦共和国关于深化全面战略伙伴关系的联合声明》，双方赞成继续扩大贸易往来，积极促进贸易多样化，推动贸易便利化，促进服务贸易及农产品贸易，提高产业链供应链韧性；双方认同在农业及农产品贸易方面的合作具有战略意义，对双方主管部门在植物卫生及食品安全等领域达成的共识表示满意，承诺将在这些领域加强对话，以坚定推动两国粮食、农产品贸易的安全顺畅发展。展望未来，两国将持续释放务实合作潜能，成为互利共赢和南南合作的典范。

高新技术引领中巴合作转型升级

长期以来，中巴都强调要加强两国在高新技术领域的合作。近年来，中巴两国在深化传统产业合作的基础上，也在清洁能源、可持续发展、新能源等高新技术前沿领域展开深度合作，打造新的经济合作增长点，引领中巴两国双边合作朝着附加值更高、科技含量更足的方向转型升级。

锂电池技术

2019 年巴西矿冶公司正式启用以电池技术为基础的产品研发项目，自 2021 年起与中方企业及高校展开合作，研究如何将金属铌制成电池正、负极和其他相关产品的技术。

公司负责人表示中国对巴西矿冶公司的核心业务至关重要。"一方面，中国有现成的基础设施和行业人才，使得技术研发更加便捷；另一方面，中国政府将电气化作为重要发展目标。这两者的结合创造了一个整体氛围，极大地促进了电气化技术在中国的发展。"

能源勘探技术

随着深海石油勘探技术的不断进步，世界石油产业的焦点确实在逐步向海洋领域转移。具体来说，技术进步使得深海石油资源的开发变得经济可行和技术可行，这对石油产业的地理和战略布局产生了深远影响。

论及中国的海上石油勘探装备制造业先锋，不得不提及中国海洋石油集团有限公司（CNOOC）旗下的中海油服（COSL）。不仅 COSL 在中国海域从事广泛的勘探和开发活动，而且它的技术和服务也已经扩展到了国际市场，包括进入了富含油气资源的巴西海域。COSL 曾获得巴西国家石油公司（Petrobras）的合同，为其在巴西水域提供钻井和勘探服务。此类合作也展现出中国企业在海上油气勘探装备制造领域的竞争力和国际化战略。

巴西在深海勘探技术方面具有行业领先地位，巴西国家石油公司是世界上最先进的深水油气勘探和生产公司之一，在盐下层（subsalt）油田的精湛勘探和开发技术十分前沿。对于位于巴西东南部海域的里贝拉（Libra）超深水油田，Petrobras 使用了世界先进的深海钻探和生产技术对该油田进行了成功开发。

通过中巴两国企业的合作，中国企业可以充分发挥其在海上装备制造和资金方面的优势，而巴西企业则可以分享其在深海及超深海勘探和开发领域的丰富经验和技术。这种技术和资源的互补性，不仅有助于双方提高各自在全球石油市场上的竞争力，而且能促进双方在油气勘探和生产技术领域的进一步革新。

电动交通

近年来，电动汽车以其高效节能、零排放等突出特点在全球范围内获得了越来越多的认可和推广，成为促进低碳环保出行的重要选择。巴西作为拉丁美洲的一个重要国家，也在积极响应全球减碳号召，推动本国的交通系统向更加绿色、更加清洁的方向发展。在这一背景下，巴西政府与中国车企之间在公共交通系统领域的合作不断深化，共同推进城市交通体系的绿色清洁转型。

圣若泽-杜斯坎普斯市的案例尤为突出。这座位于巴西圣保罗州的城市，以其先进的飞机制造和科技研发闻名，且有"航空城"的美誉。该市不仅是巴西第一个建立纯电动城市公交系统的城市，而且该系统的实施效果得到了市民的广泛好评。这条名为"绿线"的公交路线全长 14.5 公里，设有 13 个停靠点，2021 年 11 月开始由比亚迪提供的 12 台纯电动大巴投入运营。电动大巴的使用大幅提高了乘坐公共交通的舒适度和安全性，同时也显著提升了能效和环保水平。每辆电动大巴不仅能够承载 168 名乘客，且充电时间短、续航能力强，有助于减少大量的二氧化碳排放，每年可减少约 184 吨二氧化碳排放。

除了圣若泽-杜斯坎普斯市外，巴西的多个城市都出台了旨在改善公交系统的城市交通投资计划，积极推动公共交通的硬件和软件水平提升，建设更多绿色公交线路。这些举措不仅体现了巴西政府降低公共交通碳排放、推进交通系统绿色转型的决心，也为中国车企提供了广阔的市场和合作空间。未来，随着更多的中国车企参与到巴西的城市交通升级转型中，双方的合作将进一步促进巴西乃至全球的绿色交通发展，为实现低碳环保出行目标贡献更大力量。

绿色经济开辟中巴合作新高地

近十年来，巴西在绿色经济发展方面不断做出努力。2021年巴西政府提出"国家绿色增长计划"，表示未来将在绿色发展规划、应付气候变化、国家排放清单、实现零森林砍伐等方面做出进一步的努力，以实现到 2025 年减排 37% 和到 2030 年减排 43% 的目标，并通过采取一系列经济鼓励措施促进绿色经济活动。① 2023 年 9 月，巴西低碳工业技术委员会在巴西全国工业联合会召开首次工作会议，旨在推动公共和私营部门在发展绿色经济方面的合作，为鼓励向低碳工业转型的公共政策提供补贴。② 而中国正处于经济转型期，一直坚定不移走绿色发展之路。"中国顺应人民日益增长的优美生态环境需要，坚持生态惠民、生态利民、生态为民，大力推行绿色生产生活方式。"同时，站在人类文明的角度而言，中国"积极参与全球环境治理，向世界承诺力争于 2030 年前实现碳达峰、努力争取 2060 年前实现碳中和，以'碳达峰碳中和'目标为牵引推动绿色转型，以更加积极的姿态开展绿色发展双多边国际合作，推动构建公平合理、合作共赢的全球环境治理体系，为全

---

① 巴西政府的绿色发展计划．中国商务部网站，2021-09-28．
② 巴西发布新政促进绿色低碳经济发展．中国商务部网站，2023-09-28．

球可持续发展贡献智慧和力量"①。中巴双方在绿色发展方面的需求，催生了绿色经济深度合作的潜力。在已有的合作基础上，未来中巴双方在绿色经济理念践行上将会有更进一步的合作。

绿色电力沟通生活

近年来，随着"一带一路"倡议的深入实施，中国在巴西绿色可再生能源领域的投资和技术展现出了显著的增长势头。两国的持续合作不仅涵盖了风能和光伏项目，还包括了水电站的建设和管理，极大地提高了巴西民众的生活质量。中广核巴西能源控股公司安全质量环境部经理利迪阿尼·迪奥蒂在向女儿描述自己的工作时这样说道："这就是妈妈的工作，妈妈可以制造出清洁的能源，帮助大家洗上热水澡、点亮家里的灯。"

中广核巴西能源控股公司作为中国在巴西重要的能源投资者之一，通过其6个运营中的风电厂和2个光伏项目，为巴西民众提供了清洁、可靠的能源，不仅提高了当地的能源供应质量，也为民众带来了实实在在的生活便利。

中国国家电网巴西控股公司在建设特里斯皮尔斯水电站输电线的过程中，展现了对社会责任的深刻理解。在接触马托格罗索州巴西波洛洛族村落时，公司不仅提供经济补偿，更重视帮助当地社区实现可持续发展。通过为当地居民购买奶牛、建立牛奶加工厂、提供必要的培训，国家电网公司帮助当地居民

---

① 《新时代的中国绿色发展》白皮书．中华人民共和国国务院新闻办公室网站，2023-01-19．

实现了稳定的收入来源，这种"授人以渔"的做法得到了当地社区的高度评价。

中国企业在巴西的这些项目和举措不仅彰显了中国在全球绿色能源领域的领导地位，也体现了中巴在推动可持续发展和保护环境方面的共同努力。这些合作项目对促进当地经济社会发展、提高人民生活质量发挥了重要作用，同时也为中巴双边关系的深化奠定了坚实的基础。随着这些成功案例的不断累积，可以预见，未来中巴在绿色可再生能源领域的合作将会更加深入和广泛，为两国乃至全球的绿色发展贡献更大的力量。

绿色农业持续发展

巴西南里奥格兰德州农业联合会主席德奥·佩雷拉说："中国有着世界上规模最大、成长最快的中等收入群体，对高质量消费品的需求越来越多，这对巴西农产品出口来说是重要的机遇。"[1] 中国与巴西双方在农业领域互相促进。巴西总统卢拉在2023年访问中国时也声称："中国目前是巴西农业的主要发动机，我希望中国成为巴西再工业化的强大引擎。"[2]

以大豆领域为例。2023世界经济论坛热带森林联盟启动相关项目，旨在促进巴西大豆可持续进入中国市场。该项目以

---

[1] "Tropical Forest Alliance Facilitates Trade of 'Deforestation-Free' Soybeans from Brazil to China," World Economic Forum, Nov. 8, 2023, https://www.weforum.org/press/2023/11/tropical-forest-alliance-facilitates-trade-of-deforestation-free-soybeans-from-brazil-to-china/.

[2] 巴西总统卢拉："中国是一个令人印象深刻的发展榜样".光明网，2023-04-13.

"无毁林"为主旨,将无森林砍伐作为绿色价值链的重要组成部分。这成为中国第一个明确"无森林砍伐和无转化"条款的大豆订单,该条款规定商品的生产不能导致自然生态系统的变化。世界经济论坛中华区主席陈黎明指出:"中国市场在全球农产品贸易中发挥着重要作用,论坛很高兴能够推动这一绿色采购订单,作为市场的领导信号。"① 自中国企业,包括中粮集团等进入巴西农业市场以来,关于大豆等粮食出口与巴西本土环境问题一直备受争议。非政府组织全球林冠负责人卡内罗曾指责部分中国企业不太关心其他国家的环境问题。② 面对此类评论,中国始终以积极的态度回应。近十年来,中国诸多企业都倾向于采购"零毁林"大豆,同时也在国家层面建立自己的绿色采购标准和准则,通过绿色采购的力量帮助巴西阻止森林砍伐。③ 例如,2017年中粮集团通过第三方检验来核算碳足迹、利用卫星技术来确保巴西的生物乙醇在生产过程中不会出现毁林情况等。④ 此类合作模式不仅可以减少非法森林砍伐所引起的温室气体排放,保护自然环境,在不影响两国外贸交易的同时,还可以促进绿色农业发展。

---

① "Tropical Forest Alliance Facilitates Trade of 'Deforestation-Free' Soybeans from Brazil to China," World Economic Forum,Nov. 8,2023,https://www.weforum.org/press/2023/11/tropical-forest-alliance-facilitates-trade-of-deforestation-free-soybeans-from-brazil-to-china/.

② 巴西环保主义者关注中美贸易战. 中外对话,2018-10-22.

③④ 《中国推动可持续大豆贸易和改善全球毁林状况的机遇》政策简报. CDP,2017年10月.

数字经济激发市场新潜力

中巴两国在数字经济领域具有互补性。虽然巴西数字经济在全球范围内并不算发达,但是巴西具有数字人口红利。2018年巴西联邦政府也提出"巴西数字转型战略"的举措,致力于推动巴西数字经济建设与数字经济转型。而中国恰恰在数字经济方面具有较强的产业优势,拥有全球规模最大、最完善的信息产业集群,也已经形成了覆盖系统制造、应用软件、芯片、终端等多个环节的产业支柱,在通信设备制造、计算机制造、智能手机制造、通信等各领域都有代表性企业。中巴数字经济领域深化合作可谓是"天作之合"。

2023年4月,巴西总统卢拉率团访华,签署了《中华人民共和国和巴西联邦共和国关于深化全面战略伙伴关系的联合声明》,其中就强调了中巴两国在数字经济领域的互补性以及深化两国数字经济伙伴关系的重要意义。为抢占巴西及拉美其他地区数字经济市场,推动中国与拉美数字经济合作,中国数字企业巨头纷纷进入巴西市场,布局数字经济领域。截至2024年,中国企业已与巴西在通信、电子商务、软件应用等多个数字领域展开合作。

电子商务

经调查研究,巴西人大多为"网瘾患者",巴西人平均每天使用互联网的时间比中国和美国多出 9 个小时，电子商务市场近年来呈现出强劲的增长势头，2023 年上半年电子商务销售额同比增长 31%。

中国跨境电商企业近年来快速布局巴西电商市场。据网络分析公司 Similarweb 统计，2021 年初至 2022 年 6 月，中国跨境电商企业希音客户端在巴西下载数达到 2 940 万次。2021 年 9 月 3 日，阿里旗下的速卖通面向巴西开通了当地商户入驻的通道，进军巴西市场。目前，希音和速卖通在巴西电商领域都占有一席之地，并且发展势头迅猛。

中国作为一个电商发展成熟、技术先进的国家，可以在提供技术支持、供应链管理、数字支付等方面与巴西进一步深化合作。例如，两国政府高度重视电子商务的安全问题。2023 年，两国领导人在深化全面战略伙伴关系的联合声明中提到，将促进双边贸易和投资合作日趋活跃，这为两国电子商务领域的合作提供了政策支持和广阔空间。双方还可以通过合作加强数据保护和网络安全，确保电商交易的安全可靠。此外，通过共同研发适合当地市场的创新电商解决方案，中巴可以共同推动电子商务领域的技术进步和服务优化。随着两国在电子商务领域合作的不断深入，中国和巴西有望共同享受数字经济发展带来的红利，促进双边经贸关系的进一步提升。

数字基础设施

在受疫情冲击期间，数字经济成为拉动全球经济贸易增长的引擎。对于巴西，虽然客观来讲疫情确实在一定程度上加速了巴西的数字转型，但是由于社会贫富差距被进一步拉大，4 500多万贫困人口处于"数字荒漠"地区。为了有效弥补这一数字鸿沟，巴西政府持续推行"巴西无线网""数字城市"等计划，国会也通过了新的电信法案，致力于推动全国数字基础设施建设。

近年来我国数字基础设施建设卓有成效，中国企业具有丰富的经验和先进的技术。2022年2月，华为与巴西TIM（巴西三大电信运营商之一）签署了5G City联合创新合作备忘录，推动巴西智慧城市建设进程。同年3月，华为于巴西建设的智能制造工厂正式开工，这也是第一座5G网络覆盖整个生产过程的制造工厂，搭载了人工智能、云和物联网等高新技术。2023年，华为又为巴西政府提供了RuralLink无线网络覆盖方案，并开通商用，采用极简站点方案，为巴西农村地区提供快速高效、持续稳定的无线网络连接，同时节省客户端成本，改善巴西农村地区网络覆盖，促进数字包容。

近年来，巴西政府大力推行数字化转型、数字化发展，巴西是最具潜力的数字经济新兴市场之一。中国数字经济较为发达，科技手段较为先进。两国合作必然互利共赢，合作前景必然开阔广大。

结语

2023年4月14日,中国国家主席习近平同巴西总统卢拉举行会谈。在此期间,习近平主席指出,中国和巴西分别是东西半球最大的发展中国家和重要新兴市场国家,互为全面战略伙伴,拥有广泛共同利益,中巴关系的全局性、战略性、全球性影响日益突出。卢拉表示,巴西从推动建立公正合理的国际秩序的战略高度致力于同中国发展更紧密的关系。从中巴高层的意向看,双方拉近彼此关系是趋势。而在高政治议题下,隐藏的是中巴彼此之间天然的契合性。尤其是在百年未有之大变局下,中巴之间的契合性助推彼此破除了发展中国家在现有国际秩序内可能碰到的三大困境,为大国之间、新兴国家之间的合作树立了典范。

首先,以全局性发展破除"安全困境"。新冠疫情期间,全球范围内各领域安全事务的重要性逐步提升,相继出现了经贸安全、技术安全、制度安全等问题。中巴之间民心相通,合力抗疫,实现了疫情期间各领域合作的平稳过渡。更为重要的是,中巴之间的经贸行为,向全球证明了持续的发展是破除安全困境的主要路径。比如,中国-葡语国家经贸合作论坛相继报道,巴西从中国的进口未受新冠疫情影响,疫情期间中国对巴西的投资有所提升。相关研究表明，中国在巴西的投资增幅高于中国在其他国家的投资增幅。这就突出了一个疑问，即为何中巴经贸合作不仅未受到疫情影响，反而逆势而上。综合学界及实际数据来看，发展议题不仅是中方对外合作的优先事项，更是巴西卢拉政府的核心事宜。中国的"一带一路"倡议与巴西的"再工业化"、新版"加速增长计划"对接，合力开拓了上述发展共赢的局面，增强了彼此之间复苏的动力与态势。从经贸角度看，双向奔赴的发展意向使得中巴天然靠拢，以发展为途径破解了诸多安全化难题。

其次，以战略性合作破除"话语困境"。中巴之间的天然契合性不仅推进了双方间的合作，更是吸引了更多"全球南方"国家加入这一合作模式。例如，2023年8月24日，在中巴元首的支持与见证下，沙特阿拉伯、埃及、阿拉伯联合酋长国、阿根廷、伊朗、埃塞俄比亚六国获邀加入金砖国家合作机制，金砖国家的代表性和影响力大幅提升。2023年11月21日，金砖国家领导人巴以问题特别视频峰会举行，为推动解决巴以问题发出"金砖"之声。会上，中国国家主席习近平指出："当前形势下，金砖国家就巴以问题发出正义之声、和平之声，非常及时、非常必要。"此外，中巴还深度参与了二十国集团以及联合国相关议题，并开展了合作。从该层面看，经贸成为中巴双边乃至多边合作的稳定器，发展共识则为中巴与"全球南方"其他国家合作赋能，进一步拓展了"全球南方"的合作领域，提高了"全球南方"在全球事务上的话语权。中巴之间的天然契合性逐步发展成为彼此之间、"全球南方"国家之间的关系黏性和韧性，战略地提升了"全球南方"的话语权，同时开辟了新型国家互动模式。

最后，以全球性模板破除"霸权困境"。习近平主席同卢拉总统会谈时强调，中方愿同巴方一道，开辟新时代中巴关系新未来。卢拉总统访华当天，在人民大会堂东门外广场举行的欢迎仪式上，军乐团特意演奏了一首名为《新时代》的巴西经典名曲。此外，两国元首还不约而同使用"战略高度"来表达对两国关系的认识。中巴关系的新未来，存在于一个多元化的新世界秩序之中。2024年上半年，荷兰国际关系研究所发布了一篇报告，该报告特意提到全球正在步入后西方秩序，即一个多极化的世界秩序。在这个新世界秩序中，霸权逐步被削弱，新兴国家正在强有力地崛起。该报告还呼吁欧洲国家尽早加入这个新世界秩序，以免被边缘化。作为新兴国家、"全球南方"的代表，中巴之间的新型国家互动模式正是多元世界秩序的前沿表达。展望未来，中巴之间的天然契合性将在新型互动模式中走向更为成熟的机制化、全球化合作模板，共同助推一个多极化、多元化的新时代加速到来。

中巴文化各异，彼此之间却产生了天然的吸引力和契合性，这不仅可归功于中国的兼容并蓄和巴西的多元文化，更得益于双方对全球发展的共同认知。双方的合作超越了语言、历史和文化隔阂，破解了存在于国家之间、秩序之间的"三大困境"。2024年是中巴两国建交50周年，双方之间成熟、坚韧的合作关系既为建交50周年增光添彩，又正在开辟着全球的新时代。

后记

在巴西,打造下一个老铁家园

快手高级副总裁、海外业务负责人　马宏彬

在数字化浪潮的推动下,全球互联网经济迅速崛起,成为世界各国经济发展的新引擎。巴西,这片充满活力和机遇的土地,正迎来数字经济的黄金时代。作为拉丁美洲最大的经济体,巴西政府近年来积极推动数字经济发展,出台了一系列政策措施来提升互联网基础设施建设水平、促进电子商务和数字金融的发展。巴西的互联网普及率不断提高,移动互联网用户迅速增长,为数字经济的腾飞奠定了坚实的基础。

随着互联网技术的进步和普及,巴西各个产业都在经历深刻变革。传统产业通过数字化转型提高了生产效率和竞争力,新兴产业则借助互联网技术迅速崛起,催生了大量创新型企业和商业模式。数字经济不仅为巴西带来了新的增长点,也为社会创造了更多的就业机会和财富。在巴西,数字经济的快速发展正在撬动经济的腾飞。电子商务的普及改变了人们的消费习惯,数字金融的创新提升了金融服务的普惠性和效率,智能制造的应用提高了工业生产的智能化水平,互联网医疗的发展提高了医疗服务的可及性和质量。这些变化不仅推动了经济的增长,也提升了社会的整体福祉。

中巴在数字经济领域的合作前景广阔,双方在技术、市场、人才等方面具有高度的互补性。近年来,中巴两国在数字经济领域的合作不断深化,取得了显著的成果。中国作为全球数字经济的领跑者,积累了丰富的经验。中国企业积极参与巴西市场,在互联网基础设施建设、电子商务、数字金融等方面表现活跃。通过开展合作,中巴可以共同推动数字经济的发展,实现互利共赢。

作为全球领先的短视频平台,快手拥有庞大的用户基础和影响力。快手海外业务的快速发展,充分展示了公司在全球市场的竞争力和创新能力。自2017年进入巴西市场以来,快手海外版Kwai的月活跃用户已经超过6 000万,覆盖巴西近1/3的人口。

基于对巴西用户的内容喜好洞察,快手深度挖掘巴西本土文化,开展本土化内容项目。Kwai与巴西著名的弗拉门戈足球俱乐部、福塔莱萨足球俱乐部、巴西狂欢节等深入合作,构建起体育、音乐等多元内容矩阵。为不断增强与创作者和用户间的联结,Kwai在圣保罗举办创作者大会,深入倾听广大用户的心声,持续改进和提高对他们的服务水平。过去5年,Kwai在巴西的实际投资总额已累计超过100亿元人民币,为中巴友谊和巴西数字经济发展贡献了一份力量。通过短视频这一新兴媒介，快手希望能够帮助巴西用户更好地表达自我、分享生活、获取信息；同时，也为当地企业提供新的营销渠道和商业机会。我们相信，借助先进的技术优势和丰富的运营经验，快手将助力巴西短视频行业的持续提升，推动巴西数字生态繁荣发展。

在很多中国人眼里，巴西是遥远而神秘的，同时又是亲近和熟悉的。为了帮助中国人民更好地了解巴西，特别是帮助有意愿赴巴西开展业务的新兴企业更加迅速全面地认识巴西，我们组织国内研究巴西的专家学者，其中包括一大批年轻的新锐研究人员，撰写了这本简明扼要、通俗易懂、可读性强的介绍巴西的图书，希望能为对巴西感兴趣的读者提供一个感知巴西的快速通道。我们也希望这本书能够帮助大家了解巴西数字经济的发展现状和未来趋势，洞察中巴合作的巨大潜力，感受数字经济对产业和社会的深远影响。

在巴西这片热情奔放、充满活力的热土上，快手希望能够充分利用自身的技术优势和各种资源，为巴西人民提供和中国市场同样优质的短视频和直播服务。作为一家在巴西经营的中国互联网高科技企业，快手希望能持续发挥好桥梁和纽带作用，为促进中巴两国人民之间的相互了解和友好往来贡献力量。

图书在版编目（CIP）数据

那么远，这么近：互联网市场新大陆巴西 / 快手研究院·巴西专家组著. -- 北京：中国人民大学出版社，2024.8. -- ISBN 978-7-300-33069-3

Ⅰ．F177.7

中国国家版本馆CIP数据核字第20244JR474号

那么远，这么近——互联网市场新大陆巴西
快手研究院·巴西专家组　著
Name Yuan, Zheme Jin ——Hulianwang Shichang Xin Dalu Baxi

出版发行	中国人民大学出版社			
社　　址	北京中关村大街31号		邮政编码	100080
电　　话	010-62511242（总编室）		010-62511770（质管部）	
	010-82501766（邮购部）		010-62514148（门市部）	
	010-62515195（发行公司）		010-62515275（盗版举报）	
网　　址	http://www.crup.com.cn			
经　　销	新华书店			
印　　刷	北京联兴盛业印刷股份有限公司			
开　　本	890 mm×1240 mm　1/32		版　次	2024年8月第1版
印　　张	9.875 插页4		印　次	2024年8月第1次印刷
字　　数	190 000		定　价	99.00元

版权所有　侵权必究　　印装差错　负责调换